花ひらく女学校

女子教育史散策
明治後期編

神辺靖光
長本裕子　著

成文堂

まえがき

前著『女学校の誕生——女子教育史散策・明治前期編』の続編として『花ひらく女学校——女子教育史散策・明治後期編』を上梓しました。

近世末期から城下町や港町に女学校と称する学舎がぽつぽつ生まれた。それが明治維新の諸改革や世相の変化に促されて、さまざまな形態の女学校誕生になった。英語を教えるキリスト教系の女学校、国文系の華族女学校、近世以来の裁縫を教える女紅場や女児学校等である。文部省は文明開化の象徴として女児の小学校就学を推めたが、女子が中等教育まで進学を望むとは思わなかったので、女教員の必要から東京に官立女子師範学校を設置するに留（とど）まった。やがてキリスト教プロテスタント各派が東京、横浜から函館、神戸、長崎等の外国人居留地にミッション女学校を建設しはじめた。一方、近世以来の「裁縫」は多人数を一斉に教える授業法を工夫して女子教育の一角を占めるようになり、さらに裁縫を職業として自立できる女性をめざす共立女子職業学校が東京につくられた。このように各種各様の私立女学校が芽吹いたのが明治前期の女子教育である。

明治前期編を承けて本書・後期編はプロテスタントミッション女学校の展開からはじまる。個々の宣教師の思い付きでなくカナダメソジスト、日本基督教会、バプティスト、フレンド等に統合された各宗派が日本人の信者や土地の有力者の支持協力で各地に女学校をたてた。これに対抗して仏教系の女学校もひらきはじまった。

皇室や公家、旧大名の姫たちを教育する国文系の華族女学校は姫たちの退嬰（たいえい）的性格ゆえ成り立たなかった。日本が漸く西洋列強の仲間入りしようとする時、国際的に交歓できる女性を養成したい。このような与望を担って「貴婦人学校」と銘打つ私立東京女学館がたてられ、新官僚や会社員たちによる〝中流階級〟の娘たちを生徒にした。東京にはこのような私立女学校が次々に花を咲かした。

明治三十二年公布の「高等女学校令」が府県に高等女学校の設置を命じたので各府県は公立高等女学校を開きはじめる。本編は東北、関東、近畿、九州の各地方から青森県第一高女、東京府第一高女、大阪府清水谷高女、福岡県の五つの高女の設置状況を考察する。

二〇世紀を迎える明治三十三年、三十四年に女子英学塾、東京女医学校、日本女子大学校が開校した。いずれも現在の女子大学に続く女子専門学校の嚆矢である。女学校が誕生してわずか三十数年で女子の高等教育機関ができた。第二部を設けて詳述した。

このように女学校が普及したのは教育制度が整備されたからである。高等女学校が開校するや生徒がすぐ集まったことは小学校就学率の上昇を抜いては考えられないし、高等女学校や女子専門学校が次々にできたのは男子の中学校や専門学校が先行してできていたからであろう。よって本書は随時、教育制度の変遷を述べる。明治時代は封建制度からの解放、封建思想との戦いであった。封建制度は内閣制度、地方行政改革、帝国憲法発布で表向きなくなったが、封建思想は教育勅語や行政に牢固（ろうこ）として残存した。本書は国民の封建思想との戦いを随所で検討する。

本書は各学校の「創立沿革史」を基本史料にするが、風俗世相が激変する時代であるからそれに目を配り、特に女性の行動の変化についてプロローグで点描した。

明治後期に開花した日本の女学校は以後さらに発展する。学校数、生徒数でみる限り、大正・昭和初期にさらに拡大した。しかし女学校の種類は多様化し女性も女子学生も大変化する。第一次世界大戦をはさんで政治経済が変化し、そして世相が変るからである。よって本書に続き『女子教育史散策――大正昭和初期編』をつくりたい。

本書は二〇一五年創刊の『月刊ニューズレター・現代の大学問題を視野に入れた教育史研究を求めて』（代表・冨岡勝氏、谷本宗生氏）の46〜77号に連載した神辺靖光『逸話と世評で綴る女子教育史』、長本裕子『明治後期に興った女子の専門学校』を編集し直したものである。月刊ニューズレター編集の冨岡勝（近畿大学）、谷本宗生（大東文化大学）、小宮山道夫（広島大学）の三教授に厚く御礼申し上げます。出版に当っては成文堂編集部の松田智香子氏にお世話になりました。記して御礼にかえます。

二〇二一年九月

著者

目次

第一部　女学校から高等女学校へ

神辺靖光

第二部　女子高等教育のはじまり

長本裕子

プロローグ　人々に姿をみせる女性たち

暦を真二つに割れば明治二十三年からが明治後半期である。明治十八年の暮に太政官制をとり払って内閣制をつくり、十九年に小学校令をはじめ、諸学校令を公布して学校制度の軌道をしいた。それから市制町村制、府県制郡制によって地方制度を整え、明治二十二年に大日本帝国憲法を発布した。この一連の制度改革で、それ以前と以後で日本という国と国民は違った動き方をするようになる。よって明治十九年から二十三年あたりの五年間を明治教育史の区切りにすると叙述し易くなる。しかしながら社会の動きは一筋縄でゆくものではない。ある事象が明治初年の事件からつながったり、ある事件が昭和初期の事象につながることもある。よってある事件、ある事象についての記述が時代を遡り、あるいは現代に及ぶこともあろう。

封建社会の女性は家に居ることが原則であった。身分が高いほどそれが徹底して、奥様奥方と呼ばれて安住していた。しかし明治になると次第にその呪縛がとれて公の席や公共の広場に女性が姿を見せるようになる。その有様から窺(うかが)おう。

図Ａ　帝国憲法発布の詔勅（しょうちょく）公布

美子皇后、帝国憲法発布式典に参列

女性をめぐる世相の違いをまず見よう。図Ａは明治二十二年二月十一日、宮中正殿（せいでん）の大広間で開催された帝国憲法発布の式典の絵図である。右手壇上に立っているのが明治天皇、憲法を拝受しているのが、二代総理大臣黒田清隆である。憲法をつくった伊藤博文は前年四月三十日、憲法審議のための枢密院議長になったため、式典当日は他の大臣とともに天皇の正面で拝礼した。図の左端にみえる人々は公侯伯子男爵の華族達、右下は外国の大使公使、右端は陸海軍武官、そして図正面の白ズボン礼服の群臣は政府文官である。やっと整った明治政府の高官を居並べたこの式典に図の正面やや左寄りに女装の一群がみえる。その中央、玉座の前に立つのは美子（はるこ）皇后である。国家の一大盛典に天皇と並んで皇后が姿を見せるのは日本史上、初めてのことではないか。幕藩時代、天皇も人々の前に姿を現わすことはなかった。近世、禁中公家諸法度にしばられた天皇は御所より外に出ることはめったになく、稀に近くの山河を訪れる際も、牛車から離れることはなかった。御所の内で近臣者と会う場合も御簾（みす）の中に座り、摂政関白に声をかけ、太政大臣が群臣にそれを伝える形式をとった。慶応二年十二月二十五日、孝明天皇が急死したので、翌三年正月九日、明治天皇が一六歳で践祚（せんそ）した。世の中は急転回し、同年十二月九日、天皇の名で王政復古の大号令が発せられて摂政関白と幕府が廃止された。その時の絵図Bをみると若き天皇は御簾の中に座っており、烏帽子姿の上級公家と裃（かみしも）姿の上級武家が勅語を聞いている。慶応四年三月十四日、明治天皇は紫宸殿において天神地祇に五箇条の誓文（これからの政治の大方針）を誓った。その絵が図Cである。誓文を朗読するのは三条実美、明治天皇は右手の屏風にかこまれた中に鎮座されている。しかし、御簾の中から解放された瞬間である。それか

図B　慶応3（1867）年12月9日　王政復古の大号令

ら約二〇年たった帝国憲法発布の盛典では見た通りの洋風御殿で洋服姿の群臣に囲まれた大式典になったのである。

明治天皇が一条美子を皇后に迎えたのは明治元年十二月二十八日だから五箇条の誓文を紫宸殿で誓った時、皇后が列席しなくても不思議ではない。しかし前時代は皇后が政治の儀式に姿を見せることがなかったから、旧新時代の接点になる五箇条の誓文の儀式に皇后がいないのはごく自然に見えるのである。

図C　慶応4（1868）年3月14日
五ヶ条の誓文

前時代、皇后は御所の一郭に在って多くの女御に取り囲まれ、その一郭から出ることはなかった。気晴らしに都の郊外を巡ることもなかった。ところが、美子皇后はまったく違った。明治五年になると跡見花蹊や下田歌子という才媛を宮中に招いて書画や和歌を習いはじめたのである。太政官の重臣の家にもよく出かけるし、東京郊外の名所にも足を伸ばされる。

明治五年七月には十日ばかり箱根宮ノ下の温泉に滞在したが、余ほど気に入られたのか、翌六年八月には約一ケ月、明治天皇ともども宮ノ下からその近辺の温泉を巡った。その間政府や宮中の高官や女官が箱根温泉の各地を訪れている。

明治十年の西南戦争の最中、明治天皇は京都に在って戦争をみまもった。美子皇后もその間、京都に滞在しつつ京都郊外を散策している。

図Ｄ　慶応10年8月21日
内国博覧会行幸啓

どんな時でも天皇とともにある皇后という印象を周囲に焼き付けたであろう。明治十年も八月になると西南戦争の帰趨（きすう）も定まり、官軍の優勢は明らかになった。天皇は皇后を伴って東京に帰り、折から上野公園で開かれた内国勧業博覧会に出席した。図Ｄがそれである。侍従と皇后を引きつれ、会場に入るのが天皇で、それを出迎えるのが殖産興業政策を進めている内務卿大久保利通である。こうして〝天皇とともにある皇后〟が国民の心にしみ渡ったのである。天皇を取り巻く重臣たちがそのように演出したとも考えられるが、天皇皇后ご自身がそのようにしたかったとの印象を持つ。

皇后が独自に行動を起した場合もある。それは女

図E　明治8年11月29日
東京女子師範学校行啓

学校に対する強い関心からである。明治六年十二月七日、東京の開成学校に行啓の際、隣接する官立東京女学校に寄って優等生の試業を見た後、賞品を与えたりしているが、本格的な行啓は明治八年十一月二十九日の東京女子師範学校開校式である。開校式に行啓した際の光景が図Eである。美子皇后の東京女子師範学校行啓は明治八年十二月二日の『東京日々新聞』が大々的に書きたてたから多くの人々に知られた。明治十年十月十七日、華族学校（後の学習院）が開校した。この時も美子皇后は明治天皇と行啓し、学習院になってからも授業参観をしているが、十八年十一月十三日、華族女学校開校の際は自ら開校式を主催し、開校の令旨を下賜した。この時、美子皇后が下賜した「金剛石」の歌が女子教育の本旨とされ同校音楽教授・奥好義の作曲で全国に拡まった。

金剛石もみがかずば　珠の光もそはざらむ
　人も学びて後にこそ　まことの徳は現われ

美子皇后（昭憲皇太后）の活躍はまだまだあるが、このくらいにして図A憲法発布式典に戻ろう。明治のはじめからの宮中式典をみてきたわれわれは二〇年にして国家の式典が大転換したことがわかる。古代から続いたしきたりをかなぐり捨てて、宮殿の建物も内装も服装も挙措動作に至るまでガラリと変わったのである。このような状況に導いてきたのは伊藤博文をはじめとする政府の高官である。憲法発布式典の写真は一八六七年六月のプロシアの北ドイツ連邦成立式典に似ている（西洋史書に写真あり）大日本帝国憲法は万事、プロシアの法学者から学んでいる。伊藤博文はプロシアの鉄血宰相ビスマルクの崇拝者である。こうした伊藤たちのお膳立てがあったことは否定しない。しかしそうした中で美子皇后のような新しい女性が生まれでたことは注目すべきであろう。

下関の芸妓小梅が日本最初のファーストレディになる

図Fをみられたい。明治二十二年二月十一日の憲法発布の日、東京上野の公園に集まった芸者の一群である。それぞれ思い思いの仮装をして練って歩いた。医科大学の御雇教師ベルツは〝今

図F　明治22年2月11日　憲法発布の日
東京上野を練り歩く仮装した芸妓の群

日ほどたくさんの美しい娘を見たことがない。一番きれいだったのは職人に仮装した一団だ〟と感想を漏らしたという。宮中正殿でおごそかに憲法発布の式典が行われているその時、東京の市中では市民や学生が街路を練り歩いて万歳を唱えていたが、芸者の一群も仮装を凝らして遊歩していたのである。

そもそも芸者は表を練り歩く者ではなく、料亭などで宴席に侍(はべ)って男性に酌をしたり芸を披露したりする芸人であった。よって旧時代は群れをなして外出することはなかったのである。新時代になるとそれが少しずつ変った。明治十年に大阪府は各地に女子手芸学校をつくったのだが、その開業式に大阪新町の芸妓舞子が渡辺昇府知事の到着を出迎えたと二月十五日の『朝野新聞』が伝えている。大阪の女子手芸学校は一般の女子ばかりでなく花柳界の女紅場まで加えたからそうなったのかもしれない。その日、朝から開業式が行われる学校から戎橋(えびすばし)まで道の両側に紅燈を釣り、芸妓の名を書いた大提灯を掲げたというからただごとではない。空前のことであったろう。『朝野新聞』も〝まさか東京ではありますまい〟とことわっている。その〝まさか〟が十二年後の東京上野の公園で芸妓総出の仮装行列になったのである。

要するに旧来、お座敷や料亭の中だけに咲いた芸妓が街路にくり出すようになったのである。その物に怖じない態度が培われ、そうした風潮が二十年間に醸成されたのである。

「芸者」「芸妓」をふり返ってみよう。芸者も芸妓も本来は座敷で踊りや音曲をする芸人で封間太鼓持を指したが、次第に女芸者を芸妓と呼ぶようになった。遊郭のお座敷にも呼ばれて踊りを披露するが娼妓ではない。郭内に閉じ込められているのではなく、置屋と称する紹介所に籍を置く。名義上は置屋のおかみさんの養女ということになっているが、住いは別の場合もある。置屋を通じてお座敷がかかると出向いて唄や踊りをした。出自は貧乏人の娘で、置屋の目ききで合格すれば、前借金で置屋に預けられる。そこで芸妓としてのしつけをされ、一人前とみなされればお座敷にでる。給料は置屋にかなり取られるが、当人にも渡される。

芸妓に要求されるのは芸ばかりでなく気のきいた会話である。お座敷の客は年配の仕事にたけた男である。社会の善悪、機微をよく知っている。その仕事に疲れた身体を休め、楽しむためにやってくる。性欲のはけ口は娼妓遊女がやってくれる。芸妓は客の戯れ言の中からその気を汲んで適切な言葉で返さなければならない。そのように気が利いて度胸がすわった芸妓がもてたのである。性欲を売り物にしないとは言ったが、そこは男女の中で意気相通じれば愛人となって第二夫人になることもあるし、また別れることもある。英米人が好む自由恋愛に似ている。唄や日本

内閣総理大臣
伊藤博文夫人梅子

舞踊で鍛えられているから美貌で挙措動作が美しい。その上、会話が面白いとなれば男に大もてである。幕末に芸妓は増加し、特に商人が集まる港町や商業都市で繁盛した。

幕末には西国諸藩の武士たちが尊皇攘夷を唱へて奔走した。彼らは従来の参勤交代のようにきまった道を往復するのではなく、藩領をまたぎ、船をつかって各地に出没した。人の集る港町は格好の密談邂逅場であった。ここで彼らは芸妓を呼んで遊ぶ。

下関稲荷町に小梅という芸妓がいた。長州藩の足軽・伊藤俊輔はこの小梅と出会い、その利発に惚れて下関で同棲した。俊輔には妻がいたが、間もなく離婚して小梅と結婚した。俊輔はどんどん出世して明治十八年には伯爵・総理大臣伊藤博文になった。芸妓小梅は伊藤伯爵夫人梅子となって鹿鳴館ではファーストレディとして振舞った。歌や書は下田歌子に習い、英語は津田梅子に学んで忽ち覚えてしまう才媛であった。ダンスも日本舞踊の素養があるから軽々とできたであろうし、人をそらさない口調と挙措動作は芸妓時代に鍛え抜かれている。こうして日本初のファーストレディが誕生したのである。

明治の政治家の妻で芸妓あがりで有名なのは木戸孝允の妻松子（芸妓名・幾松）であるが、木戸が早く亡くなったので、芸妓時代の活躍は多く語られているが、参議夫人としては知られていない。そこで伊藤博文と同時代の政治家・陸奥宗光夫人りゅう子のことを書き添えよう。

りゅう子は東京新橋の芸妓小鈴であった。江戸の花柳町は隅田川に沿った浜町柳橋にある。そこには料亭や芸妓の置屋が密集し、下町大店の大旦那衆が遊びに来ていた。明治になると柳橋の向こうを張って築地に新橋という花柳町をつくった。外国人居留地にも内桜田、外桜田の官庁街にも近いので政治家や官僚を相手にしようとしたのである。しかし外国人の商人は横浜に根を据えて、お固い宗教家や教育者が築地に集まったので新橋は日本の高級官僚の遊び場になったのである。

後に外務大臣になって日清戦争前後の外交政治に手腕を振った陸奥宗光（旧和歌山藩士）は明治元年、外務事務局御用掛に就任以来、政府の各職を転々としたが、その間東京に来るたびに新橋で芸妓小鈴と密会した。小鈴の美貌と才気に惚れ込んだ陸奥は小鈴を落籍し結婚した。明治二十五年、陸奥は第二次伊藤内閣の外務大臣に就任した。以後、陸奥は外交官として各国に赴く。結婚した陸奥りゅう子は一心に外国語を学んで各国語に通じた。そして持前の美貌と才

外務大臣　陸奥宗光
夫人りゅう子

気で振舞ったので各国の社交界でもてはやされたが、特に駐米公使時代はワシントン社交界の花形として陸奥をたすけたといわれている。

古代以来、日本では天皇の直下につく臣は太政大臣と左大臣、右大臣であり、この三大臣は必ず藤原氏の家系の中から選ばれた。そして、その妃も必ず藤原氏に連なる娘でなければならなかった。明治十八年の内閣制は無能な公家を政府から遠ざけるために断行されたのだが、天皇に直結する内閣総理大臣以下の各大臣は旧武家の中でも下級武士から選ばれている。そしてその夫人たちも公家の姫はいない。旧時代、一般庶民の中でも低く見られていた芸妓がその美貌と才気を挺子に一躍、大臣夫人に躍り上がったのは明治維新の痛快事であろう。

ラグーザ玉とクーデンホフ光子

江戸時代にも「じゃがたらお春」のようにジャワに売られた少女もいたし、幕末維新にはお吉伝説のような洋妾が港町にはいた。しかし明治になると歴とした西洋の紳士と正式に結婚して、かの地で活躍する女性が現われた。医科大学の教授ベルツと結婚した花がその第一号だが、かの地での活躍が著しいラグーザ玉とクーデンホフ光子をみよう。

ラグーザ玉は工部美術学校お雇教師、イタリア人ビンツェンツォ・ラグーザ Vincenzo Ragusa の妻でパレルモ私立美術学校の女子部校長になった女性である。玉は江戸の芝増上寺内の料理茶屋・清原家の娘として生まれた。子どもの頃から絵が好きで紙きれにいろいろな絵を画いて遊んでいた。明治十一年の夏の或る日、ラグーザ教授が通りかかり、玉の絵を見て写生の手ほどきをしたのが両者を結びつけたきっかけである。

ラグーザは一八四一年、イタリアのシシリー島の小村で生まれた。青年時代、ガリバルディ将軍のイタリア統一戦争に義勇兵として参加した後、少年時代から好きだった画家・彫刻家・装飾家のところに通って技を磨いた。一八七二（明治五）年、ミラノ市が全イタリア美術展覧会を開いた。ラグーザは石膏で大きな装飾暖炉をつくって出品したところ、それが最高賞を得て三万五〇〇〇リーレという高額で某伯爵の手に渡った。ラグーザは一躍、美術界の名士になった。

日本では明治八年頃から美術学校をつくる議が興った。それをきいた在日イタリア公使コント

「ラグーザ自画像」
ラグーザ筆

ラグーザ玉

天井壁画「楽園の曙」の一部
ラグーザ玉・筆

フェイは美術教師はぜひイタリア人にして貰いたいと山尾工部大輔に持ちかけた。工部卿は伊藤博文である。伊藤は外国通であり、当時、陸軍はプロシア、海軍はイギリス、教育はアメリカだから、美術はイタリアがよい。こんな調子で工部美術学校の教授斡旋をコントフェイに頼んだ。イタリアから派遣された教授は画家フォンタネージ、建築家カペレッティ、そして彫刻家ラグーザであった。ラグーザは日本人の弟子に熱心に教えた。時恰も(あたか)ヨーロッパでは政治家軍人の銅像を建てることが流行(はや)った。特に馬上の将軍の銅像は人気の的であった。やや遅れて日本でも銅像が各地に作られた。これら作者の殆どがラグーザの弟子と言われている。

ラグーザは仕事に疲れるとよく散歩した。そうした或る日、清原玉と出会った。ラグーザは玉の画才を認めたが、それは日本画特有の観念性の強いものであった。ラグーザは西洋風のリアリズムを吹き込むために写生を叩き込み、次第に美術家・玉の成長に力を注ぐようになった。明治十五年、工部美術学校は西南戦争後の不況のため経営困難になり、彫刻科を廃止したのでラグーザは解任された。ラグーザはパレルモに美術工芸学校をつくり、玉をその教授にしようと考え彼女を伴なって帰国した。

玉はパレルモ大学の美術科に入学し裸体画を研究し創作した。日本人女性として初のヨーロッパ大学生であろう。やがてラグーザが創立した美術工芸学校の教授になり、これが市立高等美術工芸学校になると副校長兼女子部校長になった。

明治十三年、ラグーザ三九歳、玉一九歳の時に二人は結婚式をあげたが、清原家は許さなかった。そこで一八八九（明治二十二）年、シシリー島のカトリック教会で二人は再び結婚式をあげた。ラグーザの最高傑作は尊敬したイタリア統一の将軍ガルバルジーの銅像である。玉の傑作は多々あるがカルーソー家の舞踏サロンの天井壁画「楽園の曙」が最高とされている。

クーデンホフ伯爵と青山光子の結婚写真
明治 25 年 3 月 16 日

ハインリッヒ・クーデンホフ・カレルギー Heinrich Coudenhove-Kalergi は

オーストリア・ハンガリー帝国の伯爵で、明治二十五年、公使として日本に赴任した。この頃になるとフェノロサの影響もあって日本の伝統的美術を評価する空気が高まっていた。ハインリッヒもその一人で、彼は暇さえあれば古美術店を見てまわった。東京では旧大名や武家が没落したので家に伝わった家財や道具を売り払った。そこで旧武家所有の古美術が市中に出回った。東京の麻布一の橋に青山という骨董屋があった。ハインリッヒも行きつけの店で、ある冬の日、彼は馬に乗って青山骨董店に出かけた。ところが馬が坂を上る時、氷の破片にすべって倒れたのでハインリッヒは投げ出されて怪我をした。その時、青山骨董店から一人の美しい娘が飛び出してハインリッヒを助け起し店に運び込んで手厚い看護をした。この娘が当年一八歳の青山光子である。ハインリッヒは骨折でやや重症だったので医者を呼び数日看護した。クーデンホフ家は代々美男の系統である。ハインリッヒもその血統を受けている。美男を美女が看病したのではただではおさまらない。忽ち相思相愛の仲になって二人は小石川関口のカトリック教会で結婚式をあげてしまった。光子の父はかんかんに怒って彼女を勘当した。光子はオーストリア・ハンガリーの公使館に住んで一男一女を設けた。この長男が第二次大戦後のＥＥＣ欧州経済共同体の理論を形成したとされるリヒアルト・クーデンホフ・カレルギーである。

ハインリッヒは日本滞在四年にして帰国することになった。光子は渡欧を前に皇后の謁見を受けた。平民の娘が皇后の謁見を受けることはないのだが、光子が外国公使の伯爵夫人だから特例としてこの儀が行われた。皇后からは〝つらい苦しいことがあっても大和なでしこの気ぐらいを忘れぬように〟という令旨を賜わった。明治二十九年、二人は日本を立った。

光子に待っていたのは貴族たちの陰湿ないやがらせであった。そもそもクーデンホフ家はオーストリア皇帝ハップスブルク家に次ぐ高貴の家柄で、日本で言えば、天皇家に次ぐ近衛家のようなものである。その御曹司であるハインリッヒが、東洋の家柄の低い庶民の娘を妃にして連れてきたというのでオーストリア貴族社会はこぞって光子をいじめにかかった。その例をあげても仕方あるまい。貴族社会に出るためには教養がなければならない。光子は英語、ドイツ語、フランス語、数学、歴史地理に通じ、起居、食事、談話のすべてがヨーロッパ貴婦人のようになった。苦しさに耐えたのは皇后の令旨〝大和なでしこの気ぐらい〟であったと長男のリヒアルトは語っている。

結婚一四年の一九〇七年、夫のハインリッヒが亡くなった。彼の持つ広大な領地を相続し、クーデンホフ伯爵家を守らねばならない。たびたび起る訴訟事件に法律、経済を学んで、これらをさばいた。残された遺児は男四人、女三人、彼らには良い家庭教師をつけてみな立派に育てた。彼女の晩年は押しも押されもせぬヨーロッパ貴族社会の貴婦人になった。

ラグーザ玉もクーデンホフ光子も出自は江戸の町人である。明治初期の小学校には少し通ったようだが近代学校教育は受けなかった。その二人が臆せずヨーロッパ上流社会に飛び込んで成功した。明治に生じた新しい現象といえよう。

女義太夫・女役者・女優・女政治家の登場

人前に姿を現わす皇后や総理大臣夫人、ヨーロッパの貴族夫人や大学教授となって活躍する日本女性が明治の中後期に現れたことを述べたが、上流社会だけでなく、庶民の間に才女が登場したのも明治中期の特色である。最も目立ったのが芸能界である。

女義太夫の図

義太夫節（ぎだゆうぶし）は大阪の竹本義太夫が創始した語り節であるが、その筋書が人形浄瑠璃だけでなく、歌舞伎にもとり入れられて江戸でも盛んになった。歌舞伎芝居の贅沢な娯楽を手軽な遊びにしたものが寄席（よせ）である。江戸・東京には数え切れぬほどの寄席があった。本来義太夫語りは男性であるが、文化文政頃から女義太夫語りがボツボツ現れたらしい。明治十五、六年頃から東京の寄席は女義太夫の独占場になった。それは竹本綾乃助という美少女が男装して高座にあがり持前の美声で若い男性、特に学生の人気をさらったからである。こうして明治期に講談・人情噺と並んで女義太夫という新しいジャンルが寄席に登場したのである。

歌舞伎は本来、出雲のおくに指導の妓たちが踊る芝居であったが、徳川幕府の統制によってこれらは追放され、男優ばかりの演劇になった。ところが明治初年に岩井粂八という女役者が現われて、その門人たちによって女役者の歌舞伎芝居が行われた。彼女は幕末、踊りの坂東美津代門下であったが、歌舞伎の岩井半四郎の弟子になって岩井粂八を名乗り、両国の小屋掛芝居に打って出たのが明治六年、それから各地の芝居小屋をへて明治十五、六年頃には本所緑町の寿座で門下の役者連と一座を組むようになった。打つ芝居は『寺子屋』『道成寺』『山姥』などの歌舞伎ばかり。依田学海などの一流の劇評家に肩入れされて市川団十郎の門下になって市川升之丞（ますのじょう）と名乗ったが『勧進帳』を無断で演じたために破門され、岩井粂八に戻った。顔立も音声も全く男のようで所作事も天下一品と称され、人気が騰（あが）った。一座を引き連れ地方公演も行い、二十六年、東京神田の三崎座を女芝居興行の専門道場にした。演技抜群で明治の歌舞伎界に女芝居を打ち立てた傑物であった。

女役者岩井粂八

岩井粂八は女役者として気を吐いたが、それは旧

川上貞奴

来の歌舞伎芝居の中でのことであった。これに対し、次に述べる川上貞奴(さだやっこ)は明治の新しい芝居の女優として日本及び欧米の舞台に立って人気を博したのである。

貞奴は東京日本橋芳町の芸妓であったが、オッペケペー節と壮士芝居で一大旋風を巻き起した川上音次郎の妻になった。川上は若い頃から自由民権の闘士として何回となく逮捕されたが、明治二十二年、黒木綿(くろもめん)の筒袖に陣羽織姿で〝権利幸福嫌いな人に自由湯(じゆうとう)を飲ませたいオッペケペッポーペッポッポー〟と唄いまくった。これが東京で絶大な人気を博した。彼はさらに書生芝居と銘打って『経国美談』や『板垣君遭難実記』を上演した。次いでシェイクスピアの『ハムレット』など翻案、日本化した劇を上演したが、妻の貞奴を主演女優に採用した。貞奴はそれによく応えて名演技をくり拡げた。三十二年、川上一座が渡米してからはサンフランシスコ、ニューヨークの舞台に立ち、さらにパリ、ロンドンを巡演してマダム貞奴の名を高め、パリ社交界の花と謳われた。四十一年、東京に帝国女優養成所を開いたが、これは挫折、女優養成事業は帝国劇場に引き継がれた。川上貞奴は日本の女優第一号と讃えられるべき女性である。なお川上一座の芝居は後年、花柳章太郎らの新派劇の元祖とされているが、涙もろい人情劇の新派と川上の社会劇とは思想的には異質でつながらない。

　このように寄席や芝居の世界に多くの女性が進出し、新しい芸を開花させたのが明治中期の特徴であるが、政治演説でも新しい女性が現れた。

　西南戦争の終結で士族の武力反抗は終り、言論による政府との対決に変った。明治十一年の愛国社再興大会、十三年の国会期成同盟、政府の集会場令公布は自由民権運動の高揚を示す画期であろう。闘士たちは街頭に出て演説した。それは忽ち女性に感染して各地の演説会に女性が登壇するようになった。明治十六年一月二十二日の『絵入朝野新聞』は越後柏崎の西福寺で政談演説会が開かれた時、西巻開耶という女性の祝文朗読を次のように記している。

『絵入朝野新聞』挿絵

　抑もそも此開耶女史は学校教員にして其風姿高尚なり、且容貌うるはしく開耶の名にし因みて額は霞のうちに現われ、芙蓉の眸り丹花の唇る肌膚は越後の雪に似たり、当年稍やく十七年、祝文朗読の声は玲

壟として聴衆静粛たり、読み終るや拍手喝采の声満場に湧く

祝文朗読の一七歳の女性が別嬪だというばかりで祝文の内容も、他の演説も記していない。冷やかし半分の記事である。この程度であっても若い女性が政談演説会に登壇しただけで世の耳目を集めたのである。しかしながら同じ十六年の十月十九日の『朝野新聞』の記事は全く違っている。

有名なる女弁護士岸田俊子は去る十二日の夜滋賀県大津四の宮の劇場にて学術演説会の節、箱入娘という題にて滔滔瓣ぜられたるが、閉会の後、該演説は政談に捗りしとて直に警察署へ拘引になり、監獄署へ送られしと

岸田俊子

岸田俊子は京都下京の古着商の娘、和漢の勉強をして府知事槇村の推せんで宮中に上り皇后に『孟子』を進講した。その後、立志社の民権家と交流し、十五年四月、大阪道頓堀の日本立憲政党主催の演説会で「婦女の道」を演説して脚光を浴びた。それを機会に女性の演説家や民権家が彼女のもとに集まり、それら岸田社中を率いて各地で演説

会を行った。「箱入娘」の演説は日本女性の結婚の在り方を批判したものである。これが集会条令違反に問われて八日間の未決監生活の後、罰金五円を払って釈放された。やがて政治家中島信行と結婚。中島は初代衆議院議長になった。その頃から俊子は次第に演説活動から文筆活動に移り、政治家の妻として生涯を終った。昭和期の実業家中島久万吉はその子息である。

岸田俊子の演説を聞いて発奮し、民権政治家になったのが景山英子である。即ち明治十五年五月、俊子の「岡山県女子に告ぐ」を聞いて自由民権運動に参加、十七年、大井憲太郎らの朝鮮改革運動（大阪事件）に加わり、十八年秋に爆発物を東京から大阪まで運搬して十一月、逮捕された。公判は、二十年五月から始まったが被告六四名中唯一の女性としてジャーナリズムにまつりあげられ、裁判中『景山英女之伝』が出版された。出獄後、民権家福田友作と結婚、後、社会主義者として婦人解放の執筆活動を行った。

『景山英女之伝』

女性の洋装と束髪の流行

宮中の奥から出御して国家の式典、国民の儀式に姿を現わした皇后、社交界で動きまわる総理大臣夫人、西洋上流社会の紳士に嫁ぐ東京の町娘、男が独占した舞台や高座に、男どもをかき分けて登場する女優たち、このように大奥や家の中でのみに生活した女性（ゆえに奥様とか家内という）が街頭に、民衆の前に姿を現したのが、明治中期の現象である。鹿鳴館時代の洋装婦人にみられるように、これらの現象には明治初年以来の洋化思想があった。

　明治政権を打ち立てた西南諸藩の幕末の志士たちは、口に尊王攘夷・王政復古を唱えながらも戊辰戦争の頃には西洋文明の信奉者になっていた。幕末の争乱の中で、西洋列強の軍事力、科学技術力に手痛い目に会っていたからである。よって政権を握った直後から尊王攘夷のスローガンを文明開化に切りかえ、ひたすら西洋化の道をひた走った。それは高度な学問、教育、制度等全般に及ぶが、手取り早いのは服装を西洋化してしまうことである。まず政府の高級官僚に洋服を着させ、漸次、地方官僚、軍人、警察官、郵便配達夫に及んだ。若い明治天皇は無邪気にも薦められたプロシャ式軍服が気に入られ、終生これを愛用した。軍隊の兵士全員に軍服を着させることは大変なことであった。一口に洋装と言っても上衣にズボン、シャツに股下、靴に靴下、帽子まで揃えねばならない。明治十年代に発展した紡績業と洋裁職人の養成、製靴業と靴職人の養成と活躍があって、明治二十一年、師団制ができる頃には全兵士に軍服が行き渡った。鹿鳴館時代に女性の洋装が流行(はや)ったのは男性の洋装が一応満ちて、その波が女性にも及んだからである。

　明治十六年に鹿鳴館が完成すると早速、舞踏会が始まった。この洋式舞踏会はこれまでの日本にはない形式である。男性はすでに正装化されたフロックコートに靴でよいが、女性は正装である裲襠（うちかけ）でも困るし、和服で下駄では踊れない。そこで洋装となった。女性の洋装は開国当時、すでに輸入されていた。スカートが大きく開かれたもので、フランス人形を想えばよい。その形を保つために内側に針がね様の内当てをする。これらがつくれないので着ることができなかった。しかるに鹿鳴館時代になると舞踏会は軽装のパッスルドレスでもよいことになった。スカートの腰の後部を高く持ち上げた形状である。この時代の舞踏会の女装は概ねこれで行われた。

十九年になると宮中の女官たちが洋装化し、二十

舞踏会

パッスルドレス

明治 17 年 6 月、鹿鳴館でのバザー　和服が多い

年には洋装奨励の皇后思召が出され、華族女学校での洋服着用が義務付けられるなど、上流階級での洋装が進んだかにみえるが、これは表面上のことで、実はこの時代の女性洋装はそれほど拡まらなかった。上図を見られたい。この絵は明治十七年六月某日に鹿鳴館で行われた上流夫人によるバザーの会である。伊藤博文夫人をはじめ閣僚級の夫人及び令嬢によって行われたものであるが、殆んど和服である。舞踏会ではその性格上、洋装でなければ始まらないが、バザーではその必要がない。着慣れた和服で出席したのであろう。軽装とされたパッスルドレスでも腰をコルセットで締めなければならないし、履き慣れない靴を履かねばならない。下着や肌着、靴下はどうしたのだろう。すでに洋裁職人が現れて兵隊服を縫い上げたが、女流洋裁師が登場するのは後のことである。輸入品を手に入れたのだろうが高価である。上流階級でなければできないことであった。

鹿鳴館を舞台とする女性の洋装騒ぎは十七年、十八年、十九年頃で、二十年になると沈静してきた。新聞も興味本位にこれを書き立てたが、二十一年頃になるとこれを無視したり、からかうようになった。『東京日々新聞』は鹿鳴館の女装を支持したが次第にこれを批判するようになった。二十一年八月二十三日の記事では女性洋服を最盛期の半分になったとし、腰痛、子宮病、食欲不振はすべてコルセットの圧迫によるという珍説を紹介し、女性服をあて込んでミシンを取り寄せた商人が大損したと報じている。病気にならずとも西洋服のままで和風の畳敷の居間ではくつろげず、家に帰っては和服に着替えたろう。和食を箱膳で食するのにも洋装ではさまにならない。自宅はすべて和室、食事も和食が日常というこの時代に服装だけが洋服と靴というこの風態は異常である。前に紹介した新しい女性の洋服姿も特殊なものであった。

洋服はさて置き、新しい女性の多くが飛びついたのが束髪である。洋装で旧来の日本髪では似合わない。あれほど大きな髪を頭に載せては活発に動けない。そもそも女性の大きな髪型は封建時代のものである。ルイ王朝時代の王妃達も皇帝の冠（かんむり）の向うを張って、髪を高く結ばせた。日本とて変らない。武家の妃たちも大名の烏帽子に合わせて高く結（ゆ）う。明治の宮中でも明治十五年頃までは同様であった。しかし鹿鳴館で舞踏会が始まると高く結う髪型は邪魔になって西洋人のように髪を短くすることになった。束髪の始まりである。

日本髪の洗髪は大仕事で一年に数回程度しかできない。型をくずさないために箱枕を用い、匂いを消すために香料を用いる。贅沢なわりに不衛生である。よって衛生・経済上から束髪が提唱された。明治十八年のことで、東京衛生会、婦人束髪会等が結成された。はじまったばかりの

束髪カルタ

『女学雑誌』も束髪キャンペーンを張っている。こうして新しい女性、社会で活躍する女性は旧来の髪型をやめ、束髪に変っていったのである。束髪は和服にも結構似合った。和服に束髪という姿が明治期の女性の一つの姿となる。とは言え、旧来の日本髪が絶滅したわけではない。古い日本髪のうち、手のかかる大奥宮中の髪型は消え去ったが、既婚者が結った丸髷はそのまま残り粋筋でつくられた高島田は嫁入りの髪型として後世に伝えられた。

女流小説家の登場

閉ざされた家の中から開かれた社会へ活躍の舞台を拡げた女性たちを上流階級から芸人に至るまでみてきたが、姿を街頭に現わさないまでも書物を通して大衆の耳目を引いた女流小説家も見落とせない。これまでも歌を読み書きする女流歌人や意見を認（したた）める女性はいた。しかし、近代にはじまった街談巷説をリアルに綴る小説家はこの時期になって現われたのである。その最初は木(き)村曙(むらあけぼの)であろう。

　木村曙の小説『婦女の鑑』は明治二十二年の『読売新聞』に連載された。橋爪秀子という才女がアメリカに留学して親友や意地の悪い友人たちにもまれながら成長して大学を卒業し、帰国してから工場を起したり、幼稚園をつくって貧民の子供を導いたりする話である。木村曙（本名えい子）一八歳の時に書いたもので、少女の作品であるからたいしたものではない。しかし漸くはじまった言文一致体で書かれている。彼女は東京芝の富豪・木村荘平の娘で東京女子師範学校付属高等女学校の出身である。自分をとりまく環境、その時代の雰囲気を材料にこの小説をつくったのであろう。このあといくつかの小説を書いたが注目されなかった。明治二十三年十月、一九歳で亡くなった。

　明治二十三年八月から二十五年一月にかけての『女学雑誌』に若松賤子の『小公子』が連載された。『小公子』はアメリカの F. E. Burnett の "Little Lord Fauntleroy" の訳である。『小公子（前編）』は二十四年、女学雑誌社から、全訳は三十年、博文館から刊行された。父をなくし、母とニューヨークの裏町で暮らしていた少年セドリックがイギリスの貴族である祖父ドリンコート侯爵家を継ぐことになり、イギリスに渡り、偏狭な祖父と暮らすが、セドリックの無邪気な愛情によって祖父の心が次第に変化するさまが感動的に描かれている。明晰(せき)な言文一致体で訳されていて、森鷗外や坪内逍遥らに名訳と絶賛された。若松賎子は会津藩士松川家の生まれ、横浜の織物商大川甚兵衛の養女となり、ミス・キダーの学校（フェリス和英女学校）に入学、十五年、フェリス和英女学校高等科を卒業、成績優秀のため、直ちに母校の英語教師になった。明治二十二年、明治女学校教頭で『女学雑誌』主筆の巖本善治と結婚、フェリスを退職し、明治女学校の経営に参画しながら『女学雑誌』に翻訳や随筆を発表した。『小公子』の発表後もいくつかの小説を翻訳し、二十六年には小説『ひろひ児』を発表したが、二十九年の小説『おもひで』が絶筆となった。総じて当時の封建的な家庭生活に西欧のキリスト教精神による近代性を融合させようとしている。

明治二十七年五月から二十九年四月までの二年間に樋口一葉は『大つごもり』『にごりえ』『たけくらべ』などの小説一一編を執筆発表した。『大つごもり』は富裕な山村家に雇われたお峯という少女が盗みを犯さなければならなくなった苦しい胸のうちが描かれている。

『にごりえ』のヒロインは銘酒屋菊の井の看板酌婦のお力である。愛人だった源七はお力に金を注ぎ込みすぎて落ちぶれ、源七の妻子からお力は「鬼」と呼ばれる。物語は急展開して源七とお力は心中する。お力の少女のときからの悲運に読者は胸を塞がれるのである。

『たけくらべ』はよく知られている。一葉が明治二十六年七月から下谷龍泉寺の長屋で一文菓子屋（いちもん）をたてたその土地での見聞をもとにした小説である。吉原に近い大音寺門前のにぎわいを背景に思春期の少年少女のほのかな恋をえがいて一葉一代の傑作とされている。「われ縦令世の人に一葉崇拝の嘲を受けんまでも此人にまことの詩人という称をおくることを惜まざるなり」と森鷗外は讃辞を贈っている（『めざまし草』の『三人冗語』）。

樋口一葉は甲斐山梨郡の農家の出身であるが、父が江戸へ出て町奉行同心の株を手に入れ武士の身分になった。幕府崩壊後は東京府の官吏になったが、一葉の学歴は小学高等科第四級に止まる。明治十九年、一五歳の時、中島歌子の歌塾萩の舎で『源氏物語』『古今和歌集』などの平安朝文学を学んだ。明治二十二年頃、父が事業に失敗して病死、二十三年、本郷菊坂に女世帯を構えて針仕事や洗い張りで暮らしを立てつつ、『東京朝日新聞』の小説記者・半井桃水に師事して小説を書きはじめる。一葉は桃水を恋い慕うが、萩の舎で二人の関係がスキャンダルとなったので離別、やがて『文学界』の同人たちと交流して新しい文学に目覚めていく。

一葉の文章は文語体である。しかし古めかしさは感じない。当時の市井の人々の話し言葉がちりばめられていて臨場感があるし、リズミカルだから読み進められる。市井のかなり下層の人々が登場しても下卑た感じを抱かせないのは学んだ王朝文学の香りが身についているからであろう。

木村曙も若松賤子も近代的な女学校教育を受けている。若松賤子の翻訳小説はフェリス和英女学校での語学学習を抜きにしては考えられない。樋口一葉は女学校こそ出ていないが、萩の舎で学び、また『文学界』の若い気鋭の文学者と交わって影響を受けている。彼女ら自身の天賦の才能が新しい小説を生み出したのであるが、明治初期以来の教育や文化がまたこれらの才女を育てたとも言えよう。

浪漫主義小説と恋愛

若松賤子や樋口一葉が明治中期に女流小説家として名声を博したのは当時、気鋭の若者によって小説という近代文学がつくられたからであり、新聞や雑誌という新しいメディアが広がったからである。

江戸時代の冊子は木製の版木、すなわち製版で作られていたが、発行部数は少ない。明治二年に上海から長崎製鉄所に伝えられた活字製造技術は漢字活字の量産を可能にして印刷業のあり方を変えた。この技術は工部省をへて政府の印刷局に引き継がれる。政府は廃藩置県後、府県への通達、府県から人民への布告を書類で示さねばならなくなったので（幕藩時代は重臣の会議も命令も書類を用いることはない。すべて談合で決め命令は手書きで刷物ではない）各府県庁の所在地で活版印刷が開始された。一方、民間では長崎製鉄所で働いていた本木昌造などによって築地活版所で活字が造られ、活版印刷が盛んになった。活版は活字の組み替えによって新しい版をつくることができるので新聞や雑誌が大量にかつ頻繁に発行できるようになった。木版による新聞、雑誌は幕末からはじまっていたが、活版によるそれらは明治四、五年から次第に増え、明治十年代には飛躍的に増加した。

明治十年代は士族の武力反乱が終り、言論による自由民権運動が高揚した時期である。民権運動家は自由論、民権論を紙上に掲載して薩長藩閥政府を攻撃した。この時期はまた官公私立の外国語学校卒業生が輩出し、東京大学の卒業生もぼつぼつ出はじめた頃である。彼等は政府やはじまったばかりの企業にも加わったが、語学力を駆使して西洋文学を翻訳紹介した。これらが拡大した新聞紙、増刷された雑誌に載って広く国民の前に提供された。柳田泉は明治四年から二十四年までに出版された二七〇編を超える西洋文学の翻訳書を表示しているが、（『明治文化全集十四翻訳文芸編』）、当時の日本人の好奇心と筆力に圧倒される。中にはシェイクスピアの『ロミオとジュリエット』河島敬三訳（露妙樹里春情浮世之夢（ロミオジュリ））、デューマの『モンテクリスト』関直彦訳（開巻驚奇西洋復讐奇譚）、スウィフトの『ガリヴァ旅行記』片山平三郎訳（ガリバル回島記）、ボッカチオの『デカメロン』大久保勘三郎訳（群芳綺談）、プーシキンの『大尉の娘』高須治助訳（花心蝶思録）、ゲーテの『ライネッケフックス』井上勤訳（狐の裁判）などなど、後年、何度も作り直されて国民に膾炙（かいしゃ）された西洋物語である。こうしたムードの中で若松賤子の名訳が生まれたことは言うまでもない。

以上の西洋近代文学紹介の中で日本の近代小説が始まった。その口火を切ったのは坪内逍遥の

『一読三歎当世書生気質（しょせいかたぎ）』である。東京大学の学生のありさまをリアルに画いている。『当世書生気質』が出た同じ明治十八年、逍遥は『小説神髄』を松月堂から刊行した。西洋の novel を「小説」と訳したのである。そもそも「小説」は『漢書』の『芸文志』にあるコトバで、漢の皇帝が裨官に命じて街談巷説を集めさせた下品な文である。しかし逍遥はこの庶民の物語の中にこそ人間の哀歓と真実があると観て、虚飾で固めた皇帝や英雄の伝記＝「大説」を退けて「小説」をとったのである。『小説神髄』は江戸期の勧善懲悪主義を退けて人情をリアルに見ることを主張している。日本の近代小説は坪内逍遥によって始まったといえよう。

もともと新しい文学を興そうという気運が高まっていたので逍遥の出現をきっかけに小説家がグループをつくって立ち上がった。そのグループは大小数多くあるが、大きいものは逍遥を中心とする早稲田派と尾崎紅葉を首領とする硯友社であろう。硯友社の作家たちは旧時代の戯作を新時代の人々の葛藤に置きかえた小説をつくったが、読者はその華麗な文章に魅せられて人気を博した。女流作家・樋口一葉の登場はこうした小説勃興の流れの一つである。

これとは別に、明治二十五年、巖本善治が主宰する『女学雑誌』から別れた『文学界』に拠って浪漫主義といわれた一群の作家たちが現れた。一部の感受性の強い女性に影響を与えた北村透谷と彼の〝恋愛論〟を述べよう。

北村透谷は相模小田原で生まれた。明治十四年大蔵省に勤めていた父に連れられて上京、泰明小学校からいくつかの私塾に通い東京専門学校（現早稲田大学）に進学、その頃から自由民権運動に加わり、三多摩の大立者、石坂昌孝を知る。やがて石坂の娘でクリスチャンの美那と恋愛して自宅においてキリスト教式で結婚式をあげた。彼は大阪事件にも加わろうとしたが、その過激さゆえに脱退、その挫折感から失った自由を精神世界で回復しようと「厭世詩家と女性」など多くの論文で恋愛の神聖を説いた。彼はそれらの論文を『女学雑誌』や『文学界』に投稿した。

「恋」というコトバは古代からあるが、「恋愛」という熟語は明治以前にはなかったように思う。「恋愛」という熟語を用いて本格的に論じたのは透谷が初めてであろう。

透谷の恋愛論は透谷二三歳の明治二十五年、『女学雑誌』に掲載された「厭世詩家と女性」である。西洋文学をやたらに引用したペダンチックな文で現代人にはわかりづらい。「恋愛は人生の秘鑰なり」（人間と実社会をとくカギ）ではじまるこの文章のキーワードと思われるコトバからこれをみよう。男は「美人を天に思求して苦しむ」が、その恋愛は「思想を高潔にする嬭母である」。この嬭母は慈母としてもよいと思う。つまり男性が女性に抱く思慕は純浄な美しい処女である

北村透谷夫妻

が、また同時に慈愛深き母でもある。処女と母という矛盾した理想は憧れるヘレニズムのErosと神が限りなく与えるキリスト教のAgaveを止揚した西洋近代の愛である。これを体験してこそ、人間と実社会の真相がわかるというのであろう。しかしこの体験は生やさしいことではなく、彼は妻美那と愛し愛されつつも、文学や学校を通じて若い娘と愛し愛され、明治二十七年五月、透谷は二七歳で縊死した。彼は自分のたてた恋愛論の中で苦しみ縊死したが、その恋愛神聖論は心ある人々の共感を呼んだ。女性との交渉をただ性欲のはけ口としか思わない男たちに対し、性欲と一体となった神聖なる恋愛は女性に支持された。

やわ肌の熱き血しおにふれも見で
　さびしからずや道を説く君

とうたった与謝野晶子はその代表的一人である。恋愛を不義とみた古い観念は捨て去られていった。

参考文献

『明治天皇紀』第二巻、第三巻、第四巻
『画報近代百年史』第五集
木村毅『海外で活躍した明治の女性』

山本笑月『明治世相百話』
小川織衣『女子教育事始』
岸田俊子『湘烟日記』
『目でみる江戸明治百科　明治暮しの巻』
伊藤整『日本文壇史』第一巻、第二巻、第三巻、第四巻
若松賤子『小公子』
樋口一葉『大つごもり』『にごりえ』『たけくらべ』
『北村透谷選集』
近代日本の名著『恋愛・結婚・家庭論』

第一部　女学校から高等女学校へ

前著『女学校の誕生』で幕末から明治初期にかけてアメリカのプロテスタント系諸教会から宣教師が派遣され、日本に女学校という新しい学校を植えつけたことを点描した。この時期は幕藩体制の崩壊と王政復古の新体制づくりの真最中で、士族反乱、自由民権運動の渦巻く中、文明開化が叫ばれる混沌とした時期である。そのような中で、い

第一章　プロテスタント系ミッション女学校の展開

ずれも開拓者魂旺盛な男女宣教師主導のもと、先覚者的日本人信者の協力で女学校をつくった。

この宣教師たちは、みな勇敢な尖兵である。本国からの支援がなくても単身、敵地に入り込んで未知の世界を切り開く活躍をした。しかるにこれから述べる明治二十年代に来日する宣教師たちはいずれも本国の教会本部から物心両面にわたる援助を受けている。その上、文明開花の余慶で、異国の宗教を嫌わず、包容力を以って迎え容れる有力者が次々に現われる。こうした明治中期のプロテスタント系ミッション女学校開花の状況をみよう。

カナダメソジストの東洋英和女学校

明治のはじめのキリスト教女学校はアメリカプロテスタント改革派のフェリス和英女学校、長老教会の女子学院、メソジストの海岸女学校、聖公会の立教女学校、ボードミッションの神戸英和女学校、同志社女学校等に焦点をあてたが、明治後期は明治二十年前後に活動したカナダメソジストの女学校開設から述べてゆきたい。

メソジストは十八世紀に英国でおこった敬虔主義的な信仰復興運動で北米大陸に波及し、一八二八年、カナダメソジストが組織された。一八七三年、カナダメソジスト教会は外国伝道を決め、マクドナルド D. Macdonald とカクラン G. Cockran を日本に派遣した。カクランは同年即ち明治六年、中村正直に招かれて同人社で教えた。マクドナルドは静岡教会を創立した。明治十四（一八八一）年、カナダハミルトンのセンテナリー教会の婦人達が婦人伝道会社 Woman's Missionary Society of the Methodist Church Canada を創立し、その事業の第一歩として日本伝道を決め、実行者としてカートメル M. J. Cartmell を指名した。カートメルは明治十五年来日、しばらく東京の築地で日本語の勉強と伝道に従事していたが、女学校をたてようと思い、十六年、伝道会社に書簡を送り、これを提案した。ところが、伝道会社でも同じ頃、日本に女学校をたてることを企画し、その書簡がカートメルに発せられたので両書簡が太平洋上で交叉した。

校長カートメル

この年、在日カナダミッションは東京の麻布に土地を見つけ、カートメルにこの土地を買うことをすすめた。カートメルは本部の賛同を得て一、〇〇〇ドルでこれを買った。当時、外国人は土地を所有することができなかったのでカクラン門下の小林光泰以下四人の日本人を名義にして東洋英和学校と

創立者　小林光泰

東洋英和女学校を設立することにした。因みに東洋英和学校は現麻布中学高等学校につながる男子の中学校である。

東洋英和女学校の設置願は明治十七年九月二十二日付で東京府に提出された（東京都公文書館蔵）。学校所在地は麻布区東鳥居坂町一四番地、設置願提出者は東洋英和学校会社長・小林光泰、教頭は当時三八歳のM・ジュリア・カートメルとなっている。だが、学校長履歴のところにカートメルの履歴が書かれているから彼女が学校長であった。カートメルはカナダのトロント公立女子師範学校を卒業して一七年間、ハミルトンの女子師範学校の教員・校長を勤めた。算術と普通学、文学とフランス語及び音楽が教えられるという。

生徒定員は通学生は一一〇名、寄宿生六〇名、計一七〇名、授業料は月一円、寄宿料は月食費二円七〇銭、炭油浴場費三〇銭、器械料五〇銭、オルガン授業料一円で認可された。

年齢一〇歳以上、小学中等科卒業を入学条件にする学科課程は修業年限のきまりがないが学科は次のように盛りだくさんである。

修身　読書　作文　習字　算術　地球　本邦歴史　図画　博物　物理　裁縫　唱歌　体操

明治初期の単純素朴な英学塾ふうでもなく、西洋と日本の学科を案配し、女子教育のための裁縫、唱歌なども組み込まれている。時あたかも「小学校教則綱領」「中学校教則大綱」が公布された直後であり、官立女子師範学校が予科を廃して付属高等女学校を創設したばかりの時であったので女学校のカリキュラムについて教育関係者の関心が高まっていた。東洋英和女学校の設置者である小林光泰は長野県師範学校を卒業して数年、県の小学校で教え、東京築地でカナダメソジストのイビー C. S. Eby について宣教師になった人物である。学校教育の現場についてくわしい。東洋英和女学校の最初の学科課程は小林光泰の考えが入っていた。

明治十七年十月頃から数人の生徒で授業をはじめたが教師はカートメル一人であった。しかし翌十八年早々、露木精一とモード・カックランが加わった。露木精一は明治三年から静岡藩英学校でアメリカ人クラーク E. W. Clark に就き、次いで静岡県英学校でカナダメソジストの宣教師マクドナルドに就き、さらに東京築地でカートメルに就いて英学を学んだ人である。モード・カックランは前に述べたカナダメソジスト派遣の宣教師カックランの次女で当年一七歳であった。こうして英学はメソジスト派でかため、日本人教師として水野峯子、酒井ますの二人を雇った。

生徒は開校直後の十七年十二月頃は五〇名前後であったが十八年一月には入学者が日々に増加し一七〇名ぐらいになった。この時期はいわゆる鹿鳴館時代の幕開けで、日本に西洋上流社会風俗が流れ込んだ。東京はその桧舞台であり東洋英和女学校の麻布の地は旧武家屋敷地から新官僚の住宅地に変貌しつつあった。この女学校に生徒が集まったのは、このような時代の風潮に乗ったからでもある。

十八年二月、カナダメソジストから派遣されたミス・スペンサー E. S. Spencer が来日、カートメル校長をよく助けた。同年三月には元尾張藩士の都築直が教員になって漢学や習字を担当、やがて教頭になって、この女学校の日本文化面の中心教員になる。この頃になると創立者カートメルは健康を害して、しばしば静養する身となった。来日以来の築地での日本語勉強や布教活動と麻布での校舎建築に毎日、築地から人力車を駆っての監督、開校に向けての準備に疲労困憊(ひろうこんぱい)したのであろう。秋にはミス・スペンサーに校長職を譲って二十年四月、帰国した。前年の十九年六月、未定であった学科課程の修業年限を予科三年、本科五年と定めて本科を高等女学校並にした。生徒は二五〇名に達した。当時の生徒の回想によれば岩倉、伊藤、陸奥、仁礼、山尾等の新貴族や実業家の娘、地方から上京した生徒も多くは富裕な家庭の娘であったという（卒業生・野村みち子の回想）。こうして東洋英和女学校は鹿鳴館時代の波に乗って順風満帆の船出をしたのである（『東洋英和女学校五十年史』）。

東洋英和女学校の教育と生徒の活動

学校設置願には修身、算術、博物、物理など学科を麗々しく並べ立てているが、当時の生徒の回想によれば、午前中は日本学、午後は英学で、水曜日の午後は毛糸の編物や洋裁の授業があり、時に校庭でダンベルを使う体操やピアノに合わせて行進することもあったという（斉藤春子回想）。「設置願」の「教授法ノ要旨」は次のように記している。

読書　読書ヲ分テ読法講義トス、読法ハ用書ニ就キ生徒ヲシテ音訓句読ヲ正ク和漢文ヲ読下セシメ講義ハ其字義句意章意ヲ詳ニシ文理文義ヲ考究セシム。要ハ和漢文ノ読解ニ通暁セシムルヲ主トス。

英文学　英文学ハ之ヲ分テ読方書取会話文法修辞作文習字トス。読方ヲ授クルニハ教員生徒ノ発音ヲ正シ綴字及其意義ヲ暗誦セシメ又邦語ニ口訳セシムルヲ初メトシ漸次進歩シ渉滞ナク英文ヲ読下スルヲ得ルニ及ビ教員其意ヲ生徒ニ問ヒ或ハ自ラ之ヲ講シ亦筆記セシメテ英文ヲ明瞭ニ解得セシム

和漢文は都築直が、英語は露木精一やモード・カクランが、次いで派遣された婦人宣教師達が教えた。和漢文授業の合間に算術その他の普通学が教えられたのであろう。

寄宿舎生活はこの女学校の重要な柱であった。

辰起ハ午前六時、就寝ハ午後十時トス
喫飯ハ午前七時、正午、午後六時トス
浴湯ハ生徒ノ等級及就業ノ都合ニ依リ其時刻ヲ定メテ幹事ヨリ命ス（「寄宿舎規則」）。

以下、室内での作法がこまごまと書かれているが、生徒の回想によって、その実際をみよう。

最初は一〇畳敷くらいの洋室二室で起臥、食事等すべて西洋式であった。朝夕の食事は教員と一緒にする。日本語は一さい使ってはならない。昼食だけは通学生と一緒に和食をとることが許される。その際、客間の掃除、接客法、洗濯の仕方、洋服下着のつくり方等すべて西洋風に教えられた。七・八月の夏休みと年末年始の冬休みのほかは家に帰れない。日曜日は礼拝のため〝山の学校〟（同じメソジストの東洋英和学校）へ行かねばならない。第一、第三の金曜日に限って外出を許されるが午後五時までには帰らなければならない。寄宿生の楽しみは夏冬休み前日の〝閉校式〟でその日は会場を美しく飾り、ピアノ演奏、合唱、ダンベル体操などで楽しんだ。ある年の六月の〝閉校式〟ではスペンサー校長の発案で二人の生徒が選ばれて一人は洋服、一人は和服を着用し、互いにその服装を礼賛して、その風俗習慣の意義を説いた。スペンサーは看護術に精通し、寄宿生が病臥した時は必ず病床で看護したという（本戸すゑ子、野村みち子回想）。

メソジストの学校であるから宗教教育は厳しいものがあった。日課は毎朝八時に講堂に集まり、八時一〇分から三〇分まで賛美歌・祈祷・聖書朗読・賛美歌の一連の行事がある。午前一一時三〇分からは一二時まで牧師の聖書講義があって昼食、夜の礼拝は寄宿生だけであるが、校長室で就寝前に行われる。日曜日は午前一〇時から教会に出席、寄宿生は二時から四時までサンデイリーディングと称して黙想と宗教的読書が課せられた。そして五時から三〇分賛美歌を歌う。

このような宗教活動は学校内に止まらず、社会にも向けられた。一つは日曜学校であり、一つは王女会 King's Daughter's Society である。日曜学校は別名プーアサンデイスクールという如く貧民街に拠点をこしらえて、集まってくる貧しい子どもらに聖書を教え賛美歌を歌わせ、一緒に遊んで最後にプレゼントをする。費用は生徒が各自わずかな金銭を投じたものである。あとは手製の奉仕で子どもが喜ぶようなものを造り贈る。当時、東京は旧時代の被差別街に替って、流入する雇い労務者の貧民街が華やかな商店街の裏通りにできつつあった。麻布界隈も同様である。日曜学校の拠点は貧民街の近くの教会であったり、信者の家であったりしたが、生徒達は上級生になると四、五人ずつ組んで日曜学校に行き、次第に貧しい子ども達に慕われるようになった。年末はクリスマスに肉や野菜を買い込んで煮物を給食した。鳥居坂教会の日曜学校では七〇人もの貧民が集まったという（松野しゅん子、雪野勇子回想）。王女会は神即王、そして、自分たちはその娘であるから神の福音を人々に伝えるという思想で、これもわずかな金銭を投じ、縫い物編み物その他手細工の品々を売って得た金銭を恵まれない人々に寄付する運動である。明治二十三年五月、女子学院に海岸女学校、フェリス和英女学校、東洋英和女学校等のクリスチャンが集まって王女会を立ち上げた。賛同する学校、会員も増え、癩病院、盲学校、養老院、孤児院などへ寄付を続けたが、日清戦争がはじまると出征兵士への寄付（慰問袋）に替ったという（小澤房子回想）。

文学会というものもあった。これは学芸会のようなもので学校内でやるのだから社会的活動ではないが、父母や近辺の人々を呼び集めて開かれた活動である。他のクリスチャン・スクールも同じようなことをやった。東洋英和女学校は毎年二回、五月二十八日の地久節（皇后誕生日）と十一月三日の天長節（天皇誕生日）に行った。文学会は祈祷、賛美歌ではじまり、ピアノやオルガンの独奏、合唱、活人画、日本文朗読、英語対話等が続く。後には演劇が上演されるようになった。〝それはすべての生徒の血を沸き立たせたのでありました〟と卒業生は語っている（林つる子、酒井広子回想）。

平岩愃保

この時期以降、次第に形成されてゆく小学校、女学校の学芸会に少なからぬ影響を与えたと思う。

東洋英和女学校発足以来この間に学校主脳の異動があった。一つは創立以来の校主・小林光泰が退任して静岡に移り、静岡に英和女学校を開設した平岩愃保が麻布メソジスト教会の牧師に転任すると同時に東洋英和女学校の校主になったことである。平岩は幕臣の子として生まれ、東京の私塾から官立開成学校に入り各藩の貢進生とともに学んだ。その後、師範学校の教員をへて体操伝習所でリーランドの指導を受け、さらに同人社で宣教師カックランについてキリスト教を学び受洗した。以後、下谷メソジスト牧師、甲府メソジスト教会創立、静岡英和女学校を開校して明治二十年六月、東洋英和女学校校主になったのである。以後、平岩は昭和八年永眠するまでこの学校の校主であり続けた。

次に二代校長・スペンサーの事である。ミス・スペンサーはこの学校の教員ラージ T. A. Large と結婚してミセス・ラージとなったが、二十三年四月のある夜、二人の賊がしのび込み、仕込杖（刀を仕込んだ杖）でラージを切り殺した。ミセス・ラージも切られたが、命はとり止めた。傷心のミセス・ラージは帰国することになり代ってミス・ブラックモーア I. S. Blackmore が三代目校長になった。ミセス・ラージはペンシルベニア州オータナにりんごの大果樹園をつくり、娘と孫と一緒に幸せに暮らした。ブラックモーアは大正十四年まで四度にわたって東洋英和女学校の校長をつとめ、名物校長として卒業生の間に名を止めた。朝のテレビ小説『花子とアン』にでてきた校長のモデルである

ブラックモーア校長

（『東洋英和女学校五十年史』）。

静岡英和女学校と山梨英和女学校

カナダメソジストの宣教師マクドナルド D. Macdnard は明治七年、静岡にきて布教しカナダメソジスト教会を立ち上げた。後の静岡教会である。次いで東京麻布のメソジスト教会の牧師・平岩愃保が来て布教を拡げた。

明治二十年前後の静岡県は地場産業の開発と東海道鉄道の開通、民間出資による民営軽便鉄道の敷設が活発化し景気が上向きになっていた。小学校も普及し、明治初年以来の努力で中学校も駿河、遠江、伊豆の三州に一校ずつ開設されていた。しかし女学校はなかった。明治十九年に着任した関口隆吉県知事は娘がたまたま東京の東洋英和女学校の生徒であったことからカナダメソジスト流の女学校を静岡にたてようとした。平岩は快諾して早速「私立静岡英和女学校設立賛成紳士諸君」宛の義捐金募集を開始した。この設立趣意書は①静岡市内に新しい女学校をたてること。②女教師はカナ

静岡県知事　関口隆吉

ダの婦人伝道教会から派遣されること。③その教育は日本の伝統文化に西洋の新文化を加えたものであることを説明して、この学校の維持会員になることをすすめたものである。

県知事のお声がかりであったためか、維持会員はすぐに集まったらしい。二十年十月には第一回の株主総会を開き、役員を決めた。次いで十一月にはカナダの婦人伝道教会から女教師カニングハムが着任したので十一月二十六日、開校式を挙行した。開校式のプログラムは次の通りである。

1　開会頌歌
2　祈祷　　小林光泰
3　演説　　関口知事
4　奏楽唱歌　　カシデー夫妻
5　演説　　校主・佐倉信武
6　唱歌　　カシデー夫人
7　ピアノ独奏　　カッキング夫人
8　祝詞　商議員総代　鶴殿長道
9　演説　校長　カニングハム

10　頌歌

11　閉会頌歌

カッキング夫妻

最初に祈祷した小林光泰は東洋英和女学校の校主。この年、静岡教会の牧師になった。カシデーはカナダメソジストの牧師で明治初年以来、静岡中学校の教師であった。校主の佐倉信武は静岡追手町二七ケ町の戸長で静岡尋常中学校の教諭兼舎監、県知事・関口隆吉の甥で静岡メソジストの教会員、静岡市政界の実力者である。関口知事が校長になれないから代りになった。鶴殿長道はさきの維持会総会で商議員総代になったので開校式の祝詞を述べる。開校式に集まる者三七〇名、県庁の各課長、郡長、裁判官、各学校の教員代表、県会議員等が顔を並べた。まさに県をあげての、県立学校なみの開校式であった。

平岩愃保の設立趣意書に静岡英和女学校の経営方針がある。

1　この学校の目的は道徳を基本として和漢学、英学、数学その他を教えるが教則は東京麻布の東洋英和女学校の規則綱領に準拠する。

2　以下の日本人職員を揃える。①英文の女教員（月給一〇円～一五円）②普通学の女教員（一〇円ぐらい）③和漢学の男教員（八円ぐらい）④裁縫女教員（三円）⑤幹事男（一〇円）⑥舎監女（五円）⑦小使男（三円）

3　上記の給料は生徒の束修月謝と有志の義捐金で充当する。生徒の束修は二円、月謝は一円五〇銭、生徒数は当分五〇名。

4　校長は外国人女教師とし、校長の顧問として商議員たるべき人を校外に外国人内国人数名を置く。商議員は学校への寄付者及び教会員の中から数名選ぶ。

5　義捐金寄付者の中から校主を選び学校設立願を県に提出し、外国人教師の雇主となる。

この方針に従って佐倉信武が校主となりカナダメソジスト婦人伝道教会から派遣されたカニングハムが校長になったのである。明治初年に来日したプロテスタント各派のたどたどしい女学校づくりに比べれば、なんと手際のよい学校設置ではないか。日本人側からみれば日本文化を失わずに西洋文化を移入する。外国人宣教師の熱意、エネルギーを受け入れる。西洋人ミッションの側からみれば日本人の信者の協力で、土地の有力者、権力者と結びつくことから成果を早期にあげられる利があった。こうして静岡英和女学校はすべり出したのである。二〇年の歳月が両者協力のシステムをつむぎ出したと言えよう。

開校当初は静岡女学校の校名で、静岡西草深町の木造平屋建の住宅を校舎につくり直したものであった。だが、同町内に新校舎を建築し、翌二十一年十一月三日の天長節に合わせて落成式を挙行した。この落成式には文部次官・辻新次と静岡県学務課長兼師範学校長の蜂屋定憲が参列した。蜂屋は二十二年以降この学校の校主になっている。この年五月、この女学校の創立に尽力した関口県知事は東海道鉄道開通試乗式の奇禍がもとで逝去した。

新校舎は二階建て、二階が寄宿舎と教員室、階下が教室で食堂がついていた。「設置伺」には学科として修身　読書　算数　習字　英語　図画　地理　歴史　理科　家事経済　裁縫　手工唱歌　体操等があがっているが生徒の回想によると毎日三時間の日本学、二時間の英語のほか、水曜日の午後は編物と外出運動であった。東洋英和女学校と同じである。課外授業としてオルガン演奏があり、これは教授料が徴された。また日曜日には教会での礼拝が課された。「設置伺」には予科二年本科四年制のカリキュラム表が記載されているが、教員も不揃い、生徒もわずかな開校初期にカリキュラム通りに実施できるはずがない。生徒の回想によれば開校二、三年は生徒三二、三名、明治二十六年に初めて四名の卒業生を出した。しかしその後、営々努力の結果、明治三十六年、静岡英和女学校となり、現在に続いている（『静岡英和女学校五十年史』）。

山梨県南巨摩郡睦合村の私塾・蒙軒学舎は明治八年頃から西洋書を読み始めたが、明治十年、カナダメソジストのイービーに指導を受けるようになった。イービーはこの地に女学校をたてようと思い、二十年、山梨尋常師範学校の英学教師として来日した同じカナダメソジストのサンビーを通じてメソジスト本部に婦人宣教師の派遣を要請した。一方、山梨県内で新興産業の発展に

新海栄太郎

活躍中の新海栄太郎はじめ少壮実業家らが県内に女学校をたてるべく二十二年四月「私立山梨英和女学校開申書」を山梨県知事・中島錫胤に提出した。山梨英和女学校は直ちに許可され、甲府太田町の民家・佐渡屋を借りて二十二年六月一日、開校した。設置者は新海栄太郎、校長はカナダメソジストから派遣されたウィンター・ミュートである。学科は英語科と邦語科がともに予科二年、本科四年の六年制である。

こうして発足した山梨英和女学校であったが、生徒が十数名になったので民家の間借りというわけにもゆかず、ウィンター・ミュートはカナダメソジスト本部に新校舎建築を訴え一、五〇〇ドルの援助を得た。そこで二十三年、飯田村に校地を購入し、二十四年七月着工、十一月竣工した。開校以来三年目で生徒数三一名に達した。内、寄宿生は二五名である。以後、同校は順調に発展していった。現山梨英和中学校高等学校である。幼稚園・短期大学併設（『山梨英和一〇〇年』）。

広島女学院と福岡女学院

広島女学院は砂本貞吉という一人の男とアメリカ南メソジスト教会の運命的な出会いが生んだ

女学校である。

広島の人・砂本貞吉は航海術を身につけようと海路ロンドンに向かった。ところが船中であるトラブルに巻き込まれ転換してサンフランシスコで下船した。彼はそこでキリスト教に接し、居ること六年にして洗礼を受け、日本人への伝道を志した。明治十九年、帰国した砂本は神戸にアメリカ南メソジスト監督教会の宣教師J．W．ランバスLambuthを尋ねた。この頃、アメリカ南メソジスト監督教会は日本への伝道を志向し、その目標を①琵琶湖周辺、②神戸周辺、③広島周辺の三地方に定めていた。キリスト教を信仰すれば、その人は救われると信じた砂本はまず最愛の母親を救うべく広島伝道を目指した。広島に着いた砂本は鳥屋町の野口旅館に投宿して早速、伝道のための集会を開いた。集まったのは砂本の母と叔父と弟だった。次いで西大工町に家を借り、階上を英語の学習場とし、階下を聖書を読む所、即ち教会とした。やがて神戸からランバスも来て、ここで英語女学校とキリスト教会活動を一体として行うようになるのである。

創立者　砂本貞吉

広島は瀬戸内海航路の要衝にあり、人々が海外に目を向けるので外国語学習熱が早くからあった。明治七年、官立広島英語学校が開かれたのも故なしとしない。この学校は明治十年に県立広島中学校に引き継がれたが、女子の英語学校にまでは及ばなかった。しかるに明治十七年、木原適処なる者が私立広島英語学校を開き、翌十八年、付属女学校を始めたのである。木原は広島の農民の生まれで西洋砲術を習い農民兵を率いて戊辰戦争で戦った人物である。また明治二十年一月には広島の医師の娘で大阪の梅花女学校を卒業した杉江田鶴(たづ)が広島に帰って女学校を開くという記事が『芸備日報』に出た。数年、アメリカを見聞した砂本貞吉も女学校のことが頭にあったのだろう。杉江田鶴を主任として、その家塾と木原適処の付属女学校を合併する形で広島英和女学校を創立したのである。

日本に女学校をたて、日本の女性を啓蒙しキリスト教の福音を拡めるのはランバスが属するアメリカ南メソジスト監督教会の使命であった。同教会は広島英和女学校の教師にN．B．ゲーンズを送り込んできた。明治二十年十月二十三日の『芸備日報』は「教師招聘」として「細工町・英和女学校には今度米国夫人ゲーン女教師を聘し英語学及洋服裁縫を教授するよしなり」と記している。南メソジスト監督教会の求めに応じたゲーンズはケンタッキー州の生まれ、フロリダカンファレンスカレッジの教師をしていたが、日本での女子教育に心をときめかせて応募した。明治二十年

初代校長　N. B. ゲーンズ

十月、彼女はランバスとともに広島に到着し英和女学校の主任教師になった。十一月二十六日の『芸備新聞』は「細工町にある女学校は先頃米国女教師を聘してより日増に生徒が増加」と書いている。この頃より英和女学校はさかんになったのであろう。

しかるにそれから一年数カ月後、事態は変った。二十二年春になると〝生徒が仏教主義の女学校に引き抜かれたので閉校する〟との噂がたった。この時期、全国的にキリスト教徒が仏教徒の攻撃を受けていたし、広島には国泰寺村に私立山中高等女学校ができたから女生徒がそこに集まったという事情はあったろう。しかし英和女学校は閉鎖に向ったのではなく新たな再建に向けて動き出したのである。それは校舎の建設であった。

細工町の校舎は元私塾で二階は法律の教室、階下は柔剣道場であったものを二階・女学校、階下・教会に直したのであった。近代的な女学校とは言えない。ゲーンズは英和女学校を一たん閉鎖して新たな土地に新校舎をたてるべく南メソジスト監督教会に働きかけた。二十二年十一月、紙屋町に九〇〇余坪の土地を購入、二十三年二月起工し同年七月、校舎が落成した。土地建物の総額一、一七〇円、その多くは南メソジスト監督教会からの献金と借入である。新校舎竣工を機に体制を新しくして、ゲーンズが校長になり、教則を整えて本科二年普通科四年の六年制女学校になった。一時は一三名にまで減った生徒も二十四年には六〇名を超え前途洋々にみえた。しかし好事魔多しという。二十四年十月十五日、校舎から火が出て翌朝まで燃え続け、新校舎は灰燼に帰した。

この奇禍にゲーンズもメソジスト監督教会も素早く対応した。ゲーンズは仮教場を近くの上柳町に設けて授業を続行すると同時にこの危機を監督教会に訴えた。監督教会は直ちに呼応して六、五〇〇ドルを目標に再建資金を集めた。かくして明治二十五年九月、広島英和女学校の再建新校舎が落成し、後代に続いたのである。現広島女学院中学高等学校である（『広島女学院百年史』『目で見る広島女学院の一〇〇年』）。

明治十八年六月十二日の『福岡日々新聞』に次の記事がある。

谷川氏が校主となり創設する基督（きりすと）普通英和女学校は女教師米国辺西亜洲（ぺんしるばにや）人ミス・ギールを招聘し本月十五日、福岡呉服町八番地に仮設し英学並びに邦学を教授し、月謝は五銭より五〇銭迄にして望みの女子には洋風の諸技芸及びオールガンをも教授する由

谷川氏というのは福岡の呉服町にできた米国メソジスト監督教会の教師ロングが信頼をよせていた日本人牧

初代校長　J. M. ギール

師・谷川素我（そが）である。この谷川が校主となって米国婦人ギールを教師とする女学校をたてるというのである。当時、福岡には女学校がなかった。そこでまず動いたのがロングで、彼はすでに女学校を開設している同教会の長崎活水女学校と相談することにした。ところが突然ロングが急病にたおれたので（彼はまもなく帰国）信頼する谷川牧師にそれを託した。明治十七年十一月谷川は長崎に赴き、活水女学校の主脳と懇談、福岡にも同教会の女学校をたてることにした。十八年四月、長崎在住のギール宣教師が活水女学校卒業のバイブルウーマン大島瑳琪（さき）とともに福岡を訪れて懇談、前に掲載した新聞記事通りの英和女学校を福岡にたてることになったのである。十八年十一月一日の『福岡日々新聞』は言う。

福岡英和女子学校、福岡因幡丁三十一番地の同教校は創立日猶浅きも漸々旺盛に赴くの景況なり。其の学科は邦学　英学　画学　音楽　裁縫学　織法　編法　縫箔（ぬいはく）法　料理法の数学科にして其教員は米国人センニキーレ夫人、白水璞　井上マサ　山賀チヨ　上森サキ　渋屋ハルの人々なり。

米国人センニキーレ夫人はゼニー・ギール夫人の誤りである。ギール夫人はペンシルバニアの師範学校卒業後、その地の公立学校で教え、メソジストの伝道教会から派遣されて長崎の活水女学校の教師となった。そして如上の経緯をへて福岡英和女学校の校長になったのである。開校時の学科課程はよくわからない。邦学科初等中等高等全五級とさらに高級の英学科を置いたらしい。授業料も学科履修別で、英学・邦学・音楽・裁縫の全科を履修する者は月謝五〇銭だが、和学と裁縫履修者は五銭、その他、履修学科によって授業料はまちまちである。

この学校は以後、徐々に発展していった。現福岡女学院中学高等学校である（『福岡女学院百年史』、徳永徹『凛として花一輪・福岡女学院ものがたり』）。

日本基督教会派の女学校

明治二十三年、日本基督教会に統合された米国長老教会や米国オランダ改革派教会がたてた女学校は前著『女学校の誕生』で述べたが、この教派がたてたさらなる女学校を略述しよう。

横浜の共立女学校　横浜は混血児が多かった。これを見たオランダ改革派教会の宣教師バラ J. Ballagh はこの不幸な子ども達を教育しようと思いたち米国の教会に呼びかけた。これに応じてプライン M. Pruyn、クロスビー J. Crosby、ピアソン L. Pierson の三人の女性宣教師が来日した。この学校ははじめ横浜山手四八番地にあってアメリカンミッションホームと呼ばれたが明治五年、居留地内に移り、共立女学校と名乗った。以後混血児ばかりでなく、内外の一般女子を教えるようになった。現横浜共立学園中学校・高等学校である（『日本におけるキリスト教学校教育の現状』）。

大阪のウィルミナ女学校　大阪には長老教会系の女学校がなかった。同派の宣教師ヘール A. D. Hail が故国に女学校開校を呼びかけたところ、テキサス州の農園主ウィリアム・サンダーが亡き妻アーミナ・サンダーの記念にと大金を送ってきた。そこでウィリアムのウィルとアーミナのミナを組み合わせてウィルミナを校名とする女学校を明治十七年に大阪川口の居留地に開校した。校長には同派のドリナン Mrs. Dorinan が就任した。明治三十七年、浪華女学校と合併して玉造の校舎に移り、大阪女学校と改称した。現大阪女学院中学校・高等学校（『日本におけるキリスト教学校教育の現状』『私学の創立者とその学風』）。

金沢女学校　この学校の創立者ヘッケル M. K. Heckel は米国で新島襄のなにかの文を読んで日本に行こうと決心したという。明治十五年に来日し、大阪で長老教会の宣教師ウィン T. Win と邂逅（かいこう）したのが金沢女学校と彼女を結びつける機縁になった。ウィンは金沢で宣教していたが病のため大阪に移って静養していたのである。ウィンが金沢の教育状況を語ったところ、ヘッケルは金沢に女学校をたてる決意を固めた。明治十六年、ヘッケルは金沢に出かけて女子教育を調査し、共に働く日本人女教師を求めて、金沢、大阪間を往復した。翌十七年、東京女子師範学校の卒業生・里見鉞子が校長になることを約束したので金沢広坂通りのヘッケルの借家を改築して校舎とし、十八年九月、開校した。同年三月、石川県に提出された女学校設置願は

学費収入　合　金六〇〇円
　　　　内　金一五〇円　　授業料
　　　　　　金四五〇円　　米国有志寄付
寄附金有志者の姓名不詳、募集世話人　当地在留米人トマスウィン、ゼービーポートルの両人とす

となっている。しかしまもなく米国長老教会伝道会社から資金の補助があり女教員が派遣されるようになった。ヘッケルも一教員になっている。居留地外では外国人は校長になれなかったからである。しかしヘッケルはまもなく病気になって帰国、なくなった。金沢女学校は明治三十三年、北陸女学校と改称した。現北陸学院中等学校である（『北陸五十年史』）。

仙台の宮城女学校　明治十八年、米国改革派の女性宣教師プールボー R. Poorbaugh とオールト M. B. Ault が横浜に上陸した。二人はそこで改革派の押川方義と会見した。二人は日本に学校をおこしたいと思っていたし、押川も同様だったので三人は意気投合し、まだクリスチャンス

クールのない仙台に学校をたてることを決めた。ところがその矢先、組合教会が新島襄を校長として仙台に東華学校をたてた。三人は出鼻をくじかれた思いで計画をかえ、神学校と女学校を開くことにした。たまたま米国改革教会に女性宣教師を派遣する計画があることを知ったからである。

明治十九年春、仙台木町の民家に仙台神学校を創立した。これが東北学院（院長・押川方義）の濫觴（らんしょう）である（『東北学院七十年史』）。宮城女学校は同じ年の九月、設立が認可された。外国人は校長になれないので、押川が名義上の校主になり、実際の校長職務はプールボーが執りオールトが補佐役になった。二十一年、東三番町二、四〇〇坪の土地を得て校舎を新築し、二十二年四月、ここに移り後年に続いた。現宮城学院中学校・高等学校である（『宮城学院七十年史』）。

名古屋の金城女学校　明治十八年、改革派の宣教師バラー J. Ballagh は米国南長老教会に手紙を送り、日本伝道を要請した。南長老教会は総会でこれを決議し、グリナン R. B. Grinan とマカルピン R. E. Mcalpin を派遣した。同年中に二人は来日、各派宣教師の合同協議会は二人の伝道地を名古屋と高知に決めた。名古屋は宣教の処女地であったが、自由民権思想が横溢している高知の方が布教し易いだろうと踏んで、二人は高知に赴いた。ところが南長老教会が次々に宣教師を派遣してくるのでマカルピンは名古屋に移り、ここに居を定めて布教に専念することにした。明治二十年のことである。

この頃、名古屋に南長老教会所属の一人の老婦人宣教師が静養していた。ミセス・ランドルフ A. E. Randolph である。この人は長く支那（現中国）に派遣され、漢口でキリスト教主義の女学校を経営していたが、健康を害したので帰国の途中、日本に立ち寄り名古屋に来た。ところがこの地の気候が彼女の健康に適していたのか元気になった。そこでランドルフはこの地に止まって布教に専念することになった。

ランドルフはここで日本女性の教養のなさと社会的地位が低いことを知った。彼女は支那での経験から、ここに女学校をはじめようと思いたち、マカルピンと相談して女学校設立の準備をはじめた。明治二十二年、名古屋東区下堅杉ノ町のランドルフ住居を教場として女学校を開始し、二十三年から金城女学校と名のった。現金城学院中学校・高等学校である（『金城学院七十年史』）。

東京の頌栄女学校　明治十九年、旧中津藩士・岡見清致が東京芝区白金台ではじめた女学校である。十九年六月二十九日の『時事新報』に次の記事がある。

芝区白金猿町に住居せる岡見清致氏は有名の財産家にして夙に教育熱心の人なれば、さきに其次弟夫婦及弟某氏を海外へ留学せしめ自分は資費を抛ちて頌栄学校を二本榎に設立し、内外数名の教員を雇入れ同所近傍の子弟を教育するを以て務めとなし、又兼ねて同校内に女学校を起こし米人女教師二名を聘して英語若くは裁縫を教授し居たりしたが、近年入学者も益々増加して校内手狭になりたる為に今度一入婦女子の教育を盛んにせんと猿町に数町歩の畑地を潰して女学校を新築し已に其工事を落成せしを以て去る二十六日、其開業の式を執行し、寺島宗則、大鳥圭介両氏及福沢先生らも之に臨場して演舌もあり、又、夜に入りては同校に於て幻燈会を催ふし、生徒及一般人へも縦覧せしめたりと言う。

この学校はミッションの資金によったものではないが米人女教師二名は米国長老教会の女性宣教師ウェスト A. B. West とアレキサンダー C. T. Alexander であった。現頌栄女子学院中学校・高等学校である（『都史紀要9　東京の女子教育』）。

聖公会と組合基督教会の女学校

日本聖公会は明治二十年、大阪三一教会で、米国プロテスタント監督教会 Protestant Episcopal Church in the U.S.A と英国教会伝道協会 The Church Missinary Society（略称ＣＭＳ）と英国福音伝道教会 Society for the Propagation of the Gospel（略称ＳＰＧ）の三教派が合同した

ものである。米国プロテスタント監督教会（米国聖公会）がはじめた立教女学校のことは前著『女学校の誕生』に書いたので、その他の女学校のことを書こう。

大阪の照暗女学校から京都の平安女学校へ　明治二年、米国監督教会のウィリアムスが大阪川口の居留地で数人の青年を集めて英語を教えた。そのうちに数名の女生徒も一緒に学ぶようになった。明治六年、ウィリアムスは転任の命を受け、数人の青年を連れて東京に移った。後に立教大学になる学校に青年たちを入学させるためであった。明治七年、監督教会から派遣されたエディE. G. Eddyが大阪に来た。エディは残された女生徒を引き受けて教えた。はじめは、〝エディの女学校〟と呼んだが、明治八年、照暗女学校と称するようになった。〝照暗〟とはヨハネ福音書の「人を照すまことの光」「光は暗の中に輝いて、暗はこれに打ち勝てなかった」の句による。照暗女学校は明治二十五年まで続いた。この年、このミッションは京都に新しい女学校をたてることになり、照暗女学校を京都に移した。しかし、生徒達がこれを拒んだので生徒は全員東京の立教女学校に移した。明治二十七年、京都の照暗女学校は平安女学校と改称し、後年に続いた。現平安女学院中学校高等学校（『平安女学院八十五年史』、『全国学校沿革史』）。

大阪のプール女学校　明治十二年、英国教会伝道協会CMSの女性宣教師オックスラッドM.

Oxlad が大阪川口の居留地で永生女学校をはじめた。明治二十二年、川口町一二番屋敷に校舎を新築しプール女学校と校名を改めた。プールの由来は明治十八年、英国教会から最初に派遣されたCMS日本監督アーサー・ウィリアム・プールの名誉をたたえて集められた資金で校舎が建てられたからである。プールは明治十八年、三三歳の若さで亡くなっている。大阪市生野区にある現プール学院中学校高等学校である。

東京の香蘭女学校　英国福音伝道教会SPGの日本監督として来日したビカステス主教 E. Bickersteth は聖ヒルダの伝道会 St. Hilda's Mission を設立した。この聖ヒルダ伝道会がはじめたのが香蘭女学校である。ビカステスは明治二十年、聖アンデレ教会の司祭・今井寿道に依嘱して学校設立を東京府に出願させた。同年認可、麻布永坂町の島津伯爵家から敷地を借り翌二十一年、校舎を新築して開校した。校主の今井寿道は東京府士族、明治十六年から芝区栄町の聖アンデレ教会に属し布教に従事していた。ヒルダ伝道会は英国の貴婦人団体で組織されていた。香蘭女学校の女性教師はみなこの団体から派遣されていた。大正元年以降、ヒルダ伝道会から分離され、日本聖公会南東京地方部に所属した。品川区にある現香蘭女学校中等科高等科である（『香蘭女学校七十年の歩み』、『日本聖公会百年史』）。

日本組合基督教会の女学校

組合基督教会はアメリカンボードミッション American Bord of Commissioners for Foreign Missions と熊本バンド、同志社の三つが合体したものである。明治二年からアメリカンボードのグリーン D. C. Greene が神戸を中心に京阪地方を伝道し、神戸に基督教会を起して仮牧師になった。一方、熊本藩は明治四年、熊本洋学校を開き、米国砲兵大尉ジェンス L. L. Janes を校長に招聘した。ジェンスは生徒の有志に聖書を教えた。明治九年一月、生徒有志三五名が熊本郊外の花岡山に集まり誓約した。この中に海老名弾正、横井時雄、浮田和民、徳富猪一郎ら後に活躍する青年達がいた。これらのグループを熊本バンドという。この事件は父兄の間に一大衝撃を与え、猛烈な反対がおこった。ために熊本洋学校は九年夏、閉鎖され、熊本バンドの青年三〇名は同志社に移った。同志社はこれらの青年を受け入れ、京都・神戸の受洗者を合わせ、新島襄を仮牧師とする京都第二公会をつくり、さらにこれを母胎として京都、大阪、神戸、三田の公会からなる日本基督伝道会社を明治十一年に成立させた。以後、上州安中、備前岡山、伊予今治に教勢を拡張し、十九年、同系統の諸教会を連合して日本組合基督教会を成立させたのである（比屋根安定『日本基督教史』『明治文化史6　宗教編』中の『明治基督教史』）。

　日本組合基督教会はアメリカンボードの宣教師の援助を受け協力するが他の教派のように外国人の指示や指導を受けることが少ない。日本人独自の判断で行動することが多い。この教派による神戸英和女学校、同志社女学校の活動については前著『女学校の誕生』で述べたので、その他の女学校について述べよう。

大阪の梅花女学校　この学校は明治十一年、沢山保羅(ぽうろ)が創立したものである。沢山保羅は元長州藩士、幕末の長州戦争では戦場で戦った。明治初年、神戸でアメリカンボードの宣教師グリーンに出合い、彼の紹介でイリノイ州ノースウェスタン大学で学び、明治六年、エバンストン第一組合教会で洗礼を受けてクリスチャンになった。彼は名を聖徒パウロからとって〝保羅〟と改め、日本伝道を誓った。明治九年帰国、十年一月、大阪に浪花教会を創立し、そこの牧師になった。

創立者　沢山保羅

沢山は日本の後進性を痛感していたが、これを改善するにはまず女子教育を振興する外ないとし、同志らとはかって浪花教会の会合において女学校設立を決議した。明治十一年一月、大阪土佐堀裏町の民家を借り受け、その二階裏を修理して梅花女学校を開校した。集まった生徒はわずか一五名であった。因みに梅花の名称は大阪府下の二つの教会、梅本教会と浪花教会から一字ずつ取って命名したものである。沢山は一般から寄付を集めない方針だったので経営が苦しく何度も廃校の危機にさらされた。だがこれを献身的に支えたのが後に日本女子大学校をつくる成瀬仁蔵であった。学校の会計事務から小使の仕事まで成瀬は一人でこなしたと言われる。沢山は明治二十年、三五歳で肺結核でなくなったが、成瀬ら後継者によって後年に続いた。現梅花学園中学高等学校である（『梅花学園九十年小史』）。

伊予松山の松山女学校　明治十九年九月、伊予松山に二宮邦次郎を校長とする松山女学校が開校した。二宮は組合基督教会の青年牧師で、前年の十八年、松山基督教会を創設したばかりであった。二宮は新大陸にアメリカ合衆国を建国した清教徒の逸話に感激し、伊予に女学校がないことから松山女学校をたてたのである。教師には組合教会系の神戸女学院の卒業生や同志社の学生が参加した。開校当時は松山教会前の借家を教場としたが、二十年、県立松山中学校跡に移転した。明治二十二年にはアメリカンボードの宣教師ミス・ガニソンが、二十三年にはミス・ジャジソンが教鞭をとった。ガニソンは米国で約一、〇〇〇円の資金を集めてきたので、これに日本人の寄付金を加え、二十三年、五〇〇坪の土地を買い校舎を新築し

創立者　二宮邦次郎

た。明治三十四年、二宮は組合教会の巡回伝道師となって松山を去った。以後、数年間、二宮が名義上の校長になっていたが、三十九年、アメリカンボードの婦人伝道会社にすべてを移管した。二代目校長にはジャジソンが就任し後年に続いた。現松山東雲中学校高等学校である（『松山東雲学園創立七〇周年記念沿革史』）。

バプティスト、フレンドその他の会派の女学校

これまで、カナダメソジストを中心とするメソジスト派の女学校開設、日本基督教会、聖公会、組合基督教会系の女学校を述べてきたが、これら大組織の教会系に属さないプロテスタント女学校もこの時期にはたてられている。それらの目ぼしい学校をあげよう。

東京の駿台英和女学校　米国浸礼教会 American Baptist Mission の日本伝道は幕末に遡るが、明治初年に来日したアーサー J. H. Arthur は明治九年、東京第一浸礼教会を創立し、以後、奥羽と関西に伝道網をつくっていった。アーサーは来日の航海中、駐米公使であった森有礼と同船したよしみで東京駿河台の森邸内に洋館をたてた。男児を集めて英語塾を開いたが、明治八年、同教会の女性宣教師キダー A. H. Kidder が来日したので女子教育に切りかえた。明治九年、森有礼の代理人・藤井三郎を校主として女学校を開校、校名を友来社としたが、明治十三年、キダ

ーの名をとって喜田英和女学校とし、さらに十八年、駿台英和女学校と改称した。キダーは大正二年、駿河台で亡くなるまで一生を駿台英和女学校に捧げた。学校はキダー没後衰え、関東大震災前に廃校になった（小沢三郎『日本プロテスタント史研究』『都史紀要九　東京の女子教育』）。

横浜の捜真女学校　バプティストが明治十九年、横浜にたてた学校である。その源流は明治九年、米国バプティストミッションのサンズ Miss C. A. Sands が横浜山手の居留地で一〇人ほどの子女に英語と聖書を教えていたものをサンズが帰国するためブラウン婦人 C. W. Brown が明治十九年に引き継いだものである。二十年、横浜英和女学校と名付けたが明治三十五年、捜真女学校と改称し、現在の捜真女学校中学部高等学部になった（『キリスト教学校教育の現状』）。

弘前女学校　明治十年代、青森県には女学校がなかった。弘前教会の牧師・本田庸一はこれを憂え、函館の遺愛女学校長・ミス・ハンプトンに事をはかった。ハンプトンはメソジストの同校の経費を割いて献じたので本多は弘前教会の中に女学校を設立した。校名は遺愛女学校の設立に際し多額の献金をしたライト婦人にちなんで来徳（ライト）女学校とし本田庸一が校長になって開校した。明治十九年五月のことである。二十二年、元大工町に新校舎をたて校名を弘前女学校と改め後年に続いた。現弘前学院聖愛中学校高等学校である（『キリスト教学校教育の現状』）。

札幌の北星女学校　明治十六年、静養のため函館にいた米国長老教会の婦人宣教師スミス S. Smith が数人の女子に聖書と英語を教えた。十九年、スミスに札幌師範学校から招聘があったのでスミスは九名の女生徒とともに札幌に移った。二十年、スミスは彼女を慕う女生徒のために女学校をおこした。校舎は北一条西の岩村透長官邸内の馬小屋を改造したものであった。スミスは午前中、師範学校で教え、午後、女学校の教育に当った。ここでスミスは札幌農学校の新渡戸稲造、宮部金吾ら札幌バンドの協力を得た。明治三十七年、北四条西に九、〇〇〇坪の校地を買い校舎を新築した。この時までは〝スミスの女学校〟と言っていたが、この時から北星女学校と名乗った。新渡戸稲造の命名である。後に東京に恵泉女学校をたてる河井道子はここに学んでいた。現北星学園女子中学高等学校である（『キリスト教学校教育の現状』）。

東京の普連土女学校　明治十六年、米国フィラデルフィアのフレンド会 Society of Friend の女性たちが友会婦人外国伝道会を組織した。友会は日本の事情を聞こうとたまたま当地に留学中の新渡戸稲造を招いた。席上、新渡戸は日本の女子教育振興の必要を説いた。友会はこれに共鳴し、同会のコサンド J. Cosand 夫妻を派遣することを決めた。コサンド夫妻は明治十八年来日、津田仙の知遇を得て麻布の津田仙邸に寄寓し、聖書の講義をはじめた。またコサンド夫人は少女を集めて編物や洋裁、英語などを教えた。コサンドが借りた家はもと学農社の建物であった。明治十年、駒場に官立農学校（帝国大学農科大学の前身）ができてから学農社は経営不振になり、解散した。津田は校舎をこわして、これを二棟の建物にかえ、一つを津田邸にし、一つをコサンドに貸した。この建物にコサンドの聖書講義が発展した日本基督友会とコサンド夫人の家庭教育が発展した普連土女学校が誕生したのである。

明治二十年、近藤真琴の攻玉社の教員・久野英吉を名義上の校長として普連土女学校が発足した。まもなく逓信省官吏でコサンドの通訳者・海部忠蔵が校長となり、二十一年、芝三田に土地を購入、翌年校舎を新築してそこに移転した。コサンドは明治三十三年帰国、海部は明治四十五年まで校長の任にあった。現普連土学園中学校高等学校である（『普連土女学校五十年史』）。

参考文献

『都史紀要九・東京の女子教育』
『東洋英和女学校五十年史』
『静岡英和女学校五十年史』
『山梨英和 一〇〇年』
『山梨県教育百年史・明治編』
『広島女学院百年史』
『目でみる広島女学院の百年』

『福岡女学院百年史』
徳永徹『凛として花一輪・福岡女学院ものがたり』
『北陸五十年史』
『金城学院七十年史』
『平安女学院八十五年史』
長坂金雄『全国学校沿革史』
『香蘭女学校七十年の歩み』
『日本聖公会百年史』
『梅花学園九十年小史』
『松山東雲学園創立七十周年記念沿革史』
『普連土女学校五十年史』
基督教学校教育同盟『日本におけるキリスト教学校教育の現状』一九六一年
小沢三郎『日本プロテスタント史研究』

第二章　仏教各派のキリスト教攻撃から教育と宗教の論争へ

明治維新は尊皇攘夷（天皇を尊び夷狄・外国人を打ちはらう）という単純素朴なスローガンではじまったので維新政府は天皇を尊ぶ学、即ち平田篤胤流の国学を教育の真髄にしようとした。国学と神道は必ずしも一体ではないが新政府は神官たちを国民の師とし、徳川政権時代の庶民の信仰である仏教を追い払った。廃仏毀釈である。しかし神官たちは祈詞をあげるほか能がない、そこで政府は新たに教部省をつくり、僧侶と神官を集めて庶民を教導しようとした。

一方、西洋の事情を知っている政府の首脳は攘夷など通用しないことがわかっていたから、西洋文化をとり入れる文明開化を叫んだ。岩倉使節団が欧米に出かけたのはその象徴である。ほぼ同時に文部省ができて小学校をつくりはじめるが、そこでは道徳や思想上のことは避けて専ら西洋の科学技術の習得に力を入れたのである。岩倉使節団の目的は幕末の不平等条約改正の打診であった。しかし行く先々で日本のキリシタン禁圧を責められたので遂にキリスト教解禁を打電した。こうしてキリスト教が大ぴらに来日するようになったのである。

徳川政権時代、武士階級の教養は儒教であった。儒教は天下国家の治政のあり方から家族・個人の生き方を示す道徳で武士の教育はこれによっていた。明治十一年に書かれた「教学大旨」は天皇の侍講（教育係）元田永孚（ながざね）が書いたものだが明治天皇の意向である。そこには儒教を道徳の基本にせよとする主張が示されている。そしてこれが二十三年発布の「教育勅語」の基調になる。

前章でみた通り明治十年代の終りから二十年代にかけてキリスト教プロテスタントの勢力が拡大した。これに対し漸く立ち直りはじめた仏教徒はこれを攻撃しはじめる。時は鹿鳴館時代で人々はあまりの喧騒と軽薄さに愛想を尽かし、欧化主義から日本主義に立ちかえる。そうした喧騒の中での「帝国憲法」発布と「教育勅語」発布であった。この間、明治天皇は常にプロシャ式軍服姿で国民の前に現われた。道徳教育は日本式儒教精神、日常生活は西洋式、つまり科学技術をとり入れた近代文化国家にするのだという意思表示のように読みとれる。そうした喧騒の中で「教育と宗教の論争」が起ったのである。

キリスト教信徒の急増と仏教界の激動

これまで明治十年代から二十年代までのキリスト教プロテスタント各派の女学校について書いてきた。明治十七年二一校であった女学校が二十二年には四八校になった。六年間に倍増を越えたのである。この急増は教会数と信徒数の急増に比例する。

明治　十八年教会数　一六八　信徒数　約一万一、〇〇〇名
　　二十三年教会数　三〇〇[1]　信徒数　約三万四、〇〇〇名[2]

(1)『日本におけるキリスト教学校教育の現状』六六―六七頁
(2) 岸本英夫『明治文化史6　宗教編』三三二頁

明治十六年に〝リバイバル（復活）〟と称する熱烈な信仰復興運動が巻き起った。横浜海岸教会の牧師・ジェームス・バラの霊夢がその発端という。バラはこの霊夢によって伝道の決意を強く固め、熱心な祈祷を捧げた。この熱意が直ちに海岸教会の全員を奮い立たせ、これが横浜神学校や共立女学校に伝わり、東洋英和女学校やメソジストの女学校に飛火して東京中の教会が異常な興奮に包まれてしまった。さらに、東京のリバイバルに打たれた青年が各地に伝道したので日本中に信徒が急増したのである。

リバイバル運動反発の動きは京都、大阪の仏教各派から起った。

去月二十二日夜西京大宮通の劇場に於て（中略）耶蘇教の演説を聞きしに聴衆は五百余人ありしが中頃より満場頻きりに騒ぎ立ち罵詈を放て高呼するもの四方に起りに已にして諸氏の演説了はるや一個の僧出て諸氏に質問するとて大声に罵りかかりしなど甚だ穏やかならぬ模様にて閉会せり（明治十七年六月九日『郵便報知』）。

大阪ではキリスト教徒と仏教徒のなぐり合いまでに暴徒化した。

去る七日の夜、大阪西区江戸堀長州屋敷に於て耶蘇退治仏教講談の催ふしありしが其最中、耶蘇派と仏教徒と大舌戦を始め、終には腕力を以て相争ひ仏徒の一人は耶蘇派のために太く頭部を殴打せらるるなど一時大騒動なりしと（明治十七年十二月十七日『東京横浜毎日』）。

十八年になると騒動は関東に及び「浅草井生村楼にて耶蘇退治の仏教演舌」（六月三十日『東京日々』）とか「近来諸方へ耶蘇退治の貼札をなす」（八月十二日『朝野』）。「耶蘇退治大演舌会上州高崎で開催」（九月十六日『郵便報知』）などの記事が目につく。十一月には宮城県に耶蘇離縁の広告まで現われた。

宮城県下に耶蘇教信者の多きは世人の知る所なるが先比東京の公道会員岡無外氏が来りて耶蘇退治の演舌をなししより同信者は続々退教して耶蘇離縁の広告と題し、生儀爰に耶蘇信者

　　に有之候処、今般耶蘇の不道理なるを感じ天主教天帝に暇を差遣し候云々との暴言を書立てたる広告を新聞紙に出す者などあり（十一月二十日『朝野』）

なぜ明治十七年というこの時期に仏教界からキリスト教排撃がもり上がったのであろうか。明治初年以来の仏教界の激動を回顧しよう。

江戸時代、仏教諸派は幕府に統制され、本山・末寺に系統化されていた。庶民はすべていずれかの寺に帰依することが定められ、各地の領主は領内の寺を庇護し寺は領民の教化を任としていた。檀家制度である。神社は概ね寺に従属し寺の役目を補助していた。神道と国学は本来は一体ではない。しかし江戸後期に平田篤胤がでるに及んで神官や豪農が門人になり平田国学と神道が結びつくようになった。尊王倒幕のイデオロギーは平田国学によってつくられたものである。

官軍が江戸を占領して維新政府ができると平田国学派は国民教導の主導権を握ろうと画策する。その最初は明治元年三月にでた「神仏判然令」である。これは仏寺と神社を分けるというだけのものであるが、長年仏寺に隷属してうっ積していた神官たちは我が世の春が来たと思い、寺院を破壊しはじめた。この暴挙はたちまち全国に拡がった。廃仏毀釈である。新政府はこの動きに即応し、明治二年、神祇官に宣教師という役職を置いて神道を布教することにした。キリスト教の浸透を恐れたからである。次いで明治三年一月、大教宣布の詔勅を出した。ここにおいて神道は国教のあつかいを受けたのである。ところが長年、安逸な生活に慣れ、不勉強で時勢に暗い神官たちは民衆に説教することができない。祝詞（のりと）をあげるか、和歌をうたうだけであった。政府はあきれて神祇官を廃して教部省をつくり、神官と僧侶を教導職として思想善導をはかった。明治六年、教部省は東京芝の増上寺に大教院を置いて、これを教導職養成の本部とし、各府県の大寺院、大神社を中教院、さらに町村の社寺を小教院にするという構想である。この構想は本願寺の島地黙雷がたてたものだが、実施の段階になると頼みの僧侶が動かなかった。一つは廃仏毀釈で多くの坊主が逃げ出し還俗（げんぞく）してしまったこと、第二は同じく廃仏毀釈の激震で各教派の組織（本山、末寺の関係や派閥）がゆらいだことである。よって政府は明治八年、大教院を廃止し、十年には教部省を廃止して宗教による思想善導をあきらめた。

一方、仏教各派もこの状況に悩んだ。廃仏毀釈の騒動に耐え反省を深めた真面目な僧侶たちは大教院が廃止されると僧侶の堕落や無学を憂え、さまざまな警告を発するようになった。例えば知恩院大教正・養鸕徹定（うがいてつじょう）は「方今…独リ僧侶ノ輩ノミ教導ノ職ヲ奉スト雖トモ依然安逸ノ流弊ニ慣ヒ未タ其故轍ヲ改メス本分ノ布教上ニ於テ支捂尠カラズ遂ニハ法門頽廃ノ地ニ至ルモ測ル可ラズ豈遺憾慙媿ノ極ニ非スヤ」（明治八年八月勧学本場開業ノ告諭『東山学園百年史』）と僧侶の勉強を励ましている。これを契機に浄土宗は独自の僧侶人材教育組織をつくりはじめた。明治九年、東京の増上寺に東部本校、京都の知恩院に西部本校を置き、各府県にその支校をたてて僧侶養成をはじめたのである。しかし教団の内紛で何回も組織がえしなければならなかった。このような内紛をくりかえしながらもその一つが明治の終り頃、「中学校令」に準拠して私立東山中学校になった（現東山中学高等学校）。

真言宗は明治十一年、金剛峯寺、護国寺、真言宗西部（仁和寺・大覚寺ほか六寺の連合）三派に分裂したので各派の本山に大学林を、地方に中学林を置くことにした。明治十九年、東京の護国寺に〝新義大学林〟が、関西では金剛峯寺に〝古義大学林〟が置かれた。後に前者が豊山大学になり、後者が高野山大学になる。

曹洞宗は道元以来、永平寺、総持寺の教学修行の伝統があるが、新時代の僧侶養成所として東京麻布に明治十五年、曹洞宗大学林専門本校を創立した。明治三十八年、「専門学校令」による曹洞宗大学になり、その後、駒沢村に移転して大正十四年、「大学令」による駒沢大学になる。

日蓮宗は江戸時代から僧侶養成の檀林を各地に持っていたが廃仏毀釈で全滅した。明治八年、新井日薩が僧侶養成の再興をはかって東京芝二本榎に日蓮宗大教院を起した。十七年にはこれを日蓮宗檀林と改称し、全国を一二教区とし、それぞれに中檀林を置く計画をたてた。ところが日薩が仆れたので計画が頓挫した。しかし明治二十八年の日蓮宗大会議において僧侶教育が再確認され、各地に中檀林ができはじめた。そして明治三十七年、後の立正大学の前身・日蓮宗大学林が東京の大崎に立ち上げられたのである。

日本最大の教団・浄土真宗は明治八年、東本願寺の学問所を大教校、全国の別院七ケ所に中教校、各府県に小教校をつくる計画をたてた。明治十五年、大教校を真宗大学寮と改称し、専門部を兼学部に改称した。十九年、「中学校令」がでると兼学部の学科課程を「尋常中学校ノ学科及其程度」に準拠させた。たまたま京都府会が京都府尋常中学校を廃止したので東本願寺がこれを接収、明治二十一年、大学寮の兼学部と合わせて京都府尋常中学校とした。金沢でも同じことが起り、教団の加賀教校が金沢尋常中学校を吸収して県知事と共同の経営にした。ところが二十四年の改正で府県が一校以上の尋常中学校をつくらねばならなくなったので京都と金沢の両尋常中学校は京都府と石川県に返還し、両校の宗門生徒を京都尋常中学校から分離独立した大谷尋常中学校に合流させた。二十九年、教団は真宗大学条例、真宗中学条例をつくり、従来の真宗大学寮を真宗大学、同教団の中学校をすべて真宗中学校とした。これによって京都・東京をはじめ、山形・金沢・久留米・福井・高田・三条・岡崎・名古屋・岐阜・高岡・七尾・酒田の地にそれぞれ真宗中学校ができたのである。真宗大学は大正十二年には「大学令」による大谷大学になった。

真宗教団のように順調に発展したのは稀で、多くは紆余曲折を経ながら僧侶養成と世俗の近代教育を併立させたのである。キリスト教プロテスタント派の女学校が隆盛を究めた明治十八〜二十三年は仏教各派が廃仏毀釈の痛手から立ちなおり、僧侶養成をつくり直そうと悪戦苦闘の真最中であった。分裂したり和合したりしてもよき教団にしたいという思いは同じであった。キリスト教団の団結と発展を恐怖の想いで見たことだろう。

明治天皇の御巡幸と「教学大旨」

明治のはじめ、新政府の教育教化の担当部署は文部省と教部省の二つであった。文部省は政府の大方針である文明開化を担当するもので大学・中学校・小学校をつくり、国民を開化に導くことを任務とする。そのため教育内容は徹底的に西洋の科学技術を学ばせようとした。ために国民の道徳とか思想には一切かかわらないようにした。その道徳や思想の教化を担当するのが教部省で前に述べたようにはじめ神官による宣教師、次いで僧侶・神官連携の教導職であった。岩倉使節団が欧米をまわった時、各国からキリシタン弾圧をなじられ、苦境に陥ってキリスト教を解禁した。信仰の怖さを知ったのである。したがって学校教育では道徳・思想を扱わせなかった。しかし、明治十年頃を境に教導職の失敗が明らかになり、「学制」の学校制度も思うようにできなくなってくると知識の教育は文部省と学校、道徳・教化は教部省と神官・僧侶という住み分けがきかなくなった。道徳教育も学校でやらなければならないという考えが起ってくる。何人かの知識人がそれを言い始めたが、明治天皇がそれを発言したのである。

近世の天皇は京都の御所からほとんど一歩も外へ出なかったが、この殻を破って日本中を旅行しはじめたのは明治天皇である。明治維新の時、政府は日本で一番偉いのは天皇で徳川様ではないのだぞと何回も宣言した。民衆は〝はい、わかりました〟とお辞儀をしたが、心の底では在地の殿様のほうが偉いと思っていた。江戸っ子は後々まで〝おいらは徳川様の家来だ〟と威張っていた。政府首脳はそうした実態を感じていたから、明治九年頃から御巡幸と称する天皇顔見せの国内大旅行を行うようになった。これまでの天皇は女性のように髪を結びおしろいをつけていたが、明治天皇は断髪して口もとと顎にひげをのばし、ヨーロッパの君主のように軍服を着た。政府首脳が演出したことだが、天皇も喜んで応じたようである。生涯、人前では軍服姿であった。父君の孝明天皇のように西洋人を見ただけで青くなったり毛嫌いしたりする神経でなく、新しいものに関心を持つ聡明な若者だったようである。

明治十一年八月から十一月までの天皇御巡幸は東山・北陸・東海地方を巡る大旅行であった。供奉する政府要人三〇〇人余、警護の巡査四〇〇人余、金沢では旧藩主前田斉泰（なりやす）が数日前に東京から帰沢してうやうやしく出迎えた。金沢市民は〝やっぱり天皇の方が偉いんだ〟と思ったことであろう。この頃の御巡幸にはある宿題が与えられていた。それは漸く上向きになりかけた勧業場と学校の視察である。金沢では師範学校に行幸し化学の実験を見られたが、二人の生徒が英語でこれを説明したので、天皇は日本語でやれと命じた（『石川県史４』）。

この御巡幸が終わった後、侍講（じこう）（天皇の教育係）・元田永孚（もとだながざね）が天皇のご意向を謹記したという「教学大旨」が要路の高官に提出された。

「教学ノ要、仁義忠孝ヲ明カニシテ智識才芸ヲ究メ、以テ人道ヲ尽スハ我祖訓国典ノ大旨、上下一般ノ教トスル所ナリ。然ルニ晩近専ラ智識才芸ノミヲ尚トヒ文明開化ノ末ニ馳セ品行ヲ破リ風俗ヲ傷フ者少ナカラズ…」ではじまるこの文は

① これまでの西洋の知識を学ぶ教育はまちがいである。
② これからは日本古来の君臣父子の道徳たる仁義忠孝を明らかにしなければならない。
③ その道徳教育は孔子の学、即ち儒学を主とせよ。

という主張に要約できる。明らかにこれまでの文明開化、それにのっとった「学制」の知育偏重、西洋の模倣に反対するものであった。元田永孚は熊本藩の儒者で明治四年から天皇の侍講になった。侍講には国学者の福羽美静や洋学者の加藤弘之もいて和漢洋三学のバランスをとっていたが、福羽も加藤も元老院に転出したので青年明治天皇の学問指導は主に元田によって行われたのである。元田の手によって書かれたものであるから「教学大旨」を元田の思想として取り扱う向きもあるが、私はそうは思わない。明治天皇はこの時二七歳になっている。一六歳で即位してから十数年、その間、朝廷を取り巻く各界の俊才から助言を受け、適切な対応をとっている。以前の天

元田永孚

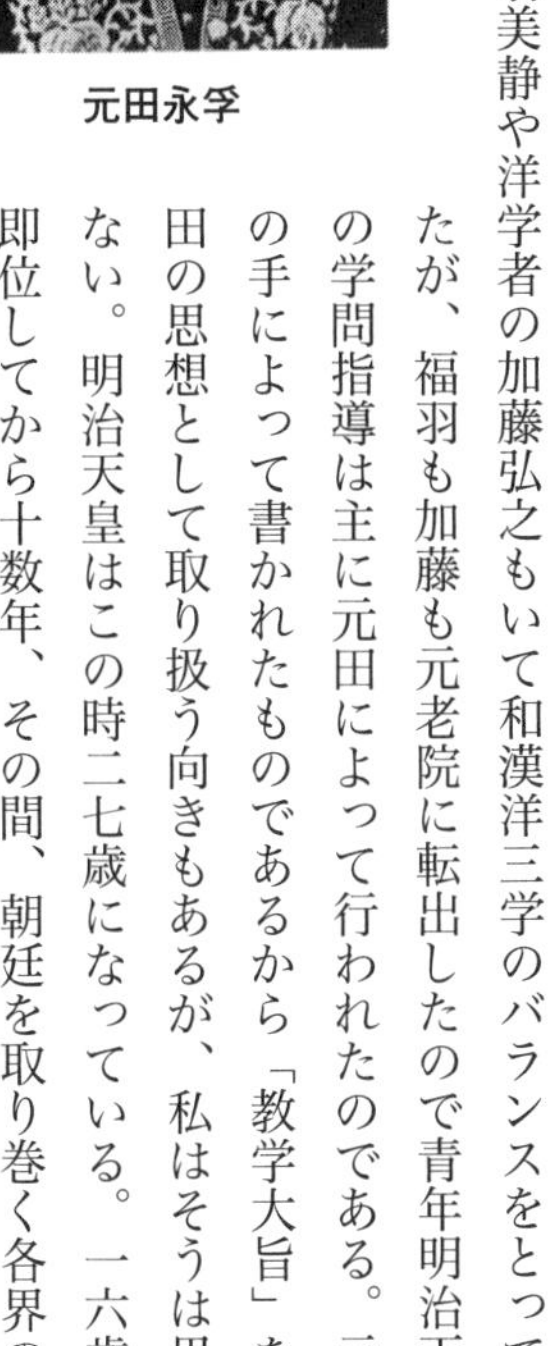

皇のようにつまらぬしきたりから解き離されているから発想が自由である。このあと、アメリカ北軍の総大将で第一八代の大統領になったグラント将軍が天皇に謁見された時、群臣が固唾（かたず）を飲んで見守る中、明治天皇は平然と握手した。これまで天皇が公の場で握手した記録はなく、まして外国人との握手など宮廷人の考え及ばぬことであったからみな仰天したのである。その後、天皇は宿舎の浜離宮にグラント将軍を訊ね、アメリカの代議制度を聞いている。その絵は聖徳記念絵画館に飾られている。そうかと思うと同じ頃、三条実美に西洋の学校のことばかり研究しないで日本の旧藩校や私塾寺子屋を調べたらどうかとも述べている。これが『日本教育史資料』編纂の発端になった。漸く三〇歳に近付いた明治天皇は自立してものを考え、しかもバランスのとれた思考のできる君主に成長していたのである。

「教学大旨」は反響を呼んだ。真っ先に異議を唱えたのは西郷・木戸・大久保の三傑なきあと政府の実権を握りはじめた伊藤博文である。伊藤は反駁（はんばく）文「教育議」を上奏した。その要旨は①現在の風俗の乱れは開国と維新兵乱の余波で教育の責任ではない。②儒教道徳を国教にするのは反対である。③もっと科学技術の教育を推進しなければならぬというものである。これを契機に学者・思想家が主張しはじめた。例えば福沢諭吉は〝一身独立して一国独立す〟という自主独立が道徳の根幹と主張（『徳育如何』）。加藤弘之は〝神儒仏とキリスト教各派が各学校で自由に道徳を教えればよい。生徒は自由に選択する。各派が競うから安あがりで済む（『徳育方法論』）〟。

森有礼は〝儒教も宗教主義も反対、西洋近代市民倫理を基礎にせよ〟（「自他併立論」）。西村茂樹は〝儒教を中心に西洋哲学を加え、皇室が道徳教育を担当せよ〟（『日本道徳論』）というように百家鳴騒の観を呈したのである。

ある歴史家はこの状況を〝思想の混乱〟と一括するだろう。またある政治家はこの状況を憂えて思想の統一を望むだろう。しかし私はこの状況を稀にみる日本史上健康な時代であったと思う。たとえ元田の影響があったにせよ明治天皇の意向とされる「教学大旨」に対し、真っ向から反対を唱えた伊藤博文の態度など、天皇制が確立した明治末期以後には考えられぬことである。その伊藤博文らの努力によって大日本帝国憲法がつくられ、元田永孚が一枚かんで教育勅語が成立し、天皇制が強固にきずかれて、国民も天皇も窮屈な想いに呻吟せねばならなくなるのである。

教育勅語の発布

明治二十三年二月、地方長官会議の席上、岩手県知事・石井省一郎が〝最近の子どもは日本の偉人を知らず欧米の偉人ばかり褒め讃える〟と言った。すると各府県の知事たちが、〝教育の目的を一定にしよう〟と提唱し、東京府知事・高崎小六によって「徳育についての建議」が内閣に提出された。これが「教育勅語」の発端である。明治十年代の県令は自分の力量で県を治め、県民を豊かにしようと努力したものだが、二十年代になると中央政府の威力によって各県均等の無事を願うようになった。十年代の県令は豪傑が多く、民権運動を弾圧する者やら、民権を高唱する者やら多彩であったが、二十年代は概ね官僚的になった。果たして各県均等の道徳教育を願い、不始末のない無事のみを願う画一的教育が始まるのである。

東京府知事は府県知事の代表として時の総理大臣・山県有朋と文部大臣・榎本武揚に「徳育についての建議書」を提出した。欧米思想による榎本はこれに消極的であったが、「軍人勅諭」をつくった経験がある山県は（軍人勅諭の原案作成は西周（にしあまね）、山県が修正、明治十五年、天皇の名により発布）これに応じた。当時は閣議に天皇が親臨することがあり「教学大旨」の経験がある明治天皇も賛成したので山県総理はこれに消極的な榎本文相を更迭し、新たに芳川顕正を文相に就任させて「道徳箴言（しん）」の作成にとりかかった。箴言とは中国の歴代の皇帝が人民へ諭す言葉を言う。箴（はり）はチクリと痛いが身のためになるというのである。即ち山県のねらいは天皇が国民に直接、教え諭す形の勅語にしたかったのである。

かくして明治天皇・山県首相・芳川文相のもとで教育勅語の作成がはじまった。芳川文相は中村正直に起草を依頼した。その草案は一ケ月ほどででき上がり内閣で審議されたが反対が多く却下された。道徳の根元を人間の心＝神にもとめる西洋思想だというのである。閣議では大日本帝国憲法起草者の一人である井上毅（こわし）法制局長官が猛反対したので教育勅語起草者になり、さらに枢密顧問官の元田永孚が加わった。「教学大旨」の因縁をもつ明治天皇の意向であろう。井上は元田の意見を取り入れながら半年あまりで勅語草案をつくり九月、閣議で審議、天皇と元田の下問を受けて十月三十日、天皇から山県首相と芳川文相に下賜されたのである。

「教育勅語」を読んですぐ気がつくことは口調のよい徳目羅列である。「父母ニ孝ニ兄弟ニ友ニ夫婦相和シ朋友相信ジ…学ヲ修メ業ヲ習ヒ以テ智能ヲ啓発シ徳器ヲ成就シ」というように儒教の徳目を中心に当時一般常識になっていた道徳を並べたてて説明がない。当時の知識人は一様に漢文の素読をしているから、この口調のよい耳なれた言葉で綴る教育勅語を歓迎したのである。説明がないことについて井上毅は〝説明をつけると必ず反論がでるからつけない〟と述べたと言う。その道の達人と言うべきであろう。儒教的徳目ばかりかと言うとそうでもない。「常ニ国憲ヲ重ンジ国法ニ遵ヒ」の文言がある。儒教は法家の思想を退けて道徳で国を立てようとするものだから国憲＝憲法と国法＝法律を尊ぶことは儒教にはない。明らかに憲法起草者である法律家井上毅の考えである。従って儒教道徳で固められたと見える教育勅語にわずかながら西洋近代市民倫理である法治思想があるのである。

井上　毅

しかし問題は①「一旦緩急アレバ義勇公ニ奉ジ以テ天壌

無窮ノ皇運ヲ扶翼スベシ」の一句と②「斯ノ道ハ実ニ我カ皇祖皇宗ノ遺訓ニシテ子孫臣民ノ倶ニ遵守スヘキトコロ」の一句であろう。前句①は〝戦争が起こったら国民全員立ち上って天皇とともに戦え〟ということであり、後句②は〝お前たち国民は天皇家の子孫なのだから天皇家の昔から伝わったこの道徳を一緒に守ってゆこう〟ということである。すでに明治十五年の「軍人勅諭」で「我国の軍隊は世々天皇の統率し給ふ所にぞある。…朕は汝ら軍人の大元帥なるぞ。されば朕は汝等を股肱と頼み汝等は朕を頭首と仰ぎ」と天皇と軍人兵士の関係を昔からの親方と子方のような関係、或は頭目とその私兵のような関係と宣言していたが、「教育勅語」によって戦争が起きれば全国民が天皇のために戦えとまでに高揚した。山県有朋の意向であるが、明治天皇もまた、当時、モデルにしたヨーロッパの君主像によってこれを是認している。

　後句②は国民生活にとって深刻である。日本では古来から親方子方、親分子分の通称があり、職人・芸人からやくざの渡世人までこの擬似親子関係があった。〝大家（おおや）と言えば親父のようなもの、店子（たなこ）といえば倅（せがれ）のようなもの〟と無理に親子関係を言いつのる市井の習慣もあった。しかるにこれは近代国家になろうとする君主と国民の関係である。戦国時代武家の棟梁が国主となり、その一族が家臣になり、そのまた家の子郎党が家来になった徳川封建体制をこれからつくる近代国家にあてはめようとするこの文言は納得できるものではない。漢文調の美辞麗句で短く書かれているから見過ごされ勝ちだが「教育勅語」の一大汚点と思う。私が昭和の小学生であった頃、女の先生から〝天皇陛下は皆様全員のお父様、皇后陛下はお母様です〟と言われた。突差に自分の父母を想ひ浮かべ、どうにも納得がいかなかったが、やがて子ども心に〝そういうふうに思いなさい〟と言っているんだなと無理に納得した。文学や言葉に無知無教養な一部の陸軍軍人は入営する新兵に〝連隊長は父と思え、中隊長は母と思え〟と訓辞した。薄気味悪くなるようなこの譬（たとえ）の根源は教育勅語の〝天皇を家長とする国民家族〟とする家族的国家観である。およそ近代国家に似つかぬ思想であった。すでに大元帥になって明治天皇は絶対君主の性格を備えた。帝国憲法第一条による立憲君主でもある。そしていま「教育勅語」によって国民を教え訓す中世的神権君主となった。近代が始まろうとするこの時、日本の天皇は他国に例をみない複雑な性格を持ったのである。

その後、この天皇制を巡っていろいろな動きがあるが、私の実体験として昭和初期の小学校、中学校の場合でみれば、教員は徹底的に天皇及び皇室を敬遠した。儀式の時は「教育勅語」の奉読があり、天皇行幸の際は鉄道線路際で最敬礼させられたが、いずれの教員も天皇について語らない。日本史の授業以外で天皇の名を言うことは禁句であった。教員は天皇を敬遠し、児童生徒にも敬遠するよう仕向けたとしか思えない。

教育と宗教の論争

「教育勅語」の謄本を全国の諸学校に頒布するのと平行して文部省は教育勅語の普及について次々に手を打った。まず学校の式日にこの勅語を奉読することを命じ、明治二十四年六月には「小学校祝日大祭日儀式規程」を制定した。そこには、御真影拝礼、勅語奉読、式歌君ヶ代斉唱など後年に続く儀式の仕方が示されていた。また同年公示された「小学校教則大綱」には「修身ハ教育ニ関スル勅語ノ旨趣ニ基キ」と書かれている。明治十九年、森有礼文相の「学科及ビ其程度」の修身が「内外古今ノ善良ノ言行ニ基キ」とあるのに比べれば大転換したのである。

政府部内では果たして「教育勅語」を国民が受け入れるかと心配する向きもあったが、大多数の国民がすなおにこれを受け入れたので安堵した。ところがここにキリスト教思想家の内村鑑三不敬事件なるものが起り、これをきっかけに「教育と宗教論争（第一次）」が巻き起ったのである。明治二十四年一月九日、この日は第一高等中学校の始業式であった。始業式のはじめに教育勅語の奉読がある。小学校に下賜された勅語はみな謄本であるが、第一高等中学校のような特殊な高級学校には天皇直筆の署名がある。ゆえにあらかじめ勅語に対し、教員一人一人が最敬礼するよ

内村鑑三

うに言いわたされていた。前年、第一高等中学校嘱託教員になった内村鑑三はキリスト教徒であるがゆえに最敬礼をしなかった。これを見た一部の国粋主義的な生徒が騒ぎ出し内村を非難攻撃した。これは忽ち新聞界の知るところになっていろいろ書き立てられ、内村は辞職した。次いで翌年から翌々年にかけて熊本県ではキリスト教徒の教員が言いがかりをつけられて退職させられた。また帝国大学の哲学教授・井上哲次郎が『教育ト宗教ノ衝突』なる一書を公刊した。これに対しキリスト教徒の植村正久、柏木義円、本多庸一らが反論して〝教育と宗教の論争〟になったのである。井上の主張を要約すると

①勅語は国家主義ではあるが、キリスト教は国家主義ではない。世界主義である。
②キリスト教の愛は無差別愛で、勅語の言う博愛と違う。

井上哲次郎

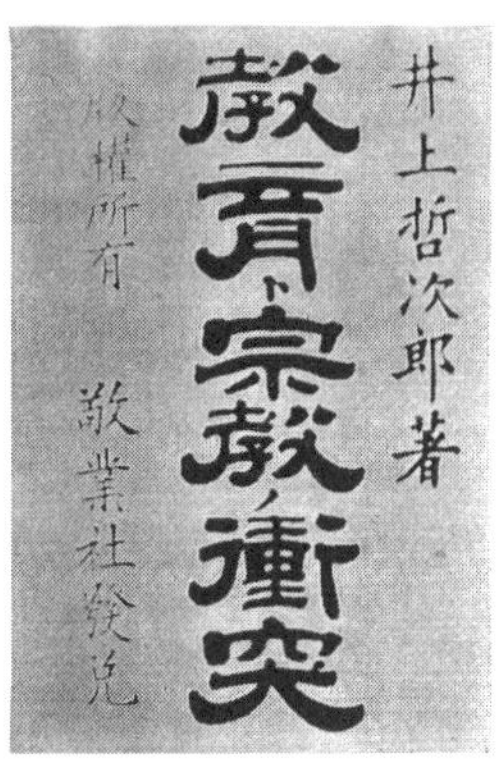

『教育ト宗教ノ衝突』表紙

③キリスト教は未来を重んじ現在を賤む。勅語の教える道徳は世間的現在的である。

④忠孝が勅語の示す道徳の骨髄だが、キリスト教には忠孝の教えがない。

大方、こんなところである。これに対するキリスト教側の反論は各派のキリスト教史や機関誌、ミッションスクール沿革史等にたくさん載っている。それら全部を紹介することは私の力では及ばない。私の感想を述べよう。前掲①〜④まではみな当たり前のことである。②のキリスト教無差別愛にしても勅語は儒教をもとにしているから近きより遠くに及ぼす差別愛で親子・兄弟・友人と愛情に濃淡をつけるのである。それはそれでよいと思っている。人間の性なのだから。しかしこれら当たり前のことをなぜ井上は〝教育と宗教の衝突〟などと大仰なことにするのだろう。発端は日本の学校で道徳教育をどうしようかということであった。それが「教育勅語」作成の過程で日本の教育の根幹如何という大げさなものになり、憲法発布の影響で天皇と臣民の関係が強く意識されて小学校の任務は〝児童を忠良な臣民たらしめる〟（明治二十四年十一月「小学校教則大綱」と同時にでた文部省訓令）とまで高揚してしまった。そして天皇を宇宙の神と並ぶ神権君主にしてしまったから神の手から授かる教育勅語に神の前にぬかずく最敬礼をしなければならなくなったのである。本書プロローグに載せた大日本帝国憲法発布の絵を想い起して貰いたい。あれはプロシャの戴冠式を真似たものだが賑々しく人間くさい。神神しい最敬礼でなく、笑顔の会釈ですみそうな雰囲気である。わずか一年有半で人間天皇から神格天皇に変えた演出家たちの罪は重いと言わねばならない。神様になったのだから、うやうやしく礼拝しなければならない。真面目なキリスト教者であれば神に対する礼拝と同じ最敬礼を教育勅語に対してできる筈がないのである。井上哲次郎は自分の知識を駆使してキリスト教の教義を分析してみせた。それは当ってないことはないのだが、それと日本の教育を比較してキリスト教を攻めたて、天皇制下の教育をよしとしたのである。見当違いもはなはだしい。

私の体験的な感覚だが、日本人は自然科学や技術の面では分析的な能力を発揮するが、政治や教育のような社会科学になると現実の分析をおろそかにしてイデオロギー的になりかつ情緒的、感情的になる傾向がある。戦前の陸軍青年将校がそうであったし、戦後の左翼運動闘士がそうであった。いずれも大勢の前で叱咤激励するのが好きで指揮者、指導者になりたがる。演舌は激情的で大衆の歓呼を喜ぶ。また心ゆるした友人と酒を飲み肩組み合って合唱し涙を流す。若い一刻はそれも微笑ましい。しかし現実社会の冷静な分析を欠いた思想は非常に危険で人に迷惑を及ぼす。私は戦中戦後、これを体験してきた。本稿で書いた第一高等中学校の国粋主義的生徒の騒ぎ、また井上哲次郎の『教育ト宗教ノ衝突』の尻馬に乗って騒ぎ立てた人々も多くいたのである。いずれも情緒的で〝熱い友情〟〝固い団結〟〝美しい日本〟だの〝けがらわしい夷狄(いてき)〟など根も葉もない迷言に引かれるのである。当時の日本の教育を冷静な眼で分析したらこんな馬鹿げたことはできなかったと思う。

「訓令一二号」とキリスト教諸学校の反応

明治三十二年八月三日、「一般ノ教育ヲシテ宗教外ニ特立セシムルノ件」という「文部省訓令一二号」が出た。まずその由来を述べよう。

憲法発布、教育勅語発布、そして市制・町村制、府県制・郡制が整えられ、諸学校令の公布で全国に小学校、尋常中学校が張り巡らされた。同じ頃、政府は諸外国との条約改正に励んでいた。徳川幕府は従来の外交無知にも関わらず西洋諸国の圧力で幕末、一一ケ国と通商条約を詰んだ。しかしいずれも外国側への片務的最恵国待遇を認めた不平等条約であった。諸条約を継承した明治政府は成立当初から条約改正を諸外国に通達したが交渉は一向に進まなかった。

明治二十一年、外務大臣になった大隈重信は条約改正に乗り出したが、二十二年四月、大隈の日米新条約案が『ロンドンタイムス』に掲載されると世論は激昂し、玄洋社員が投げつけた爆弾で大隈は重傷を負い、交渉は延期された。その後、歴代の外務大臣が条約改正に努力したが進捗しなかった。しかし第二次伊藤内閣の外相・陸奥宗光が二十七年七月、日英通商航海条約の調印に成功した。同条約は治外法権の全廃と内地開放、最恵国待遇の相互平等主義で成り立っている。次いで他の欧米諸国とも同様の条約を調印、新条約は五年後の明治三十二年から実施されることになった。

政府にとって新条約の実施は嬉しいことに違いないが、文部省にとっては治外法権の撤廃で居留地から外国人が国内各地に拡散することは頭の痛いことであった。キリスト教とミッションスクールが国内各地に根を張ることを恐れたからである。しかし帝国憲法で〝日本臣民の信教の自由〟（第二八条）がうたわれているからキリスト教を名指しで禁止するわけにはいかない。そこでミッションスクールはみな私立学校だから、文部省の私立学校への監督を強化する「私立学校令」をつくり、その中に宗教教育の禁止条項を入れようと企てた。しかるにこれが審議される段階で枢密院が反対した。「私立学校令」は勅令だから天皇が命令したことになる。それでは外国のてまえ、まずいというのである。そこで宗教教育禁止の条項だけを「私立学校令」から切り離し、文部大臣の命令（文部省訓令）として明治三十二年八月三日、「私立学校令」と一緒に公布したのである。これが「文部省訓令一二号」で「一般ノ教育ヲシテ宗教ノ外ニ特立セシムルハ学政上最必要トス。依テ官立公立学校及学科課程ニ関シ法令ノ規定アル学校ニ於テハ課程外タリトモ宗教上ノ教育ヲ施シ又ハ宗教上ノ儀式ヲ行フコトヲ許サザルベシ」というものである。

「訓令一二号」に対し、キリスト教諸学校は黙っていなかった。青山学院をはじめとする六校は同盟して反対趣意書を公にした。「日本臣民ハ安寧秩序ヲ妨ケス及臣民タルノ義務ニ背カサル限ニ於テ信教ノ自由ヲ有ス」という帝国憲法二八条に抵触するぞというのである（明治三十二年九月三日『日本新聞』）。これに対し文部省は反対趣意書には答えず、〝学校内で礼拝し儀式をするならば各種学校にする〟と回答した。各種学校になると徴兵猶予の特権を失い、上級学校への進学が狭められる。これは尋常中学校と同等、もしくはそれ以上の課程を併設している男子系のキリスト教学校にとって一大打撃であった。同年九月九日の『東京日々新聞』は次のように伝えている。

文部省が十二号の訓令を発して宗教の混同を規制したるより従来外国伝道会社の手に依て創立せられたる各学校にては到底調和の途なしと締め既に青山、明治両学院の如きは一旦廃校と決したるも立教、麻布等の諸校は寧ろ沈着の態度を取り、其訓令に遵由せざるべからざるは勿論なるも之と同時に所謂基督教主義は機会ある毎に鼓吹せざるべからず。故に学校に於ては訓令の表に違はざる様にし、其学校以外に於ては従来の如く基督教主義を以て立ち、静かに成り行きを見んというふうに略帰着し云々

強行派の明治学院は井深梶之助総理のもと尋常中学部の名を返上して普通学部と改称し生徒がたとえ一名になるとも絶対に聖書の教授と礼拝は止めないと決意した（『明治学院五十年史』）。穏健派の立教中学校は元田作之進代表のもと、訓令に背かず構内での礼拝や儀式は取り止め、任意的に宗教的事業を行い、基督的気分を作らしめようとした（『立教学院百二十五年史資料編一』）。よって上級学校進学と徴兵猶予の特権を維持することができた。

しかし強硬派の明治学院も翌三十三年には徴兵猶予の特権を取り戻している。他の各種学校も

この二、三年後には徴兵猶予の特権も上級学校への入学資格も与えられている。訓令に背かず学校内での礼拝と宗教的儀式は取りやめるとした立教中学校はその代り①寄宿舎で宗教的会合を持ち生徒の出席を強要する。②聖堂での毎朝の礼拝に出席を強要する。③学校長が寄宿舎長を兼ねると伺いをたてたところ文部省はあっさり認可した（石田加都雄『明治三十二年・文部省訓令一二号宗教教育禁止の指令について』）。

訓令一二号を発した時は第二次山県内閣で文部大臣・樺山資紀、次官・奥田義人、勅任参事官・岡田良平、普通学務局長・澤柳政太郎である。樺山資紀は日清戦争の時の海軍軍令部長で海軍大将、文部行政は一切わからぬということで、すべてを部下の三人にまかせたと言われる。そしてこの三人によって「中学校令改正」「実業学校令」「高等女学校令」とその細則が公布され、近代日本の中等教育体制が整えられたのである。明治学院の井深梶之助が異議を唱えて文部省を訪れた時、樺山文相はそのことを知らなかったようだと言うし、立教の元田作之進が訪れた時、樺山文相・奥田次官は同情的であったと言う（前掲書）。訓令一二号の立案者といわれる勅任参事官・岡田良平によってこれが強行されたのであろう。前後の事情を考え合わせると山県内閣の方針として日本の教育を「教育勅語」が示す〝天皇に忠誠をつくす日本国民の教育〟というタテマエで貫き通したかったのであろう。

訓令一二号はミッション女学校にいかなる影響を及ぼしたか、徴兵猶予の特権剥脱（はくだつ）は勿論、上級学校進学上の不利益もミッション女学校はもともと各種学校扱いだから関係なかった。訓令一二号が出た時、すでに「高等女学校令」は公布（明治三十二年二月）されていたが、教育課程等の細則は未公布であったから、これに準拠することもなかった。ミッション女学校は独自のカリキュラムを実施していたので文部省の指示を仰ぐ必要がなかったといえよう。

それならば訓令一二号はミッション女学校に影響がなかったかと言えば、そうでもない。これを境にミッション女学校の増加が止まるのである。在アメリカの新教各教会が訓令一二号を知って控えたのか、在日既往の女学校を護り続けようと決意したのか、今後検討せねばならない。この時期までにつくられたミッション女学校は徐々に成長を続け、大正昭和に続き、戦争の苦難を乗り越え、今日までその多くが活動している。

参考文献

岸本英夫編『明治文化史　六・宗教編』
『大谷中高等学校九十年史』
『東山学園百年史』
『高野山大学五十年史』
『駒澤大学八十年史』
浜田本悠「明治日蓮宗を語る」（『現代仏教』一〇五号　昭和八年七月）

木村毅『明治天皇』『文明開化』
土屋忠雄『明治前期教育政策史の研究』
海後宗臣『教育勅語成立史の研究』
佐々木克『日本近代の出発』（集英社版『日本の歴史　一七』）
『日本教育論争史録　一』
武田清子『日本プロテスタントの人間形成論』
『明治以降教育制度発達史　四』

第三章　仏教系女学校の開校

廃仏毀釈からの立ち直りをかけて心ある僧侶たちは勉学に励み、協力団結して宗派の立て直しに努力した。しかしその方途は宗派によって異る。真言宗のような古式の宗派は教義の古典を学び直すことからはじまった。ルネッサンスの原義が古典への復帰であるように、大改革の時、古典への復帰も故なしとしない。しかしそれだけでは迂遠で時代に後れをとる。これに対し浄土真宗は優秀な僧侶をヨーロッパに派遣してかの地の近代哲学を学ばせて帰国後、同派の指導者にした。

仏教各派は自派の僧侶養成に専念したが、俗人信者のために学校をつくることなど明治期には考え及ばなかった。しかるに真宗は俗人信者のための中学校を数多くつくった。そして未開拓の女学校まで真宗の諸寺が、また真宗の諸寺を中心に各派連合で開拓するのである。

白蓮女学校→徳山女学校

明治二十年、山口県徳山の徳応寺の門前に白蓮（びゃくれん）女学校が誕生した。設立者は真宗本願寺派の僧侶・赤松照憧（あかまつしょうどう）と妻安子である。赤松照憧は徳応寺の住職・赤松連城（れんじょう）の養子で安子は連城の娘であった。赤松連城といえば、真宗本願寺の改革者で東京に千代田女学校をつくった島地黙雷（もくらい）と並ぶ双璧である。ここで真宗本願寺派と明治の改革について簡単に述べよう。

浄土真宗は鎌倉時代のはじめ浄土宗の開祖法然の弟子・親鸞がはじめた新仏教である。本願寺第八世蓮如（せいれんにょ）の時、教勢が拡大して全国に及んだ。江戸時代初期、本願寺が東西に分派した。東本願寺に拠った大谷派に対し、西本願寺を本山とするものを本願寺派と言った。明治五年、浄土真宗は真宗と改称する。さて明治初年の仏教改革である。各派それぞれ改革するが真宗本願寺派の改革は目を見張らせる。五人の秀才僧侶を欧米に派遣したのである。『明治事物起原』は「名僧知識の唐土に渡航して、その教法を研究したるは弘法、伝教大師等古例ははなはだ多し、しかれども教法視察の目的をもって欧米諸国に渡航したるは本願寺派の五僧をもって嚆矢とすべし」として赤松連城、島地黙雷を含む五名の僧侶をあげ、「この五氏は五年正月廿六日の郵便船にて横浜を発し欧米諸国を巡視し外教の真理を研磨せり」（石井研堂『明治事物起原・宗教部』）と記している。大谷派の清沢満之（まんし）も東京大学で西洋哲学を学び、それによって新しい仏教哲学をつくろうとしているから真宗は他の仏教諸派と違ったところがある。南都六宗をはじめ天台・真言の旧仏教は改革のいとぐちを古典的経典の検討からはじめている。明治最初年の王政復古と同様、改革の方向がまちがっているようであった。

赤松照憧は京都府与謝郡で生まれた。弟は歌人・与謝野鉄幹である。照憧は赤松連城に迎えられてその養子になったのである。妻の安子は赤松連城の娘、幼少の頃から漢学を学び絵や琴・三味線を教え込まれた。明治十三年、二〇歳で京都府の「女学校及女紅場」（後の京都府女学校）を首席の成績で卒業し明治十九年、照憧と結婚して徳山に帰った。

帰郷するや早々、二人は父連城の徳応寺の本堂で徳山婦人講習会なるものをはじめた。女性の信者を多く持つ浄土宗や真宗は江戸時代から講という今日で言えば教養講座のようなものを各地で行っていた（斎藤明俊『近代仏教教育史』）。徳応寺本堂ではじめた婦人講習会はそれを発展させたようなものとも思われるが、さらに国語、算数、歴史、裁縫、家政などの教科も教えた。新時代の京都府女学校を首席で卒業した赤松安子がそうさせたのであろう。評判がたって生徒が集まりだしたので明治二十年、白蓮（びゃくれん）女学校と名乗った。中国の念仏結社・白蓮社からとった名であろう。常勤の生徒が三〇名ほどになり、さらに殖え続けたので明治二十三年、徳応寺の門前に校舎を新築して徳山女学校と改称した。校主・赤松照憧、幹事・赤松安子であるが、校務一切は安子が見たようである。本科三年、選科二年で講習会から引き続いて国語、算数、歴史などの普通科に裁縫、家政であるが、徳山女学校になってからは英語を加えた。国語、算数、歴史、英語などの普通科は赤松照憧、安子夫妻のほかに照憧の弟、与謝野寛（鉄幹）が加わって教え、裁縫は近所の裁縫師匠が教えた。

授業料その他学校収入についてのことはわからない。赤松連城の徳応寺の全面的なバックアップによってなりたっていたのであろう。照憧・安子夫妻は徳山女学校を経営するかたわら防長婦人相愛会を興し、慈善事業に乗り出した。二十四年から相愛会の慈善市を毎年開催し、三十二年には育児所を徳応寺内に設置して女囚の乳児保育をおこなった。その際、女学校の生徒たちも交替で乳児保育を手伝った。三十六年には付属農園を設けた。そしてここでとれた草花や野菜の慈善行商をするのも女学校生徒の役目であった。まさに実践的勤労教育を行ったのである。三十七年には女学校に養蚕、染色、機業の実習科を付設している。

こうして明治二十年、山陽道の一小都市にはじまった最初の仏教系女学校は地域の信徒とともに少しずつ地域の人々を巻き込んで教育活動を拡げていったのである。仏教の慈善心が活動の根底にあったからであろう。徳山女学校は明治の終りまで地域で知られた存在であった。しかし、大正二（一九一三）年、赤松安子の死をもってその活動が止まり、人々の記憶から遠ざかっていった（平塚益徳『人物を中心とした女子教育史』）。

北海道函館の六和女学校

函館は幕藩時代、蝦夷の監督地として幕府の奉行が置かれ、松前藩が支配していた。安政元（一八五四）年の開国後すぐに開港したので外国船が入港し、外国の領事、商人が集まった。よって街は洋式化し西洋文化が流入した。明治十五年にはメソジストの遺愛女学校がたてられ、十九年にはフランス・シャトル聖パウロ修道女会の聖保緑女学校がたてられた。

明治維新のはじめ、蝦夷地の開拓は新政府の重要政策の一つであった。函館は北海道の入口で開拓者や一儲けを企む商人たちで賑わった。函館には幕藩時代から仏教の寺院があった。寛永十（一六三三）年開基の曹洞宗を皮切りに浄土宗、日蓮宗、東西両本願寺別院、天台宗などの寺院が明治初年までに七寺ができていた。この寺院の僧侶たちがキリスト教女学校の設置をみて急遽、女学校をつくろうとしたのが六和女学校である。

明治二十一年、函館元町に〝六和女学校〟が創立された。正式名称は「六和講寺院共立六和女学校」だが長すぎるので〝六和女学校〟と通称された。「六和」とは仏教用語で六種教具のこと。仏僧和合を意味して函館市内の寺院連合を六和講と称していた。つまり市内仏教各派共立女学校である。教育方針は「女子に須要なる学術技芸を授け、淑徳を涵養し善良なる婦女を養成するを以って目的とす」というもので仏教臭はあまり強くない。

校主（経営責任者の代表）には浄土宗の称名寺住職がなったが、校長には横浜のフェリス和英女学校出身の山本幸を迎えた。山本幸は宣教師ではないが、仏教系女学校の校長にミッションスクールの卒業生を迎えるとは破天荒なことである。この時代の函館の空気の一端が窺える。山本幸は岡山県津山近くで生まれ、一七歳で上京して華族女学校に入学（華族女学校は華族の令嬢のために設けたものだが、実際は華族令嬢が入学しないので一般の娘に解放されていた）卒業すると英語の力をつけるために横浜のフェリス和英女学校に入り、二五歳で卒業して六和女学校に着任したのである。卒業生は山本幸について次のように回想している。

> 山本校長先生は女性でありましたが実に意気溌剌、英語は良し、裁縫手芸はお手のもの、加えてスポーツに対する理解も深く、創立第一回の運動会を函館山の千畳敷で開催し、綱引きはじめ、紅白二組に分けて全校の旗取競争をやったところ、当時の函館人の驚いたこと、いやたいしたもので、翌日の函館新聞の如きは三段抜きで女にあるまじきしぐさ云々と手厳しく非難されたと言う程でした（卒業生・原田アキの回想『函館大谷学園創立七十七年記念・学園史』）。

初代校長　山本幸

くわしいカリキュラムはわからないが、入学資格は尋常小学校卒業（四年制）程度で終業年限四年、国漢学と英語、裁縫手芸、唱歌などを教えた。初めは民家のやや大きい建物を借りたが、二十四年一月には新築校舎に移った。新校舎はかなり大きなペンキ塗りで、普通教室四室と講堂兼用の裁縫手芸室、ほかに音楽教室や図書館もあり、校庭の一隅には校長住宅もあった。山本校長は英語と唱歌の外、裁縫と手芸を教えた。山本校長のほかに四人の女子師範学校卒業生がいて、国語や裁縫手芸を教えた。ただ一人、漢学を教える男性教員がいたという。

校地には広い運動場があった。これからの女性は身体を鍛えねばならぬと体操はもとよりスポーツを盛んにした。街に薙刀（なぎなた）の名人といわれる男性がいたので、その人を師匠に生徒全員に薙刀の稽古をさせた。卒業生の回想にあるように第一回運動会を函館山の千畳敷で盛大にやった。少女の運動会など初めてのことなので市民はこぞって見物にきた。競技の中に綱引きや旗取りというこれまでに見ない競技があったので見物人は驚喜した。なかでも旗取りは全生徒が紅組、白組に分かれて立て並べた旗を奪い合いするので見物人を驚かせ、函館の諸新聞は〝姫御前（ひめごぜ）があられもない〟と非難した。当時の女学生は和服に丸帯をしめ、髪は桃割れで紙のリボンをつける。たすきがけのその姿でつかみ合いをするのだから髪もこわれようし、裾前が開いて白い足や赤い湯もじも見えただろう。それが見物人を驚かしたのである。しかしそのくらいの非難にしょげる山本校長ではない。新しい種目を考えながらスポーツと運動会を盛んにしていった。手芸などの作品を展示即売するバザーは日清戦争の時に始まった。講堂兼用の裁縫手芸室を会場に行ったが、出征兵士の慰問ということで市民が多く集まった。純益はすべて献金した。こうして六和女学校は函館市民の共感を得て成長していった。

しかしその後、まもなく山本校長は若い身で病没した。牽引力を失った六和女学校は次第に傾き経営が困難になった。組合各派の教団が不足を分担したが、出費困難の寺院もあって歩調が乱れた。ついに明治三十五年、財力豊かな東本願寺別院が他寺の懇願を容れて六和女学校を引き受け、函館大谷高等女学校にしたのである（武田勘治『明治前期創設私立学校の建学精神』）。

女子文芸学舎から千代田高等女学校へ

島地黙雷

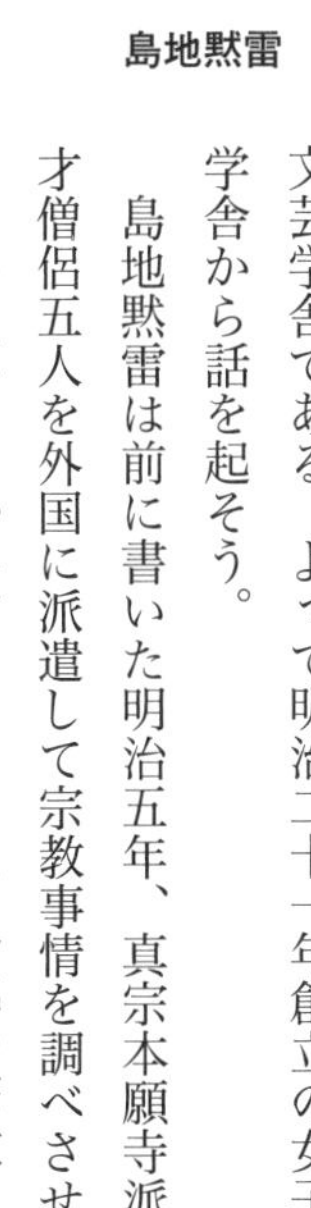

明治四十三年、東京市麹町区に真宗本願寺派直営の千代田高等女学校ができるが、その前身は本願寺裏方（ほんがんじうらかた）・大谷籌子（かず）校長の女子文芸学校であり、さらにその前身は本願寺勧学・島地黙雷がはじめた女子文芸学舎である。よって明治二十一年創立の女子文芸学舎から話を起そう。

島地黙雷は前に書いた明治五年、真宗本願寺派が秀才僧侶五人を外国に派遣して宗教事情を調べさせたうちの一人である。彼はヨーロッパ各地の宗教をしらべ、明治六年に帰国するや神仏分離を政府中枢に策して実現するとともに西洋諸国への仏教布教の道を開いた。また白蓮社を興して仏教講話を行い、僧侶養成にも尽くして明治九年には本願寺派の本山西本願寺の執行長になった。

女子文芸学舎ができた明治二十一年頃の東京の学校設置状況をみると本郷加賀屋敷跡に帝国大学が第一高等中学校とともにあり、聖橋近くの昌平黌跡には官立高等師範学校が、また駿河台周辺には明治法律学校（後の明治大学）、東京法学校（後の法政大学）、英吉利法律学校（後の中央大学）、などがあり、東京府尋常中学校も有楽町にできていた。女学校では四谷に華族女学校が、一ツ橋に共立女子職業学校が神田に三輪田マサの翠松学舎（後の三輪田女学校）があり、明治二十一年には高級官吏の子女のため東京女学館が虎の門に、東京府高等女学校が築地南小田原町に開かれようとしていた。そして築地居留地にはプロテスタントミッション系の海岸女学校（後の青山女学院）、立教女学校があり、麻布には東洋英和女学校があった。そうした学校叢の中に新顔の真宗本願寺派が女子文芸学舎の苗を植えたのである。

東京府知事宛の開学願書は明治二十一年八月二十五日付、黙雷の妻・島地八千世名義で提出されている。校地は麹町区中六番町の本願寺派の白蓮教会がある所、敷地六五〇余坪の中の建物三〇坪を教場にした。年間経費一、〇〇〇円のうち八〇〇円は生徒授業料、二〇〇円は有志の寄付金によるという大ざっぱなものである。支出も同様で九〇〇円を教員給料にあて一〇〇円を雑費に使うという。カリキュラムは甲乙丙の三種があり、いずれも二年修行であるが、甲は英語・算術・和服裁縫・洋服裁縫・編物・挿花・点茶・和歌、乙は英語、算術、和服裁縫・洋服裁縫の四科、丙は一科専攻である。実用主義のようにも見えるが、国語・漢文がなく、英語や洋服裁縫の重視にこの学校の主張がみえる。英語教科書にはバーンズのニューナショナルリーダーの第一〜第四やグードリッチ英国史・スイントン万国史やユニオンリーダー等が並んでおり、教具器械としてミシン三台、縫物台五台が置かれていた。教員は英学に東京専門学校英学卒業の林弁次郎、算術に岡山県温知学校出身の和田文次郎、洋裁縫物編物に宮内省御用・沢田虎松修行の田中釜、和裁に木屋床七方修行の池田多嘉、挿花に池坊正風体蓮居法岸、点茶に千家茶道皆伝大須賀宗空、和歌に有賀長部らを揃えた。

開学願書に「本舎ハ専ラ良家ノ婦女ヲシテ家事ノ総理ニ必要ナル学科ヲ教授ス」と簡単に記されているが、この学舎の教育方針は同時に配られたと思われる「女子文芸学舎趣意書」の次の文に明らかである。

（女子は）人の妻となり母となりて子女生育の大任を負ふ者たれば婉（しとやか）娩（出産）聴従、其徳性を養し貞淑慈愛其令行を発揚せしめ、出ては以て社会に周旋して社交を円滑ならしめ、入ては以て家政を整理し家風を優美ならしめ以て良人封助の任を尽し、以て子女教

養の勉めを全うすべき者、是れ女子先天の職責にして其発達を誘導すべき者、是れ女子教育の方針なり

社会、社交、家政など新しい時代を示す語もあるが、全体としてこれから形成される良妻賢母主義である。仏の教えとか宗祖親鸞の教えというようなことは微塵もない。翌二十二年一月、漢学と琴を学科に加え、京都本願寺大教校の教授・前田恵運と山田流箏曲の黒野花恵を教師に迎えた。そして修業年限を三年制に改めた。

こうして女子文芸学舎は私立女学校として動き出したが、その教育活動の実態は記録が乏しく掴み難い。約十年をへた明治三十六年六月、なに故か設置者が島地八千世から実質設置者の島地默雷に替り、三十八年には默雷が本願寺派の東北開教総監として盛岡の願教寺の住職に移ったので女子文芸学舎を白蓮社会堂ともども全部、西本願寺に献堂した。

明治四十年一月、西本願寺は大谷籌子裏方を学舎の設立者として校名を私立女子文芸学校と改称し籌子裏方をそのまま学校長にして旧校舎を取り壊すとともに新校舎をたてた。そして、四十一年一月には新しい学則をつくった。新学則は明治三十二年二月公布の「高等女学校令」（勅令三一号）に準拠して、「本校ハ女子ニ須要ナル普通教育ヲ施スヲ以テ目的トス（第一条）」とし、四年制で必修科目を修身・国語・英語・地理・数学・理科・図画・家事・裁縫・音楽・体操の一

収　　入		支　　出	
授業料	4,427円50銭	教職員俸給	6,660円
入学料	160円	校長書記俸給	1,440円
受験料	70円50銭	雑費	898円
本願寺より経常費下付	5,140円	臨時設備費	1,000円
同臨時費下付	2,000円	器械標本購入	1,000円
		予備金	800円
計	1万1,798円	計	1万1,798円

一科目、随意科目を歴史・地理・理科・和歌・図画・音楽・体操・編物・点茶・挿花・割烹としている。随意科目は「高等女学校ノ学科及其程度」（文部省令七号）より多彩である。以上の本科のほかに専修科と研究科を設けた。こうして設備、教則、教員が整えられたので、本山の本願寺住職・大谷光瑞名義で「私立高等女学校設置願」が明治四十三年二月二十一日付で東京府知事に提出され、直ちに認可、ここに千代田高等女学校が成立した。校長は大谷籌子であったが、四十四年七月には設置者大谷光瑞に替った。

「高等女学校設置願」をみて気づくことは学校経営に対する周到な準備である。前に述べた如く明治二十一年、女子文芸学舎の予算は年間一、〇〇〇円で八〇〇円が授業料収入、二〇〇円が有志寄付という大雑把なものであった。然るに四十三年の予算の収入支出をみると上表のようである。授業料収入は本科生一四〇名、専修科生七〇名の一一ケ月分、受験料は受験生一六〇名を対象としている。経営陣も本願寺の大谷家だけでなく、評議員会をつくり、毛利安子侯爵夫人を筆頭に華族夫人一六人、顧問会に清浦奎吾子爵をはじめ名士一二名を並べている。明治四十四年の「私立学校令中改正」（勅令二一八号）で中学校や専門学校を営む私学は財団法人にしなければならなくなるが、千代田高等女学校の経営は恰も財団法人的な組織を持ったのである。こうした強力な経営組織によって生徒を集め寄宿舎をつくり、技芸専修科を加え、四十四年にはさらに二年制の実科高等女学校を併設して大正期の繁栄へと向かうのである。現武蔵野大学付属千代田高等学院へ続く。

輪島聞声と淑徳高等女学校

東京の伝通院内にできた淑徳女学校は浄土宗の輪島聞声（もんじょう）尼が明治二十五年、芝の増上寺の尼衆教場を移してつくった女学校である。よってまず輪島聞声の尼衆教育から述べよう。

輪島聞声は北海道松前郡福山町の質屋・輪島屋の娘として生まれた。輪島屋は篤志家で娘も仏教に帰依していたが、明治九年、上京して浄土宗の福田行誡の弟子になった。さらに十二年、入洛して浄土宗本山知恩院に止宿して輪島聞声尼となった。この頃から次第に尼僧の教育について関心を持つようになった。

そもそも日本の仏教は伝来当初から男僧の住む寺と女僧（比丘尼（びくに）＝尼）が住む尼寺（あまでら）が並立していた。聖武朝の国分寺と国分尼寺のようなものである。室町時代には禅宗の五山制にならい尼寺五山が定められていた。皇族や公家の姫が住職となる尼寺もあり、在家のまま老後に髪を剃り尼になる者もあった。女性に寛容な浄土宗は各寺院に尼僧がいた。しかし輪島聞声が見るところ、浄土宗の尼僧は安逸に慣れて不勉強であった。明治十九年十月、東京の浄土宗宗務所で宗会が開かれた時、聞声は尼僧教育に関する建議書を提出した。〝わが浄土宗は開宗以来、全国に尼寺があるが、一寺一庵の規律だけで本寺本山の規律がない。ゆえに本宗の尼僧は念仏衆のなんたるかを知らない。徒らに時をむさぼり檀家に阿諛して歳月を送る。尼僧のために教則をつくり尼僧の旧弊を一洗して、社会に恥じないようにしなければならない。本宗の大学林にならって尼僧のための学校を設け尼衆の風儀を一洗しよう〟大方このような趣旨である。

輪島聞声

明治二十年五月、福田行誡が知恩院の門主になり浄土宗の管長になった時、この願いが聞き届けられ、翌二十一年二月、本山で尼僧教育が行われるようになった。同年十二月、聞声は東京の感応寺住職に任ぜられたが、京都の尼僧教育が奮わないのを聞き、再び筆を執った。〝世間をみるに文運隆盛、女子教育は今や社会の一問題になっている。女子の普通学校は言うに及ばず、専門学校もできようとしている。特に耶蘇教は別して女子教育に心を用い布教に婦人の力を借りている。いまの状況では仏教の教えは地に堕ちる。すみやかに仏教婦人会を開設してわが仏法を護らねばならない〟。聞声のこの建議書が容れられて明治二十二年、芝増上寺内に東京尼衆教場が開かれ、輪島聞声がその監督兼教授に任命された。

増上寺についてふれておこう。江戸は北に天台宗の寛永寺があり、南に浄土宗の増上寺があってともに江戸鎮護の寺とされてきた。歴代の徳川将軍はこのいずれかの大寺が墓所になる。明治になってそのいわれはなくなったが、永年培われた権威はすぐには消えず、増上寺は京都の総本山知恩院と並ぶほどの権勢を持っていた。浄土宗が増上寺に尼衆教場をつくったのはそれだけの覚悟をもってはじめたことであった。けれども輪島聞声の教育意欲からみると、尼衆教場は飽き足らないものがあった。明治二十四年九月、輪島聞声は浄土宗宗務所学監宛に普通女学校設置願を提出した。宗務所が許可したので聞声の女学校づくりがはじまった。ここで伝通院について簡単に述べよう。

東京市の西北・小石川区は旧時の武家屋敷に新時代の学校や営業所が開設されつつあったが、また旧時代からの寺院が林立した台地であった。寺院数は六〇余を数える。なかでも壮大なのは新義真言宗の護国寺と浄土宗の伝通院であった。ともに徳川将軍家との因縁を持つが伝通院は家康の母の遺骸（母の法号が伝通院）を葬ったことで特別な庇護を受け、その勢いは京都の本山知恩院をしのぐものがあった（東京市編『東京案内』明治四十四年刊）。

浄土宗宗務所から女学校設置を許可された聞声は万事を伝通院の住職たちと相談して事を運んだ。まず校舎を伝通院の敷地に建てることにし、たまたま近くに立ちゆかなくなった私立中学校があったのでその建物を伝通院内に移築した。校長は歴史学者として著名な内藤耻叟に委嘱し、聞声は学校主任になった。内藤は水戸藩士で藩校弘道館教授、明治十一年小石川区長、その後、群馬県中学校長をへて帝国大学文科大学で歴史を講じた。『徳川十五代史』の著者である。生徒はさし当って増上寺内の尼衆教場の生徒を移して明治二十五年九月二日、三年制の私立女学校を開校した。これが淑徳女学校である。聞声から教えを受けたという教員の回想によると、〃まだ小学校を卒業しない一二、三のお嬢さんもあれば、一七、八のお嬢さんもあり、丸髷で通学した奥さんもありました。学力も年齢も不揃いで、当時は女子用教科書がありませんから国文でも漢文でも在来の本を使うのですから時間割と合いません。教員が何回も議論を闘わせました。生徒は二〇人にたらない人数〃というものであった。

聞声は学校内に起臥し極度の倹約をしていたが、月謝全科を修むるもの五〇銭、一科三〇銭で二〇人足らずではやっていかれるものではない。明治二十六年三月から年金三〇〇円が浄土宗会から扶助され、三十年から四〇〇円に増額されたが経営の窮状は改まらなかった。それでも二十八年三月には卒業生を出し、三十二年には寄宿舎を新築して将来に備えたが、経営の窮状はどうにもならず、三十五年十二月には遂に設置者を浄土宗にして貰うことを願い、翌三十六年五月二日、創立満十周年記念を機に浄土宗立学校にした。

淑徳女学校が浄土宗の直営学校になると元知恩院学校、増上寺宗立学校の教員を歴任し浄土宗学本学校長であった黒田真洞が淑徳女学校の校長に就任した。黒田は『大乗仏教大意』の英訳文で米国宗教界にも知られた人物である。明治三十九年十二月には「高等女学校令」による四年制の私立淑徳高等女学校になった。以後、着実に進展し、現在につながるのである（『淑徳五十年史』）。

村上専精と東洋女学校

明治三十八年四月、東京市小石川区丸山町に開校した東洋女学校は仏教学者・村上専精によってはじめられたものである。

村上専精は丹波水上郡の真宗大谷派の教覚寺に生まれた。明治七年、京都東本願寺の高倉学寮で勉学し、三河国入覚寺の住職・村上家の養子になった。さらに勉学を続け、明治二十三年には帝国大学文科大学の講師になって印度哲学を講じた。三十年『大日本仏教史第一巻』を上梓、三十二年、文学博士になったが、三十四年の『仏教統一論』で大谷派僧籍の離脱を余儀なくされた。

この頃から村上は世俗の女子教育を思い立ち明治三十六年、東洋女学校創立の趣意書をつくって賛同者に呼びかけた。〝日本は古来、士人は儒教によったが貴賤上下を通じて感化を及ぼしたものは仏教である。しかるに現今の仏教各宗は真締に偏奇して俗締に疎濶である。よって多くの国民の要求に合わない。儒教に拠るものは旧弊に泥み、キリストに拠るものは新奇を衒い、知識進みていよいよ社会とへだたり、教化深まりて家庭の差いよいよ深まる。われらはこの欠くるところを補うためにここに東洋女学校を創立し、社会に必要な常識を発達させ、家庭に順応できる精神を化育し健全なる淑女を陶冶するものである〟という。当時の女子教育の流弊を仏教によって正そうというのである。ただしその仏教は従来の各宗ではなく、彼の言う真の仏教である。この呼びかけに多くの賛同者を得た。女学校創立賛助者四十数名の中には仏教学者・井上円了、大内青巒、高楠順次郎、島地黙雷、哲学者・井上哲次郎、心理学者・元良勇次郎、国語学者・上田万年、また著名な教育者では高田早苗、高嶺秀夫、山川健次郎、澤柳政太郎、菊池大麓等の名がある。またその頃、知られた女流教育家として棚橋絢子、跡見花蹊、三輪田真佐子、下田歌子等が名を連ねているし、大物政治家としては大隈重信、実業家・安田善治郎の名もある。以て村上専精の知友の広さ深さを知るのである。

村上専精

女学校創立趣意書が発せられるや寄付の浄財が忽ち集ま

った。二〇銭という少額から一、〇〇〇円という多額までさまざまであったが、寄付者はほぼ全国に及び、総額一万五、七〇七円五七銭であった。村上は早速女学校開設に取りくみ開設委員を衆議院議員・岡田治衛武、帝国大学教授医学博士・片山国嘉、文部省普通学務局長・澤柳政太郎の三名に依嘱するとともに小石川区丸山町に適当な校地を探して校舎建築にとりかかった。三十八年二月十日、女学校設置認可。四月十六日、新築なった校舎で開校式典が行われた。新入生徒七八名に対し来賓二百数十人であった。多くの祝辞の中で早稲田大学総長・大隈重信と帝国大学教授・菊池大麓の演説が注目された。大隈の要旨は〝これからの女子教育は学校と社会と家庭が結合せねばならぬ〟。菊池の要旨は〝当今流行の女子独立でなく良妻賢母主義でなければならぬ〟というものであった。

本校の目的は「女子ノ常識ヲ養成スルニ須要ナル高等普通教育ヲ施スニアリ」（規則第一条）とし、次の綱領を掲げた。

一、本校は現時の女子教育に往々欧米皮相の習俗に偏奇して本邦固有の美風を毀損せんとする弊あるを省み博く彼らの長を採ると共に益我が特色を発揮せんことを期す。

一、本校は専ら女子の天性に随ひ、その品性を保ち又その天職を完うすべき資力を養成せんとす。

一、本校は本邦古来の女子教育の主旨に基き仏教の精神を以て立脚地となし教育勅語に諭したまへる実践道徳の効果を完うせんとす。

仏教のコトバはわずかにここだけしかない。時まさに日露戦争の真最中、この正月に旅順要塞が陥落して国威が高揚したところであった。鹿鳴館以来の狂騒的な欧化熱から醒めて日本主義が力を持ち始めたこの時期に従来の日本女性の挙措動作に良妻賢母の衣装をまとわせたのである。これを支持する者は多かった。東洋女学校の教則は明治三十二年の「高等女学校令」に拠っている。同令は四年制を原則とするが五年制にしてもよい。東洋女学校は五年制にした。教員陣容をみよう。

校長は文学博士の村上専精で修身担当、教頭は帝国大学出身の文学士の和田鼎で歴史と英語、国語は専精の息子で文学士の村上竜英、同じく国語の国栖むるえ、理科・数学の鈴木ため、体操の柳沢てるえの三人は女子高等師範学校の卒業生である。その他、高橋きくえ（裁縫）、中村よし（裁縫・作法）、山本政厚（書道・習字）、武村耕靄（図画）の四人の教員がいたが、武村は前女子高等師範学校教授で南画の閨秀画家として高名な人であった。これら気鋭の教員たちによって七八名の新入生は授業を受けた。校長村上は修身を受け持ったが、別に毎週土曜日には仏教を基調とした精神講話をおこなった。

創立当時学園平面図
明治38年 342.1m² (103.5坪)

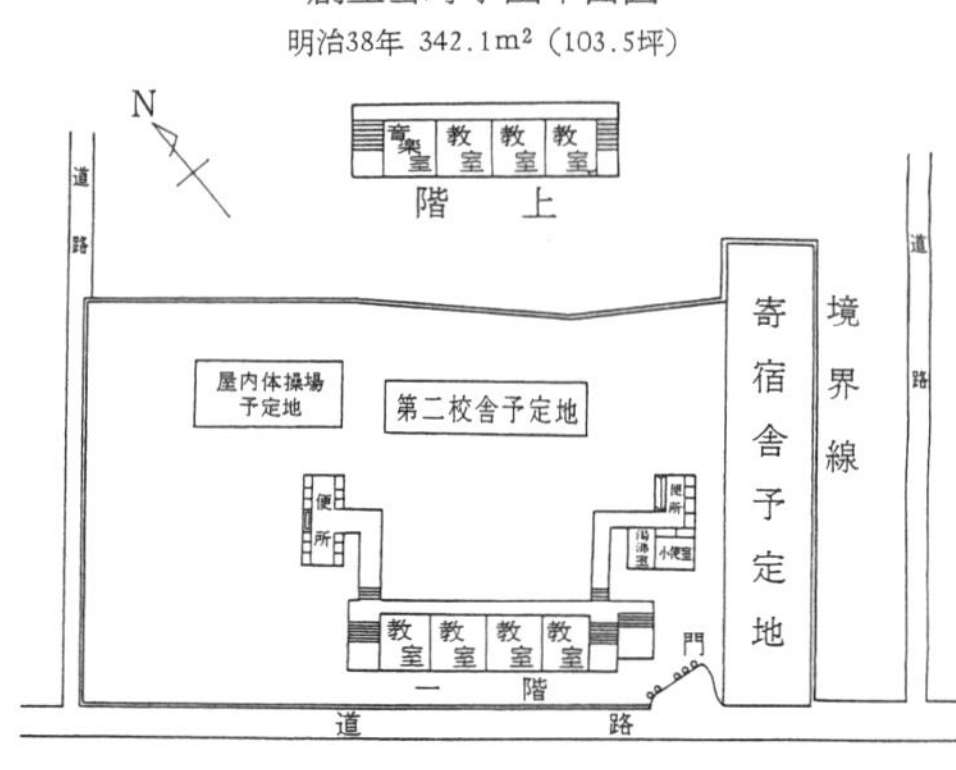

図にみる如く開校時の校舎は木造二階建八教室であった。まもなく講堂兼用の音楽室や料理室、裁縫室、校長室兼用の教員室事務室をつくっていった。生徒定員は四〇〇名となっているが、実際は一〇〇名を超える程度であったらしい。当初の生徒八五名は小石川区と本郷区（現文京区）の居住者が多く、その他、東京市中からの通学者があったが、創立時の寄付者が全国に及んだのに地方から上京する生徒はいなかった。寄宿舎がないからと翌三十九年に尚絅寮を開設したが寄宿生の希望者が少なかったので四十三年閉鎖した。明治末年には各府県に高等女学校や実科高等女学校ができたので地方から上京する女子は専門学校進学希望者に限られるようになる。

東洋女学校の学費は
受験料一円　束修（入学金）一円
授業料一ケ年二二円　校費一ケ年一円六〇銭

である。生徒が納めるこの学費だけでこれだけの規模の女学校を経営することはできない。恐らく村上専精の講演や著述活動、その他仏教各派、とりわけ真宗からの援助があったのだろう。明治四十年には「高等女学校令」によって東洋高等女学校と改称した。大正期以後、東京市の繁栄に乗って、この女学校も成長する。現東洋女子高等学校である（『東洋女子学園六十年史』）。

参考文献

平塚益徳『人物を中心とした女子教育史』
斉藤昭俊『近代仏教教育史』
武田勘治「明治前期創設私立学校の建学精神」（『近代日本の私学』）
神辺靖光「仏教教団による近代学校の創設」（『日本新教育百年史』第二巻）
『千代田女学園の歴史・史料編』
『淑徳五十年史』
『東洋女子学園六十年史』
藤村学「村上専精博士の功績」（『現代仏教一〇五号』昭和八年七月号）

第四章　東京の私立高等女学校

新政府が東京に盤踞（ばんきょ）して以来、はじめは旧藩主たちが、また京都の公家たちが権力を求めて近親や部下たちと東京に移り住んだが、太政官制の廃止、内閣制の樹立で新官僚制が整えられると東京に住む華族の屋敷は減少した。これに替って文武の新官僚が家族を抱えて東京市内に居住するようになった。これまでの町人と違った中流家庭である。当時興った会社勤めの月給とり（サラリーマン）もこれに入るだろう。

後に環状線になる品川・渋谷・新宿・池袋・田端をつなぐ山手鉄道ができて渋谷・新宿・池袋の周辺が新住宅地になる。市内の道路も整備されて人力車から馬車、鉄道馬車に進化して明治の終り頃には路面電車が走るようになった。こうして旧時代の郊外が中流階級の住宅地になり、そこから労せずして都心の官庁街に通勤できるようになった。進学を望む中流家庭の男児のための中学校、専門学校、帝国大学は都心に林立している。

中流家庭の女児のために私立高等女学校が都心につくられるようになった。中流家庭の〝貴婦人学校〟をうたった東京女学館とその分派・成女高等女学校をまずあげよう。このほか棚橋絢子の東京高等女学校や山脇房子の山脇高等女学校等、この時期に創立された女学校は多いが、数奇な運命と才覚を併せ持った三輪田真佐子の三輪田高等女学校をあげる。これは文武官僚の中流家庭から強い支持を受けた女学校であったからである。

〝貴婦人学校〟東京女学館開校

明治二十一年九月、麹町区永田町の俗に言う雲州屋敷（出雲国松江藩の上屋敷）に東京女学館が開校した。雲州屋敷とは歌舞伎『天衣紛上野初春』で河内山宗俊が見えを切るあの雲州屋敷である。当時宮内省が所轄していたものを東京女学館に払い下げたのである。

外山正一

東京女学館は帝国大学文科大学教授・外山正一、内閣総理大臣・伊藤博文、実業家の渋沢栄一、三菱会社社長・岩崎弥之助の主導ではじまった。外山は幕臣の生まれで蕃書調所から英国に留学し、明治維新で帰国後、静岡藩学問所教授、政府に呼ばれて東京大学文学部教授、続いて文科大学教授になった。後に帝国大学総長、文部大臣になるが、英語英文学から西洋史、心理学、社会学にいたる広い学問に通じていた。そして教育一般について知識を持ち発言した。その彼が〝日本の貴婦人をして欧米諸国の貴婦人と同様なる教育を受けしめる〟趣旨で女子教育奨励会を企てたのである。外山はこれを内閣総理大臣・伊藤博文に持ち込んだ。外山は当時、帝国大学文科大学長である。帝国大学は文相・森有礼によって作られたが、これは伊藤総理大臣の意向によるものである。外山と伊藤は繋がっていた。大久保利通から政権を受け継いだ伊藤は憲法制定に動き出すが、当時の太政官政府には無能無策の公家や旧大名の高官がいて困った。そこで新しい貴族制度である華族令を設けて彼らを公・侯・伯・子・男爵にして祭り上げ、実際の政権から遠ざけた。時に幕末以来の不平等条約改正が重要問題になり、西洋諸国と交際を密にする一方策として鹿鳴館で舞踏会やバザーを盛んにおこなった。これに華族の夫人や令嬢を誘ったが公家や旧大名の夫人や令嬢は怖(お)じけづいて出てこない。仕方ないから市井出身の新閣僚の夫人などによって鹿鳴館の諸行事が行われたのである。期待された新設の華族女学校の生徒も退嬰(たいえい)的であった。長年、宮中や大名屋敷の薄暗い大奥で暮らすと人間の血液は濁(にご)るのであろう。ここは古い血をあきらめて下級武士出身の新官僚や庶民出身の会社員の夫人息女に新しい社交をまかせたい。伊藤の考えは大方こんなところであったろう。外山の提案を受けた伊藤は実業界の指導者・渋沢栄一、岩崎弥之助と語らって女子教育奨励会をつくった。後に渋沢はこの会について〝旧(ふる)い日本は女性を表に出さないから日本の人口は半分はいないも同然だ。欧米は男女同権どころか女尊男卑で天文地理経済法律道徳すべてわかっている。何事もわかる西洋婦人となにもわからぬ日本婦人は交際できぬ。そこで欧米の婦人と社交のできる女子教育奨励会をつくったのだ〟と述べている。こうして伊藤、外山、渋沢、岩崎の四人を筆頭に政界・学界・実業界の錚々たるメンバー二二名によって明治二十二年一月、女子教育奨励会が作られたのである。一月十二日、伊藤博文邸に集まった奨励会発起人は二二名、前記四名の外、帝国大学総長・渡辺洪基ほか帝大教授六名、高嶺秀夫高等師範学校長、伊沢修二東京音楽学校長、神田乃武外国語学校長等、学界教育界の最高スタッフが顔を揃え、また宮中顧問官や英国聖公会の外国人司教も加わっている。この発起人会で奨励会を実際に動かす評議会員が決った。伊藤博文は総理大臣ゆえ奨励会から退き、宮内大臣・土方久元が評議会長になり、発起者の外山、渋沢、岩崎の外、高嶺、伊沢、神田等九名の名士が評議員になった。さらに名声と基金募集のためであろう。会長に北白川宮能(よし)久(ひさ)親王を推戴し、有栖川宮熾仁(たるひと)親王妃董子以下華族夫人十数名を副会長にしている。何ともおおげさな陣容である。明治二十一年二月二十一日の『郵便報知新聞』は言う。

> 伊藤伯、土方子並に岩崎、渋沢等の諸氏其他朝野内外紳士の計画に係る女子教育奨励会の女学校は今後愈々赤坂門内旧雲州屋敷の中に設けることとなり同校の教師となるべき婦人六

名は既に英国を出発し、三月中旬には来着の筈なれば右教師等来着の上は早々生徒を募集して授業を始むる都合なりと。右の婦人は此まで英国に於ても高等なる女学校の校長又は教授たりし人々にて中にはケンブリッジ大学校の卒業生も有りと言ふ。同校にては通常の学科は申すまでもなく、就中家内衛生家事経済並に礼式修身等の事には最も注意する由。又同会に於ては学校と連続して貴婦人の倶楽部を起し、生徒たらざる婦人と雖も西洋風の生活、礼式、交際、家事等の模様を知り得るの道を開くべき計画ありと。

学校設置資金として一〇万円をあげ、その半額五万円は官途にある者が負担し、残り五万円は民間に募集する。一〇万円の原資金は一株二五〇円で四〇〇株に分け、うち二〇〇株は華族と官吏が、あとの二〇〇株は民間の有力者が責任を持つというものである。同年九月の開校時までに約五万円ぐらいの株式になったというから出足は好調といってよいだろう。

明治二十一年四月二十七日、土方久元の名でつくられた「女子教育奨励会東京女学館規則書」なるものがある（『東京女学館史料第八集』所収）。冒頭「本館ハ日本婦人ヲシテ欧米ノ婦人ノ享有スル所ト同等ノ教育及家庭ノ訓練ヲ受ケシムルヲ以テ目的トス」とあり

普通科…本邦語学史学及ヒ文学・本邦学士担当ス　史学外国文学理化学数学・右ハ英語ヲ以テ教授ス

特別学科…音楽図画衛生法裁縫縫箔看護法舞踏及ヒ体操ノ如キ実地ノ技術ニ系ルモノハ特別学科トシテ之ヲ授ク

とある。普通科は男女共通の学科、特別学科は女子特有の学科という意味であろう。入学年齢を「満一一歳以上」とし、予科三学年、本科三学年として国語・英語・数学・音楽・裁縫等の教科を割り振っている。教師はシーカルクス夫人以下七名の英国婦人の名があがっているだけである。また「寄宿生規則」もあり「館内ノ生活ハ英国中等以上ノ社会ノ風ニ則ルベシ」以下、寄宿舎生活の規則がこまごまと記されている。学費は普通科授業料毎月二円五〇銭、洋琴（ピアノ）一円、寄宿寮一五円、通学生昼食一五銭であった。開校当初の生徒数は普通科本科一年八名、予科二年一三名、予科一年二名、特別科一〇名、選科九名、計四二名であった。

貴婦人方聴講ノ為メ廣告
廣ク諸講員ヲ内外ニ募リ婦人方ノ為メ来ル四月第一週ヨリ左
ノ科目ニ付簡易英語講義會ヲ開キ候條聴講ノ御方ハ来ル二十五
日限リ當館事務局ヘ御申入相成度聴講料一科ニ付金一圓二科
以上ヲ爲ル者ハ一科ニ付五十錢宛ヲ増ス
一歴史　十回宛　火曜日午後
一物理學　十回宛　二時乃至四時
一植物學又ハ衛生學　十回宛　木曜日午後
一化學　十回宛　二時乃至四時
但右ノ三科ハ必要ニ應シ實地ノ試驗及通辯ヲ用ヒ説明
ヲ加フ
明治廿二年三月　赤坂日付内
東京女學館

東京女学館には「日本婦人ト英国婦人トノ間ノ交際ノ中心ト成リ有益ノ事業ヲ奨励スルヲ以テ目的」とする倶楽部があった。女子教育奨励会員の家族はこの倶楽部会員になれるが奨励会員二名の紹介があれば誰でも倶楽部会員になれる。倶楽部会員は水曜日午後二時から四時まで東京女学館の客室を使って裁縫や唱歌・英語を学ぶことができるし、庭園をつかって夏はテニス、冬は体操や舞踏をすることができる。また女学館の授業のうち、割烹、図画、裁縫、英語、衛生学等に出席することもできる。会費は一ケ月一円である。要するに女子教育奨励会員の家族周辺の女性教養倶楽部をつくろうとしたのである。その対象は鹿鳴館時代のような公家大名家族の妃姫ではない。漸く育成された官僚や会社員の家族、または上層の東京市民の妻女である。かれらはこれを〝貴婦人〟と呼んだ。新しい名称である。女子教育奨励会規則第一条には「本会ノ目的ハ日本ノ貴婦人ニ欧米諸国ノ貴婦人ト同様ナル佳良ノ教科及家事ノ訓練ヲ受ケシムルニアリ」とある。東京女学館の「私立女学校設立願」は明治二十一年六月二十日付で東京府知事・高崎小六に提出された（東京都公文書館蔵）。

〝虎の門女学館〟以後の変貌

明治二十三年九月、東京女学館は麹町区三年町虎の門（現千代田区霞ヶ関三丁目・文科省に隣接する国立教育会館あたり）にあった工部大学校跡地に移転した。ここは元日向延岡藩邸（ひゅうがのべおかはん）であったが、明治十年、工部省がここに工部大学校をたてた。しかるに明治十九年、工部大学校が帝国大学の工科大学になって小石川区に移ったので東京女学館が旧工部大学校の生徒館に移転したのである。以後、東京女学館は〝虎の門女学館〟と愛称された。

虎ノ門に移った翌年の明治二十四年七月、女学館は第一回の卒業証書授与式を行ない八名の卒業生を出した。同年七月二十一日の『読売新聞』に次の記事がある。

> 女子教育奨励会の設立に係る東京女学館（虎の門内）に於て去る十七日第一回卒業証書授与式を執行せしが、当日の来賓には九条公爵、土方宮内大臣、辻文部次官、岩倉公爵夫人、後藤伯爵夫人を始め内外の貴女紳士無慮三百余名にして外山文学博士、増島法学博士の演舌あり。

證書

篠原かね

右本館所定ノ普通學科ヲ卒業セリ依テ之ヲ證ス

國文　阪正臣

國史及漢文　西田敬止

ENGLISH SUBJECTS

明治廿四年三月廿一日

東京女學館

子爵 土方久元

第１回卒業証書

八名の卒業生に対し、三〇〇名の来賓とはいかにも大げさである。卒業証書には卒業合格を認定された学科と教授者の署名があるが邦人教師も外国人教師も東京府に提出された「私立女学校設置願」の教員と違う。あれほど鳴物入りで宣伝した英国大学校卒業の女性学者たちはわずか数年の間に入れ替わってしまったのである。そもそも学校の生命は教師であるのに東京女学館は最初から発起人たる政界・財界・学界教育界の有力者の教育意見・主張からはじまり、学校設置の財源や校地校舎のことばかりであった。英国流の貴婦人養成を目標としたので英国から女性学者を招聘した。しかるに彼女らが来日した数年間に日本人の対西洋観が急速に変り、教育観が激変したのである。東京女学館最初の卒業式の新聞記事が華麗な来賓の多さに埋め尽くされ、外国人教員の姿が見えない理由はここにあった。『東京女学館百年小史』にこの時期の変貌は記されていない。しかるに『東京女学館史料』第五集に名取多嘉雄氏（立教女学院短大教授）の「和魂対洋魂—明治期宣教師たちの苦悩—」があってこの間の事情を説明している。適切な叙述と思われるので、これを略述しよう。

そもそも教養ある西洋婦人を日本に呼んで新しい市民社会の貴婦人を養成しようと企画したのは外山正一であった。彼はその若き日の留学経験から西洋の高い文明を身につけた教養ある女性は英国聖公会の宣教師であると直観していた。そこで英国の女性宣教師を教師に招聘したのである。時は廃藩置県後の士族反乱を粉砕し、民権運動を抑え滔々たる欧化主義に傾いていた。目前には憲法制定が迫り条約改正の重大性が指導者にのしかかっていた。ために鹿鳴館での貴婦人の社交が重要視されたのである。しかし、騒々しい催しは識者の好感を得られなかった。高級な西洋文化に触れる貴婦人の社交というふれこみに反し世俗的で下品であった。ここに過去の日本のよい文化を見直そうという日本主義が学界、思想界から起った。この日本主義は昭和初年の神がかり的な右翼的国家主義と全く違う。明治初期に洋楽や英語を学んだ思想家が新聞や出版に拠って西洋かぶれの行き過ぎをいましめたものである。東京女学館をつくる女子教育奨励会ができたのはまさにこういう時であった。発案企画者の外山正一は西洋文明の体得者は英国貴婦人に如くはないとして、当時、英国聖公会の宣教師として来日していたE.ビカステスに女教師の派遣を依頼した。その頃、英国聖公会は世界各国への宣教熱で盛り上がっていた。それはこれまで英国がとってきた植民地経営へ贖罪の気持ちもあったという。ビカステスは喜んでキリスト教の布教を条件に英国人女教師の派遣を承諾した。かくしてカロライン・カルクス以下七名の英国聖公会婦人宣教師が来日、東京女学館の最初の教員になったのである。しかし明治十九年十月におこったノルマントン号事件以来、日本の対英世論は悪化しつつあった。この事件は横浜から神戸へ向かう英国汽船ノルマントン号が紀伊沖で嵐に遭って沈没した時、乗組員の英国人水夫は全員ボートで脱出して助かったが、日本人乗客は全員死亡してしまう大惨劇となった。当然朝野をあげて憤激した。時恰も不平等条約改正が失敗したので英国は治外法権によって裁判を横浜と神戸の海事裁判所で行い、結局、船長ドレークは三ケ月の禁固という軽罪で結審したのである。日本人の対英感情はますます悪くなった。

一方、キリスト教に対する感情にも変化がみられた。前に述べたようにキリスト教の隆盛に対して仏教徒の攻撃が激しくなり、さらに日本独自の道徳教育を打ちたてよという世論は教育勅語

辻　新次

の発布になった。そして教育と宗教の論争になる。東京女学館が虎の門に移転して第一回の卒業式を行ったのはこのような時であった。機を見るに敏な外山正一は〝ヤソ教宣教師の助けを借りる教育は亡国の技〟と言って、これまでの主張を一八〇度転回し、東京女学館の英国人婦人宣教師何人かを馘にしたのである。しかしこの時の馘首追放は婦人宣教師に一様ではなかった。貧民街に日曜学校を開いて布教した教頭格のマクレー以下熱心な宣教師ほど槍玉にあげられ、日本の娘を愛すとして麹町区永田町に豪邸をたて、そこで永眠した校長格のカルクスは女学館に出入し、また布教活動をしない条件で雇入れている。

明治二十五年、外山正一は東京女学館の教授監督（校長格）になって自ら学校の運営に携わったが、彼は帝国大学教授であり、貴族院議員である。ここにおいて東京女学館は館長を置くことになり、明治二十六年十二月、元文部次官の辻新次を館長に迎えた。辻は信州松本藩の出身、幕府の開成所で学び新政府の文部省に務めた。改正教育令の学事改革では普通学務局長として敏腕を振い、最初の内閣では森文相の文部次官になった。いわば半生を文部行政に捧げた人物で当時の日本の教育行政、就中、普通教育について知り尽くした官僚であった。東京女学館長になる前年、辻は文部次官を辞任し、女学館の改革にとりかかった。それが明治二十七年の学則改正であった。

新学則は第一条に「本館は女子教育奨励会の旨趣に基づきて本邦女子の淑徳を養成し且つ必要なる学術技芸を教授せんが為に設立したるものなり」とうたう。ここにはすでに「欧米の貴婦人」という目標が消え「本邦女子の淑徳」が模範とされている。キリスト教と絶縁したのである。本科とも言うべき高等女学科は六年制で入学資格は修業年限四ケ年の尋常小学校卒業生となっている。これは翌二十八年一月に出る「高等女学校規程」（文部省令一号）と同じである。高等女学科の名称と言い、修業年限といい、入学資格といい、女学館の新教則は「高等女学校規程」を先取りしている。元文部次官の面目躍如というところである。高等女学科は英語専修の第一部と手芸専修の第二部に分け、第一部は手芸、理科等を縮少し、第二部は英語を履修しなくても良いとしている。さしずめ第一部はさらなる進学用、第二部は家庭の主婦になるためのコースであろう。いまだ日本女子大学校ができていなかったので、第一部生の進学先として国文漢文英文を修める高等専門科を置き、また高等女学科の一科目あるいは数科を修める特別科（選科）も置いた。このような多岐にわたる女学校の教則作成は当時の女子教育の実態を知り尽くした辻元文部次官であったからこそのことと思う。

明治三十一年五月、辻新次は多忙を理由に館長を辞し吉村寅太郎が第二代の館長になった。吉村は慶応義塾の出身で官立広島英語学校長、第二高等学校長を歴任し文部省と繫がりがあったからであろう。吉村館長は専門科を国文学部、英文学部、技芸学部の三学部に編成し直すなど若干の改革を行ったが、翌三十二年の紛争に巻き込まれ館長を辞任した。後任の館長には土方久元女子教育奨励会長が就任した。明治三十二年八月三十一日の『國民新聞』に東京女学館生徒の風紀紊乱記事があるが、このことと吉村館長辞任の因果関係はわからない。

成女学校→成女高等女学校

明治三十二年十一月、吉村寅太郎を設立者として東京市麹町区中六番町（現千代田区麹町）に成女学校が開校した。吉村は東京女学館の第二代館長になったが女学館内の紛争に巻きこまれ辞任した。吉村の語るところによると一緒に女学館を辞めた主事（教頭格）の水谷直孝が女子教育に強い志を持っていたので、二人で女学校をたてようとしたところ、たまたま吉村の自宅の近くに荒れ果てた空家があったので、その家を借りて成女学校をたてたという（吉村寅太郎「追懐と希望」『成女九十年史』）。この荒れ果てた屋敷に応急の手当てをし、一室に畳を敷き、

初代校長　吉村寅太郎

古道具屋で買い求めた教具で形を整え、やっと集めた八人の生徒で十一月一日、開校した。その年の『婦女新聞』第六号に次の紹介文がある。

成女学校、この校は本年初めて開校したるものにて校長は元虎門女学館長なりし吉村寅太郎氏なりと聞く。吉村氏は女学館の主義、日に西洋風に傾き我国固有なる女子の美風を失ふを嘆じ遂に辞任して単独にこの校を設立したるなりと。さればこの一事以て校風のある処を知るに足らん。現今生徒の数は甚だ多からず。従うて校舎は不完全なる假舎なれども学校の精神に於ては決して堂々たる大女学校に劣らず、否、ある点に於ては遥かに勝れるを見る。即ち重きを家事経済の点に置きて成るべく浮華の風を去り、実用的な家婦を養成せんことを勉むるこれなり。便宜のため左に同校規則を掲ぐ。

位置　麹町区下二番地七十一番
束脩　金弐円
授業料　普通　技芸科各一円五十銭
　専修科八十銭
入学程度　高等小学校卒業　但し裁縫専修科はこの限にあらず。

創立者　水谷直孝

「成女」の校名は漢籍に造詣の深い水谷直孝の発案で易経の「乾道成男坤道成女（天の道は男、地の道は女）」からとったものであった。

吉村寅太郎と水谷直孝の二人ではじめた成女学校であったが、翌二十三年には吉村の呼びかけで後に女子商業学校を創立する嘉悦孝子以下数名の女教員が加わり、高等師範学校教授の後藤牧太、文学者の高山樗牛、心理学者・高島平三郎が課外講演をするようになった。ここにおいて校舎の新築を企てた。三十四年十一月五日の『時事新報』は言う。

麹町区下二番町成女学校は吉村寅太郎氏の設立に係り女子に適切なる学術技芸を教授し力めて着実なる方針を取るよしにて目下百三十餘名の生徒を収容するも其校舎は旧旗本屋敷を假用するを以て設備の不完全なる点少なからず。依て校舎新築の計画をなし目下寄付金募集中にて成功の上は一層面目を改むるよし。

募金は思うように集まらなかった。しかし生徒が増加するのでわずかな金額で敷地内に二階建二教室一八坪の新校舎を建てた。しかるに時を同じくして吉村寅太郎が第四高等学校長になって金沢に赴任したので後事は水谷直孝主幹、嘉悦孝子幹事、宮田修学監の三人に託された。三十六年十二月、吉村の知友で帝国大学出身の代議士、山根正次が第二代の校長になった。

明治三十九年七月、新校舎建設の目処（めど）がついたので牛込区市ケ谷富久町に千余坪の土地を得て新校舎を建て四十一年九月、「高等女学校令」に準じた「成女高等女学校」と改称した。これを機に二代校長、山根正次は辞任し、学監宮田修が第三代校長に就任した。四十一年の『婦人画報・増刊女学校画報』に次の紹介がある。

私立成女高等女学校……敷地総坪数は千餘坪にして内七十餘坪を寄宿舎に宛て、残りを校舎と運動場とに分てり。校舎を別ちて十三室とし、階上四室の内一を講堂とし之に隣りて裁縫室あり、規則一、修業年限五カ年とし学年は四月一日より翌年三月三十一日に終る。二、入学するを得る者は尋常小学校第六学年の課程を卒へたる者。三、入学料金弐円、一ヶ年金弐拾四円、随意科手芸一課目一箇年金参円、校費一箇年金弐円四拾銭。

第三代校長　宮田　修

新校長の宮田修は明治三十一年、東京専門学校（早稲田大学）文科卒業後、奈良の畝傍（うねび）中学校に勤務したが三十四年、成女学校に迎えられた。昭和戦前期まで宮田は府立第一高等女学校長・市川源三、三輪田女学校長・三輪田元道と並んで東都高等女学校の権威とされた人物である。

成女学校が市ケ谷の新築校舎において成女高等女学

校になり、宮田修が第三代校長になって学校の行末に安堵したのか、この学校の創立者の一人・水谷直孝が息を引き取った。明治四十一年九月十四日の『東京日日新聞』は次のように伝えている。

終生独身を守り一意教育事業に尽瘁したる牛込区市ケ谷富久町・成女高等女学校理事・水谷直孝氏は予て肋膜炎に罹り療養中なりしが、薬石効なく遂に一昨日午前六時半不帰の客となれり。氏は明治十二年東京師範学校を卒業し、福島、岩手、北海道等に奉職し、三十二年十一月、吉村寅太郎氏と計り麹町区下二番町に成女学校を創設し専ら女子教育に尽瘁せしが、情質極めて清廉にして金銭上の事には更に目も呉れず、五十年の久しき独身にて暮したれども嘗て寂莫を嘆ける事なく常に人に向かって学校が我が分身なりと言ひ、其生徒を愛することも極めて厚かりしかば、生徒は一人として其徳に服せざるものなく先頃氏が片瀬に転地療養せし時にも生徒及び卒業生等より尠からざる見舞の金品を贈りて慰めたるのみならず、卒業生なる鈴木夏子の如きは良人の許を得て看護に趣きたるは当時紙上に記せし処なるが、斯くも氏を慕へる生徒等は其訃を聞いて悲嘆遣る方無く終に校葬を以て葬らんことを議し、明後日午後一時同校出棺、牛込神楽坂善国寺に於て葬式を営み、谷中墓地に埋葬の筈なるが、当日は同校卒業生及び職員生徒数百名葬列に加はるべく造花は昨今生徒に制作せしめ居れり。

大正三年刊行の『全国学校沿革史』に「私立成女高等女学校」はこうある。

教育制度は大抵高等女学校令に依りしが、繁簡宜しきに従ひ努めて自主自治の気風を養ひ質素の良習を尚びたり、殊に学課中最も力を用ゐたるは外国語（英語）にあり。是れ当時女子教育の隆運に向かはむとするの兆しありしに拘はらず語学を修めむとするには基督教主義の学校に入らざるべからず。而かもこれ在来の我が国一般の家庭に於ては好まざることなればば本校は宗教的臭味を帯びずしてこの勃興せむとする進歩的女子教育に満足を与へむが為めに力を用ゐたるなり。……現在校長宮田修氏にして現在職員は校長以下二十名、生徒数三百名、創立以来の卒業生の総数五百三十名、今は創立十五周年にして基本財産も若干あり。

第二次大戦中、空襲で校舎が全焼したが、戦後、学校法人成女中学校高等学校として東京都新宿区市ケ谷富久町に伝統を継いでいる。

三輪田真佐子と三輪田女学校

三輪田女学校は明治三十五年四月、東京市麹町区四番町に開校した。同年二月二十六日の『読売新聞』にそれを予告する記事がある。

創立者　三輪田真佐子

女子教育家三輪田まさ子女史は多年経験の結果、完全なる人格の女子を作らんには身を以て感化の人に当るに若かずとて、今回在来の家塾を拡張して三輪田女学校と言うを麹町区四番町に設立する計画にて目下設計中なるが、総坪九百餘坪、経費五万円にて来月四月十日より仮校舎にて開校し、全部の完成は来年四月なりと。

女子教育家としての三輪田真佐子が広く知られていたこと、すでに女学校の前身になる家塾を開いていたことがわかる。

三輪田真佐子は天保十四（一八一三）年、京都に生まれた。儒学者を父に持つ真佐子は幼少の頃から儒学を学び、詩歌文章をよくした。一二歳の時、陽明学者で詩人の梁川（やながわ）星巌・紅蘭夫妻の門下生になった。慶応三年、岩倉具視の息女の教育を担当、明治元年には岩倉家の内殿侍講を兼ねて、明治天皇妃（皇后）の和歌の添削指導係となる。明治二年、二六歳の時、伊予松山藩の尊攘派志士、三輪田元綱と結婚した。元綱は病弱で長く患い明治十二年、多くの借財を残して没した。真佐子は借財を苦心して返済したので無一文になった。そこで松山に明倫学舎という私塾を開いて漢学を教えた。明倫学舎は教え方がよいというので名声があがった。それを伝え聞いた愛媛県令・関新平は真佐子を愛媛県師範学校の漢文教師にした。真佐子には四人の子どもがあったが三人は夭折し、一人だけ生き残った。その一子元孝の教育のために真佐子は明治二十年、東京にでて新しい生活をたてることにした。そこで学生の多い神田東松下町に翠松学舎という私塾を開いた。生徒が忽ち集り女生徒もいたので男子部と女子部に分け、漢学のほかに英語・数学を教えた。英語と数学は彼女が独学で学んだものである。こうして真佐子は生計をたてることができたが、不幸、一子元孝が病死した。真佐子は悲嘆にくれたが、数年後、懇意にしていた英吉利法律学校（現中央大学）の生徒・山下富五郎と養子縁組し、富五郎は三輪田元道と改名した。元道は香川県豊田郡の生まれであるが一一歳のとき、松山の明倫学舎の盛名を聞き、入塾、三輪田真佐子の薫陶を受けた。彼は向学心止み難く上京して英吉利法律学校に学ぶ傍ら旧師の真佐子に親炙していたのである。真佐子は彼にさらなる向学をすすめ、彼もそれに応えて第一高等中学校から帝国大学哲学科へ進み、大学院で社会学を研究した。そして、真佐子が三輪田女学校を開設するや教頭になって終生これに尽くすのである。

教頭　三輪田元道

さて、神田東松下町の翠松学舎は生徒が集まったというが女子が多かったのか明治二十三年には男子部を閉鎖して女子だけの私塾にした。その頃の教育課程表を見ると三年制で学科は英語（綴字、読方、訳読、書取、洋算術、文法、会話）、漢学（修身、読方、解義、習字）、唱歌音楽、裁縫編物、諸礼からなる。英語は三年間で七八時間、英語に力を入れていた。音楽にオルガン演奏があり礼法も西洋礼法が半ばを占める。生徒は昼間夜間各五〇名ぐらいだったというが、この学科を真佐子を入れて七名の教師が教えた。いずれも第一高等中学校や慶應義塾等で勉強中の者であった。このうち四名もが愛媛県師範学校の出身者で数年小学校の教員をした後、上京したという。真佐子が愛媛県師範学校で教えた因縁であろう。いずれも真佐子を慕ってのことである。真佐子は翠松学舎で教える傍ら東京の各女学校から招かれて教壇に立った。二十三年から東京音楽学校（現東京芸大）で文学講義、東京府高等女学校（府立第一高女）で漢文授業、三十四年から日本女子大学校で漢文講義という具合である。女流漢学者として三輪田真佐子の名声は東京に鳴り渡っていったのである。こうした活躍と平行し

て真佐子は二十七年『女子の本分』、三十年『女子教育要言』を刊行した。その要旨は良妻賢母主義を主張しながらも家だけに閉じ籠もることなく国家社会の一員たることを自覚せよというものであった。かくして三輪田真佐子はこの翠松学舎時代に女流学者というだけでなく女子教育家として令名があがったのである。

日清戦争勝利による国民意識の高騰、賠償金獲得による景気の上昇、中学校令・高等女学校令・実業学校令の制定等によって中等学校の設置が多くなった。機をみるに敏な真佐子が高等女学校開設を決心したのは明治三十三年の頃であった。決心すると直ちに神田小川町と同錦町の住宅を売り払い、これまで節約して貯めた金額を合わせて五万円を捻出した。外濠の内側にあるこの辺りは旗本屋敷が立ち並んだところである。維新の動乱で気骨のある旗本は関東奥羽や蝦夷地で戦ったり、静岡に移ったりしたが、江戸の享楽文化に馴染んだ旗本の多くはこの旗本屋敷で遊芸に更けっていた。明治九年、金録公債の条例が出ると支給されたわずかな現金と秩録公債で生計をたてねばならなくなったが、士族の商法で没落、家屋敷を売らねばならなくなった。真佐子が上京した頃は旧旗本の没落が極まった頃で神田周辺の旗本屋敷は廉価で買うことができた。それでかなり広い土地屋敷を買っておいたのであろう。然るにそれから十余年、東京は新しい産業商売が興り景気がよくなった。そこでその屋敷土地を売って五万円という大金を手にしたと思う。若い時から貧困を経験した真佐子はこうした才覚も持っていたのである。

新しい学校建設については独立の精神で寄付は募らなかった。たまたま近くの麹町四番町（現千代田区九段北三丁目）に約八〇〇坪の売地があったのでこれを購入した。こうして準備が整った三十五年三月、真佐子は「私立学校設置認可願」を東京府知事に提出し認可された。「高等女学校令ノ学科及其程度」（文部省令七号）に則り五年制で修身以下の学科目が並べられている。外国語は英語で随意科目は漢文である。校長は三輪田真佐子、教頭・三輪田元道であるが、この場合の教頭は現在言う教頭ではなく学校経営一切の責任者であった。数人の教員を雇ったが女教員が多い。その学歴をみると英語は女子英学塾（現津田塾大学）、国語漢文は女高師（現お茶の水女子大学）地理も女高師、体操は東京女子体操音楽学校（現東京女子体育大学）、男性教員も数学と理科は高等師範学校の卒業生で当時最高の教員養成学校の出身者であった。生徒定員は創立の三十五年は三〇〇名、年々一〇〇名ずつ増加して三十七年には五〇〇名になった。束脩（入学金）一円・授業料（月謝）一円である。東京の中流階級からみればほどよい価格であった。三十九年のある記録に三輪田高女四八〇名中、父兄の職業、陸軍軍人・将官一三人、佐官九〇人、また上級官吏、教育家が多いとある。開校早々、三輪田高女は東京の新知識階層から支持されたのである。良妻賢母主義を謳(うた)った女学校だから上級学校進学を推めたわけでないのに三十七年の第一回卒業生に二三名もの進学者があった。日本女子大学校一八名、東京女子高等師範学校三名、女子英学塾二名である。三輪田高女卒業生の学力の高さが窺える。東京の文教地の中心という立地条件のよさと女子中等教育への進学熱の高まりという好条件に恵まれて三輪田高女は開校当初から入学希望者が多かった。定員を更新しながらも定員はすぐに埋まった。大正四年の調査だが募集人員一五〇人に対して四六七人の志願者があり入学者一八〇人で倍率二・六である。五年後の大正九年には志願者一〇五五人、入学者一五五人で倍率六・八になった。

三輪田高等女学校校舎

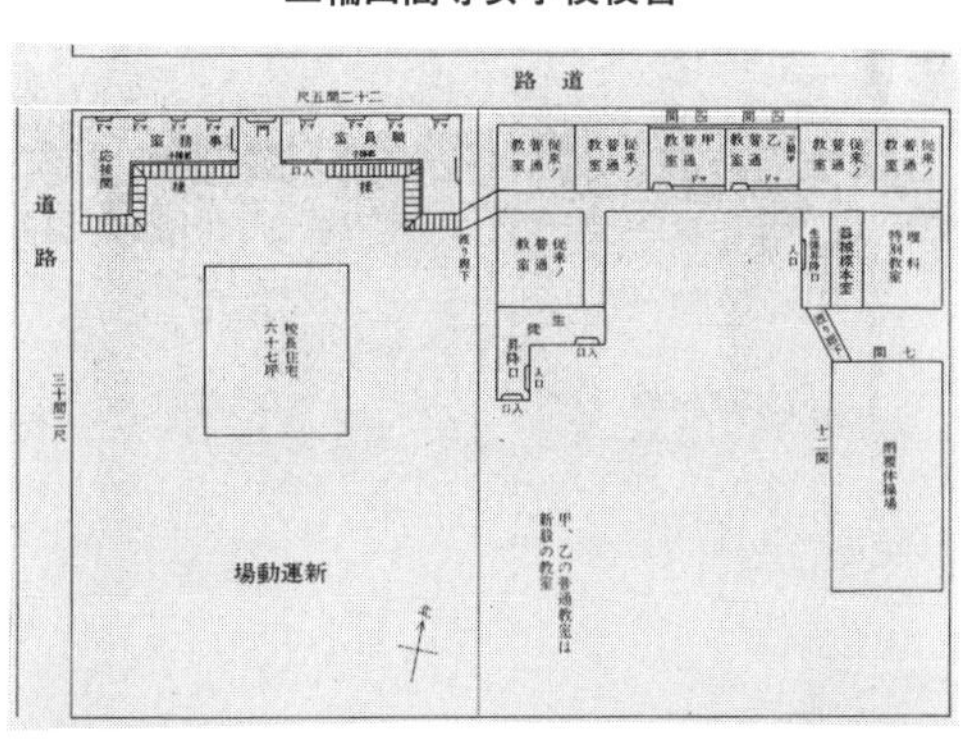

生徒の増員につれて校舎の増築が必須になった。開校当初の仮校舎は八〇〇坪の校地に八棟の建物を校長住宅、教員室、事務室、教室に振り分けたものであった。定員が六〇〇名になろうとする三十八年から計画をたて三十九年、校地に隣接する旧旗本屋敷を購入した。そこには旧式の武家門があったがそれを移築して

学校の正門とし、周囲の長屋部分を改築して普通教室にし、以後年々音楽室、割烹室、理科室をつくり大正二年、雨天体操場をつくって完成した。

課外活動としての遠足や修学旅行はすでに高等女学校一般に行事化しており当校も行った。校友会雑誌も年二回発行した。日露戦争に際しては軍人の子女が多かった故か校友会活動として生徒一人につき毛糸の靴下一足ずつ作り計五〇〇足を海軍経理部に寄贈した。かくして三輪田高女は大正昭和に向けてますます発展の道を辿るのである。明治四十五年三月、三輪田真佐子は勲六等宝冠章を授与された。

参考文献

『東京女学館百年小史』
渋沢栄一「東京女学館二十年記念祝典に於ける演舌」（『東京女学館史料第二集』）
『東京女学館倶楽部規程』（『東京女学館史料第五集』）
『東京女学館史料』第一集、第四集、第六集、第八集、第九集
『成女九十年』
『三輪田学園百年史』
『写真集・三輪田学園百年の歩み』

第五章　高等女学校の制度化と良妻賢母主義

明治五年に文部省がつくった学校体系は小学校・中学校・大学を基軸に応急の師範学校を付けたしたものであった。そして小学校だけは女子の就学を認めたが、その上の学校に女子が進学するはずがないと思っていたらしい、しかしふたを開けてみると東京や京都の小学校には多くの女児が押しかけ、地方都市でも女児小学を開校するところが続出した。また本書がのべてきたようにプロテスタント系ミッションが女学校をつくり、いずれも発展して私塾のような形態から次第に男子の中学校と肩を並べる女学校に成長した。文部省はこれを座視していたわけではない。明治初年から官立女子師範学校をつくり明治十年代にはその付属高等女学校もつくった。しかしいずれの学校も何を教えるか方針がたたないまま、国語や英語を教えたり、西洋流の諸科学を教えたりでしっかりしたカリキュラムを組むことができなかったのである。

明治二十年代になるとプロテスタント系ミッション女学校も仏教系女学校も全国の都市にできはじまる。宗派によらない公立私立の女学校も誕生する。こうした中で文部省は明治二十四年、「高等女学校ハ……尋常中学校ノ種類トス」（「中学校令中改正」第一四条）とした。尋常中学校は高等小学校二年で受験でき、その標準年齢は一二歳だから高等女学校生徒の入学年齢と釣り合いがとれると考えたのであろう。しかしながら高等女学校の教育目的を尋常中学校と同一視してよいであろうか。尋常中学校の目的は上級学校への進学でカリキュラムはそのようにできていた。しかるに高等女学校の卒業年齢一六、七歳はまさに結婚適齢期なのである。良家の子女はこの年齢で嫁にゆくのが習慣であり、常識であった。であるならば、年齢が同じというだけで男子の中学校と同種類とするわけにはいかない。高等女学校の教育目的を明確にしなければカリキュラムが組めない。そこで明治三十二年「高等女学校令」を出す時に文部省は〝良妻賢母〟を高等女学校の教育方針にすると宣言した。〝良妻賢母〟は近世以来、世間に流布した『女大学』が説くところである。独立自尊を説く福沢諭吉は早速、これに反駁（ばく）する。

良妻賢母主義は家を護ることだから女性が世間に出ることを嫌う。しかるに日清戦争勃発を機に出征兵士の壮行、千人針、慰問袋等の活動がおこり各地にそれを実施する婦人会が生まれた。女性たちは家から街頭へ出向いた。従軍看護婦が戦地に向う時は無慮数千の群衆が新橋駅に押しかけ、「婦人従軍歌」が多くの人々に歌われた。日露戦争は日本がはじめて味わう近代戦争で多くの戦死者を出し驚愕した。筆とる女性は厭戦歌（えんせんか）、反戦歌を書くようになる。こうした世情の中で高等女学校が次々につくられてゆくのである。

高等女学校と実科高等女学校の制度化

明治後半期に高等女学校と実科高等女学校が中等教育制度として成立する経緯(いきさつ)について述べたい。

日本は近代が滑り出した当初から小学↓中学↓大学という三段階の進学体系を考えていた（明治三年「大学規則」「中小学規則」）。明治五年の「学制」も小学校↓中学校↓大学という進学を基軸に、緊急の学校として師範学校を加えた。「学制」の執筆者たちは小学校以外はすぐにできるはずがないと思ったから中学校と大学は西洋式のものを写して簡単に書いた。ところが旧藩の城下町では洋式の中学校や専門学校らしきものがすぐに始まった。驚いた文部省は明治六年「学制二編」をつくって東京に官立専門学校と官立外国語学校をつくった。この間、都会や開港地では洋学塾が盛んになったのでこれを私立外国語学校とし、城下町では漢学塾が多くできたのでこれを公立中学校にした。こうして城下町や士族が多く住む都市に公立私立の中学校ができはじめたのである。

しかし新時代に漢学の教養だけでは役に立たないし、外国語が堪能だけでもはじまらない。各国の地理歴史から博物、それに数学、物理化学の知識を学ばねばならない。このような中学校はどうすればつくれるか。教育課程、教科書、教員養成、学費等々、これらをつくり出すのに苦心したのが明治十年代の三度にわたる教育令の改正であった。この間、女子教育はどうであったか。

「学制」を執筆した洋学者たちはみな文明開化の信奉者だから男女平等主義で女子の就学を煽る。しかし強制就学の小学校すら女児の就学は微々たるものであった。だがそれは全国の就学統計である。東京や京都、堺市や金沢市は女児の小学校就学が多かった。また東京の築地、大阪の堺港、横浜、神戸の港町には英語を習いたい娘たちがひしめいていた。日本全国の小学校就学率統計だけで一概に律することはできない。

「学制」は全国の児童に小学校の就学を命じているから小学校教員の養成はおろそかにできない。文部省は各大学区本部に官立師範学校をたて、府県もまた速成の教員養成に乗り出した。しかし教員をめざす娘は極く少なかった。ここに文部省学監のダビド・マレーが女子が教員に適していることを上申した。これに応じてまず官立東京女子師範学校ができた。この学校は翌九年、付属幼稚園を開設し、十年、付属小学校をつくって教員養成学校らしくなったが、十五年には付属高等女学校をつくった。文部省は全国の模範たるべき当時最高の女子師範学校と高等女学校の二つを持ったが、鹿鳴館時代の旋風にもまれて、教育方針を洋風にするか和風にするか迷いに迷ったのである。

明治前期に苦心の末、やっと形がついた中学校と大学及び師範学校の進学体系につくり上げたのは初代文部大臣・森有礼である。〔図1〕の如く各学校を尋常と高等に分け、高等小学二年修了で尋常中学か尋常師範を受験できる。尋常中学校から高等中学を経て帝国大学を卒業すれば国家の官吏か最高の技術者になれる。よって正系のコースと称した。師範学校は教員養成だから傍系と称した。明治十九年の森文相のこの改革で官立東京師範学校は唯一最高の高等師範学校になり、東京女子師範は高等師範の女子部になったが、二十三年、女子高等師範学校に昇格した。付属高等女学校は旧のままであった。

明治二十四年の「中学校令中改正」（勅令二四三号）で「高等女学校ハ……尋常中学校ノ種類トス」（第一四条）とした。これまでにできたプロテスタント系の女学校や日本人がたてたいくつかの女学校も漸く尋常中学校と肩を並べられるようになったと判断したから

〔図1〕明治19年諸学校令の進学体系概念図

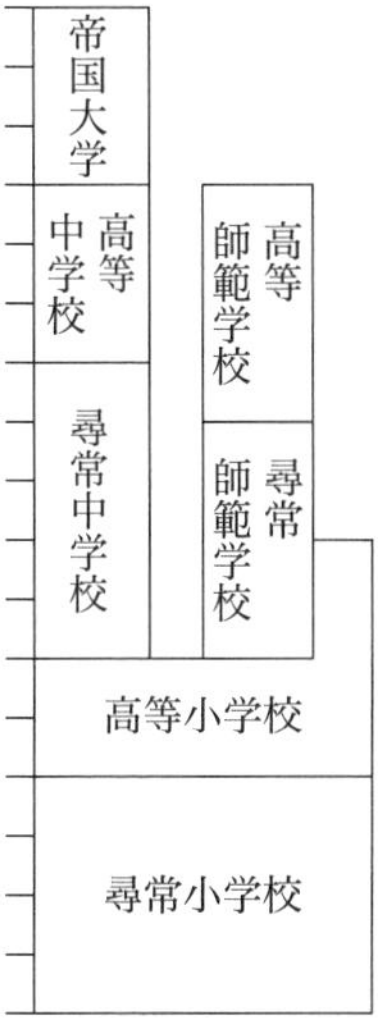

帝国大学
高等中学校
尋常中学校
高等師範学校
尋常師範学校
高等小学校
尋常小学校

本図は諸学校令の進学体系の基本構造で、実際はもっと複雑である。

であろう。しかしそれらの私立女学校の数は少なく、東京その他の大都市に偏在していて日本の中等教育の一種としての「高等女学校令」を出すには至らなかった。しかるにその後、明治二十六年から三十五年までの十年間に小学校の女児就学率が四〇%から八七%に急上昇した。二十八年三月、文部省は「今ヤ高等小学校ヲ卒業シテ尚高等ノ教育ヲ受ケンコトヲ希望スル女子、年々其数ヲ増シ高等女学校ノ需要益々多キヲ加ヘタレバ今ニ於テ之ガ制度ヲ定ムルノ必要ヲ認メ」て「高等女学校規程」（文部省令第一号）を公布した。この規程にある学科目は四年後にでる「高等女学校令」のそれと基本的に変らない。なぜこの時、勅令のそれを出さなかったかを考えれば、キリスト教諸学校と政府が宗教教育について激突していたからであろう。「高等女学校令」は「私立学校令」（勅令三五九号）や「一般ノ教育ヲシテ宗教外ニ特立セシムルノ件」（文部省訓令一二号）と同年の明治三十二年に公布されている。

同じ明治三十二年二月、進学と実業教育の二つの目的を持った尋常中学校を進学一本槍に変えた「中学校令改正」（勅令二八号）と「実業学校令」（勅令二九号）が公布された。農業・工業・商業教育を主とする実業学校は明治十年代に各地につくられたが森文相の改革でそれらは中学校の一部とされ振わなかった。そこで実業教育の振興を期した井上毅文相が中学校と併立する「実業学校令」を公布したのである。これに「高等女学校令」（勅令三一号）を加えた三勅令によって戦前日本の三本立中等教育の骨格ができたと言えよう。

「高等女学校令」公布以後、府県立私立の女学校が急速に増加した。しかしそれは府県庁の所在都市と大都市に限られていた。それは中学校も同じであったが、男子が学問修行のために親元から離れるのは近世以来の習慣であった。しかるに、女子は結婚まで親元で育てられるのが習慣であった。ゆえに高等女学校を普及させるには大都会のみならず在地につくる必要があった。それには学科を改めねばならない。高等女学校の目的は中学校と同じく高等普通教育であるが、中学校が進学一点張りであったのに対し良妻賢母主義の立場から数学・物理・化学と漢文をなくしてその代りに家事と裁縫を課していた。〔表1〕においての「時数」というのは卒業までに履修し修得せねばならぬ各教科の各学年週当り授業時数を示す。例えば中学生は「修身」を各学年週当り一時間履修するから五年間で五である。これに対し、

〔表1〕中学校と高等女学校との教育課程比較

中学校(5年制)		高等女学校(5年制)	
教科	時数	教科	時数
修身	5	修身	10
国語及漢文	33	国語	28
外国語	34	外国語	15
歴史 地理	15	歴史 地理	13
数学	20	数学	10
博物 物理及化学	14	理科	8
法制及経済	3		
図画	4	図画	5
唱歌	3	音楽	10
体操	15	体操	15
		家事	6
		裁縫	20
計	146		140

中学校令施行規則（明治34年）、高等女学校令施行規則（明治34年）による。

〔図2〕実科高等女学校の入学資格修業年限概念図

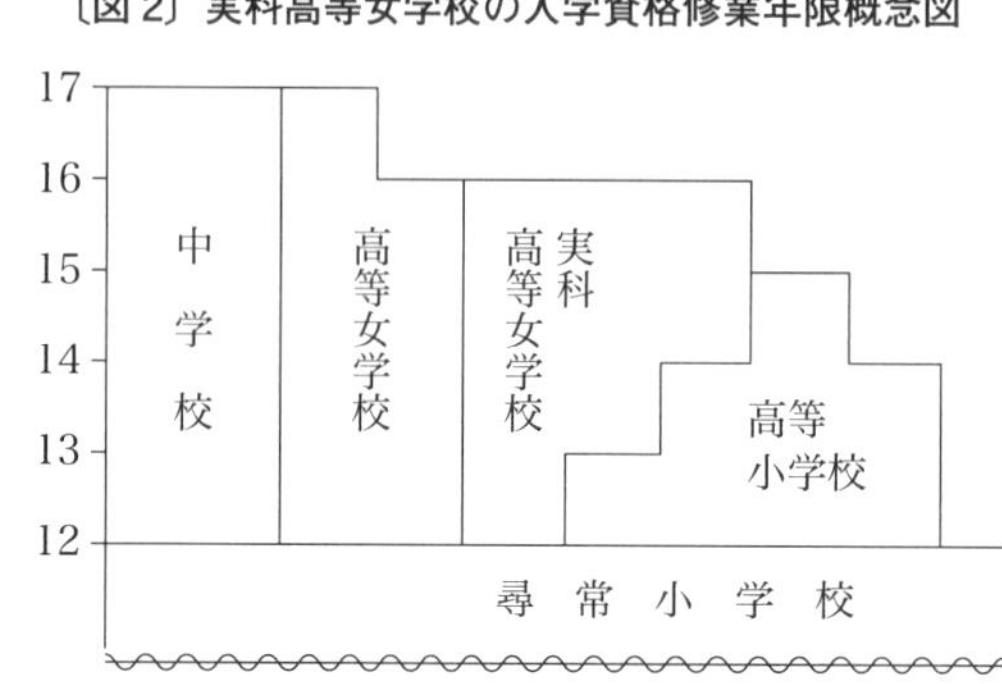

高等女学生は「修身」を週当り二時間履修せねばならぬから五年間で一〇となるのである。ところで高等女学校の授業すべて教えられるのは女子高等師範の卒業生であるが、その数は少ないし、僻地に行きたがらない。一方、地方には旧家素封家の奥さんが近隣の娘に裁縫を教える習慣があったし、軍人の未亡人が裁縫家事を教える風聞も立っていた。そこで高等女学校の学科を改め裁縫家事の教科を中心に、これに修身と国語を加える実科高等女学校を各地につくった。これが明治四十三年十月公布の「高等女学校令中改正」（勅令四二四号）である。

実科高等女学校は人口疎らな土地でも設置し易く入学し易いように配慮されていた。設置については高等女学校に併設しても小学校に付属してもよく、入学資格も尋常小学校卒業、高等小学校一年終了、二年修了でもよく、修業年限も入学時に合わせて四年、三年、二年と多様にされていた〔図2参照〕。授業の半分以上を裁縫にあて、必修の修身や国語は付設の小学校長、または近隣の小学校幹部教員が教えた。裁縫は経験ある良家の夫人または未亡人に免許を与えて教員にした例が多かった。実科高等女学校の設置者は郡、市町村及び私立が多い。明治四十五年における高等女学校、実科高等女学校の学校数は〔表2〕の通りである。

〔表2〕明治45年における全国高等女学校数

	官立	公立	私立	計
高等女学校	2	154	53	209
実科高等女学校		78	12	90

第一法規『教育学大事典』教育統計による

良妻賢母主義と福沢諭吉の『女大学評論』

「高等女学校令」を公布した直後の明治三十二年四月、樺山資紀（かばやますけのり）文部大臣は地方長官会議の席上「高等女学校ノ教育ハ其ノ生徒ヲシテ他日中人以上ノ家ニ嫁シ賢母良妻タラシムルノ素養ヲ為スニ在リ」と訓示した。樺山文相の後を継いだ菊池大麓（だいろく）文相も三十五年五月の全国高等女学校長会議で「女子教育は将来の良妻賢母を養成すること」と訓辞した。ここに戦前の女子教育の目標となる良妻賢母主義が全国に拡まったのである。

良妻も賢母も漢籍上のコトバで良い意味であるから前時代から使われていた。明治のはじめの啓蒙誌『明六雑誌』三三号で中村正直は「善良ナル母ヲ造ルノ説」を説いている。当時の女子教育論は〝賢母待望論〟が多い。明治十九年、初代文部大臣・森有礼も地方巡視の際「女子教育ノ主眼トスル所ハ……人ノ良妻トナリ賢母トナリ、子弟ヲ薫陶スルニ足ル気質才能ヲ養成スルニアリ」と演舌している。しかし、良妻も賢母も女性は他家に嫁すのが当然という前提がある。この前提にたって女の道を説いたのが、俗に貝原益軒の作と言われる『女大学』である。『女大学』は益軒著作の『和俗童子訓』の中の「教女子法」を基準とし台本として、その要旨を敷衍し後世に綴り直したもので、何種類もある。そして近世末期から明治前期にかけて何種類もの『女大学』が出版され、多くの読書人に読まれた。福沢諭吉もその一人で（彼は『女大学』を貝原益軒の著作と思っていたらしい）、その封建思想を苦々しく思っていたが、時恰も親族・相続などの家族法を中心とする民法が三十一年七月から施行されたにもかかわらず、世間が無関心なのを案じて『女大学』を批判する『女大学評論』を『時事新報』に三十二年四月から連載しはじめたのである。福沢独特の筆法で『女大学』の封建性を暴き、その不合理性を述べたて痛快だが、その二〇項目を紹介するわけにはいかない。要約しよう。『女大学』は封建制下に培われた伝統的な家に嫁入る女をその家の良妻賢母に染め上げるのであるから嫁入る女はなまじな知識や技量は持たない方がよいとする。嫁入る女はすべて白痴扱いである。有名な〝七去〟をみれば「婦人に七去とてあしき事七去あり。一には舅に順ざる女は去るべし。二には子なき女はさるべし。三に淫乱なれば去る。四に悋気深ければ去る。五に癩病など悪き疾あれば去る。六に多言にて物いひ過すは家乱るる物なれば去る。七には物を盗心有るは去る」という。福沢はその一つ一つに反駁し、その半分の責任は婿にあるとしている。また『女大学』は章末で「凡婦人の心様の悪き病は和ぎ順ざると怒恨むと人を謗るとものを妬むと智恵浅きと也。此五の疾は十人に七、八必ず有り」としている。これを福沢は「殆ど罵言讒謗の毒筆」と一蹴した。福沢は、『女大学評論』を書くに当ってすべて自分が子どもの頃の福沢家の家風、自分が所帯を持ってからの経験をもとにしていると述べている。彼が生涯かけて主張した独立自尊の精神である。

批判だけではいけない。自らの夫婦論を書くというので続いて『新女大学』を『時事新報』に連載した。二三項あるが、①妊娠出産育児、②女子の学問教育、③娘の家庭教育、④結婚、⑤舅姑への対応、⑥主婦の心得、⑦妻としての心得、⑧女性の独立の八項にまとめられる。①はこれらすべてを妻の責任にして素知らぬ顔をする夫は痴漢である。夫は家事を手伝って妻を休息させろ。②兵学以外はすべて女子に学問させろ、これからは理科の学問、経済と法律を学ばせろ。③道徳は書物で教えるより父母の行状を見せることが効果がある。家族団欒が第一で話し合え。④結婚は男女当人が相見て選び互に往来して親しみ、決心したら父母に告げ、その同意を得て結婚式を行え。これからは社会全体に男女交際の場を拡げるのが望ましい。⑤結婚して最初の難事は舅姑の対応である。〝嫁の舅姑に事うるは実の父母の如くせよ〟とか〝舅姑は嫁を実の娘の如くせよ〟とできもせぬきれいごとを言うから「天下の姑悉く悪婦になり、天下の嫁悉く悪女になる」。無理をせず新夫婦は舅姑と別居するがよい。できなければ竈だけでも別にせよ。〝遠ざかれば相引く〟という通り舅姑と嫁は識らぬ間に和合する。⑥幼児の養育は自分でやれ、授乳も自分でやれ、乳母を雇う場合も幼児の飲食衣服に心を配れ、幼児を下女に託してはならぬ。昔、宮中や大名の子どもが暗弱だったのは妃が子を生むばかりで育てなかったからである。子どもの病や応急手当を心得よ。⑦妻は言葉に品格がなければならない。猥褻な話はいけない。妾や芸妓とつき合ってはいけない。夫が妾を持ち花柳に戯れたら妻は死力を尽して争え。⑧偕老同穴は夫婦の約束だが夫が早世することもある。〝貞婦二夫に見えず〟などと言うが愚説である。再婚は悪いことではない。最後に福沢は以下のような提案をする。親として娘の嫁入ほど心配なものはない。当るも当らないも運まかせ天まかせ「恰も富籤を買う如し」である。そこで娘の結婚には自立できるだけの財産をつけてやる。こうすればいかなる貪欲不人情な夫でも困らない。女性の自立はこれで保障されると言うのである。全編を貫く思想は彼の信条である独立自尊に男女同権論を加えたものだが、最後に至って彼の経験からくる老いの繰り言のようにも聞こえる。娘の安全保障のため多額の独立資金をつけてやれと言うが、それができる親はどれだけいるだろう。彼の視野に入る嫁は中流家庭の娘で、小作農家の娘や町に出た女工、下女、子守娘などは彼の脳裏には浮かばなかった。彼はまた芸妓、妾、花柳界の女に対する憎悪が激しいが、一方で花柳界での遊び方について精しい描写もあって彼もこの世界に足を踏み入れたなと憶測したくもなる。

『女大学評論』に比べて『新女大学』は女性論としての鋭鋒は感じられない。

明治三十七年、女子高等師範学校教授・下田次郎が『女子教育』を出版した。下田は女子教育の目的として婦徳・良妻・賢母・職業準備・生活の完成の五項目をあげ、「婦徳」は「貞操・和順・嫉妬の慎み」など『女大学』の良妻と変らない。「職業準備」では「良妻賢母は女子の自然の職業」などと述べ、まことに陳腐（ちんぷ）である。三十八年四月の『教育界』に東京帝国大学教授・建部遯吾（たけべとんご）が「女子教育に就て」を発表した。建部は「賢母良妻以外に女子の女子たる所以のものはない」として時勢によってその性質が変ることを説明しているが知識をひけらかすだけで、良妻賢母の女子教育上の意味は不明である。これら御用学者が良妻賢母を讃美した論説は他にもあるがいずれも女子教育が良妻賢母主義でなければならぬ核心を突いたものは見当らない。共通するのは女子教育と言いながら中流家庭以上の女子を対象としていることぐらいである。

日清日露両戦争が女子教育に与えた影響

明治二十年代はじめに帝国主義的体制を整えた日本は経済的利益線を朝鮮半島とし、来るべき日清戦争に備えて陸軍を旧来の鎮台制から機動力のある師団制に編成替えした。全国の陸軍を地方別に数箇師団に分け、一箇師団は数箇の歩兵連隊、騎兵連隊、砲兵連隊、数箇の工兵大隊からなる。開戦となるや朝鮮半島に上陸した第一軍が一夜にして鴨緑江の大河を渡り、支那東北部に進軍して緒戦に有利な態勢を整えられたのは新設の工兵部隊が近代技術を駆使して鴨緑江に応急架橋をしたからである。間に合わなかったのは輜重兵（しちょう）で港から戦場までの輸送を機動化できなかった。そこで民間から車引きや荷担ぎ人夫を徴発し、それに応募したやくざを加えて臨時の輜重輸卒隊を編成したのである。近代戦争で必須の施設は野戦病院である。野戦病院には西洋医学をおさめた軍医がいなければならない。明治十九年に東京麹町に陸軍軍医学校ができたが、これは医者養成でなく、西洋医学をおさめた医者を集めて数ケ月、野戦病院での勤務の仕方を教える機関である。当時、帝国大学医科大学ができたばかりで西洋式医学校は極めて少なかった。しかし日清戦争がはじまると森林太郎（鷗外）を軍医部長とする兵站病院をつくった。野戦病院には従軍看護婦がいなければならない。世界的にみても従軍看護婦ははじまったばかりであった。日清戦争より約四〇年前の一八五三（嘉永六）年、クリミア戦争の際、イギリス軍の野戦病院に一団の看護婦が派遣された。その中の一人ナイチンゲール Nightingale が大量の戦傷戦病兵士を短時間に看護する方式を考え出した。彼女は帰国後、看護学校をたて看護教育を体系化した。ナイチンゲール方式と呼ばれるものである。これはヨーロッパ各地に拡まったが、西洋学術の摂取に敏感な明治の日本に忽ち及んだ。明治十四年、英国留学から帰国した医師・高木兼寛は成医会講習所（後の東京慈恵医大）をたて、十八年、その付属病院に看護婦教育所を設けた。その翌年から桜井女学校をはじめ、京都では新島襄や東西両本願寺が看病婦学校を開きはじめた。一方、スイス人デュナン J. H. Dunant による赤十字運動が拡がっていた。イタリア統一戦争で膨大な死傷者を目撃したデュナンは敵味方の区別なく戦傷者を救護することを提唱した。近代戦争の大量殺傷に震え上がった人々はこの人道主義に同調するものが多く一八六四（元治元）年、スイスのジュネーブにおいて一二ケ国による国際赤十字条約が締結された。日本では明治十年、西南戦争が起ると赤十字運動を知った佐野常民が博愛社をつくって医師を派遣し、敵味方の区別なく戦傷者を介護した。この博愛社を中心に明治十九年六月、日本はジュネーブ条約に加入し、二十年五月、日本赤十字社になった。皇室は赤十字社を後援し日本赤十字病院の建設に多額の資金を下賜した。とりわけ赤十字を愛顧したのは美子（はるこ）皇后で、しばしば日赤病院に行啓してこれをアピールした。日赤病院は明治二十三年四月から看護婦教育を開始、日清戦争がはじまると二十七年八月から赤十字社の看護婦の一隊が戦地に出発した。出発の当日、新橋駅周辺は見送りの市民で溢れた。その中で近衛師団の軍楽隊が見送りの演奏をした。軍楽隊の一員・加藤義清は看護婦たちの健気な姿に感激し、帰宅するや一夜のうちに「婦人従軍歌」をつくった。

火筒（ほづつ）の響遠ざかる　あとには虫も声たてず
　吹きたつ風はなまぐさく　紅そめし草の色
やがて十字の旗を立て　テントをさして担いゆく
　テントに待つは日の本の　仁と愛とに富む婦人

加藤はこれを宮内省楽士の奥好義（おくよしいさ）に作曲して貰った。曲をつけたこの詩が売り出されると忽ち

新橋駅に向う日赤従軍看護婦　明治 27 年

数万部が売り切れたという。

家に蟄居し家族に尽すのが女の道という『女大学』流の良妻賢母主義者は従軍看護婦の勇姿をどうみたろう。三輪田女学校をはじめた三輪田真佐子は日清戦争がはじまった明治二十七年『女子の本分』を、三十年に『女子教育要言』を刊行した。真佐子は良妻賢母を説くが『女大学』流と違う。殆んどの女子が嫁ぐから女子教育は良妻賢母を目標とするのであって、夫婦に上下関係はない。男女の違いは儒教の言う天然自然の陰陽（おんみょう）からくるもので女子は男子に和合しなければならない。また女子は国家主義でなければならないと説く。この場合の国家主義は後年の右翼青年が叫ぶそれではなく日本社会という意味である。故に日本社会の進展につれて新しい家政学や衛生、看病学の教育を説くのであった。日清戦争では敵の鉄砲玉に当った戦死戦傷者は少なく、その殆んどは衛生状態の悪さからくる戦病死であった。故に日清戦後、身体検査や学校医の配置など衛生思想が一挙に進展するのである。三輪田真佐子の良妻賢母論に衛生や看病学が加わるのは日清戦争の影響といえよう。

日露戦争はロシアの南下政策と朝鮮満州の地に経済拠点をつくろうとした日本が激突した戦争である。開戦となるや仁川(じんせん)に上陸した第一軍が鴨緑江を渡り九連城を押えたが、この緒戦で約一、〇〇〇人の死傷者を出した。ロシア軍の新兵器・機関銃に薙(な)ぎ倒されたのである。次いで第二軍が遼東半島に上陸して南山砲塁(なんざんほうるい)を奪取したが、猛烈な砲弾のため約四、四〇〇人が死傷した。続いて第三軍が旅順要塞を包囲して六ケ月にわたり凄惨な戦闘を繰り返す。日本軍の死傷者は約一万六、〇〇〇人である。この惨状は従軍記者によって刻々内地に届けられた。悲憤慷慨した国民は司令官・乃木大将宅に投石を繰り返した。第四軍がおこした遼陽会戦では日本軍兵士の戦死者約五、五〇〇余、戦傷者一万七、〇〇〇余、奉天会戦までの日本軍死傷者は約七万人にまでなった。近代戦争の凄惨さを知った国民は黙っていられない。良妻賢母を説

野戦病院での日赤従軍看護婦
明治 28 年

千人針　神戸の街で

かれても女性たちは家の中で、いたたまれない。神戸では兵士を弾丸から守るという千人針がはじまり、繁華街で多くの女性が千人針を縫う姿が風物となって全国に拡まった。桜井女学校の校長・矢島楫子は生徒を督励して出征兵士の慰問袋作りをはじめた。愛国婦人会を結成した奥村五百子は有志とともに戦線慰問旅行をはじめた。もはや家に閉じ籠もる良妻賢母は敵視される状況になった。

軍歌は明治半ば頃から始まっていたが、日清戦争以後、「勇敢なる水兵」「雪の進軍」、日露戦争がはじまると「日本陸軍」など後代に残る軍歌が現われた。それら多くの軍歌の中で三十八年からつくられた真下飛泉（ましもひせん）作詩・三善和気作曲の「戦友」は異色である。「ここは御国の何百里」ではじまるこの歌は一人の青年が出征し、戦友の死をみとり負傷して帰国後村長になるまでの叙事詩であるが

ああ戦いの最中に　隣におったこの友の
にわかにはたと倒れしを　我は思わず駆けよって

にはじまるこの章句は戦場の悲惨さを描写して人々の胸を打つ。昭和の太平洋戦争中、この歌は反戦歌だと禁止された。反戦歌と言えば愛国心に湧いたこの時期に真っ向から反戦を歌った与謝野晶子の「君死にたまふこと勿れ」は出色である。この詩は商家に育った晶子の弟が召集されて旅順包囲戦に加わった時の晶子の心情をうたったものであるが、「旅順の城はほろぶとも、ほろびずとても何事ぞ」とか「すめらみこと（天皇）は戦ひにおほみずからは出でまさね」と言い「大みこころの深ければ　もとよりいかで思されむ（まさか人を殺せとは言いますまい）」と結び、天皇批判さえちらつかせる。天皇まで持ち出したこの反戦歌は「一旦緩急アレバ義勇公ニ奉ジ……皇運ヲ扶翼スベシ」という「教育勅語」にも悖るものである。果して彼女を〝乱臣賊子〟と罵る評論もあった（雑誌『太陽』）。しかし晶子のこの詩が読みつがれていった事実は多くの国民が内心、この詩に共感したからであろう。天皇制と言い教育勅語と言い、良妻賢母と言い、国民はそれをタテマエとして受け入れ重んじた。しかし内心はそれらに批判的

与謝野晶子

であった。戦前、初等中等教育を受けた私の体験として戦前の教師は御真影と教育勅語に対しあく迄儀式用として尊んでいたが、通常の授業ではこれを敬遠した。稀に教育勅語を持ち出して小言を言う愚かな教師もいたが同僚からも生徒からも馬鹿にされた。「良妻賢母」も同様で、女子教育にたずさわる者、すべてこれをタテマエ上、教育方針としている。しかし教育の実践上では新しいスポーツや音楽、理科教育、社交、遠足等に重点を置いてゆく。それらをこの後、はじまった高等女学校の実践の中でみてゆきたい。

参考文献

文部省『学制百年史』
文部省教育調査部『高等女学校関係法令の沿革』
文部省普通学務局『全国高等女学校・実科高等女学校ニ関スル諸調査・明治四五年現在』
深谷昌志『良妻賢母主義の教育』
久木幸男『良妻賢母論争』（『日本教育論争史一』）
福沢諭吉『女大学評論』『新女大学』（『福沢諭吉全集』六）
中泉哲俊『日本近世教育思想の研究』
桜井役『女子教育史』
海野福寿『日清日露戦争』（集英社『日本の歴史』一八）
井上清『新版日本女性史』

佐々木正昭『真下飛泉とその時代』
堀内敬三『音楽五十年史』
平尾真智子『資料にみる日本看護史』
石原明 他『看護史』（『系統看護学講座』別巻九）

第六章　府県立高等女学校の展開

近代国家の枠組ができた明治中期頃から各府県で中等教育としての高等女学校をつくろうとする動きがはじまった。地域的偏りはあるものの、日本全土に及んでいる。本書はそれら多くの中で東京府立第一高等女学校、大阪府立清水谷高等女学校、青森県立第一高等女学校、福岡県の五つの公立高等女学校の創立を叙述する。みちのく東日本から一校、関東・関西各一校、そして九州地方という地方観からの選択であるがそれだけではない。

東京府立第一高女は東京府の学務課が計画したものだが、府会がこれを否決したので真宗本願寺派に資金援助を頼み「諸学校通則一条」によって漸く東京府の管理学校になった。大阪府立清水谷高女は自治の伝統を持つ大阪市がつくったものだが、できるとすぐに大阪府立高等女学校になった。近代の大阪ははじめ摂津の大阪三郷(さんごう)であったが、やがて隣県との合併をくり返し河内・和泉・大和にまたがる大大阪府になり、奈良県の分離独立をへて現在の大阪府域におさまる。この間、旧来の両替屋が近代の銀行に替わり、紡績会社が繁盛して日本経済の中心地になる。この激動の中での大阪市民の女学校の創立を考察する。

本州北端の青森県は東の南部領と西の津軽領から成る。両者の接続地青森にある県庁は東西均衡の見地から各郡平等に中等教育を行おうとするが、いずれの郡も貧困でうまくゆかなかった。その中で津軽氏の本拠・弘前は旧時代の藩校を連続させて東奥義塾という近代的学校をつくっていた。この地はまた産業も盛んで豊かでもあった。明治二十九年、奥羽五県を管轄する陸軍第八師団司令部が弘前に置かれると隷下の連隊や司令部の士官が移住し街が賑わった。この時に乗じて青森県初の県立高等女学校が創立されるのである。福岡県は古来、畿内の日本文化と大陸文化の中継地で経済文化の程度は高かった。福岡・久留米・柳川・小倉には旧藩時代の藩校の流れを汲む尋常中学校ができていた。しかし女学校の設置は石炭産業、鉄鋼産業が活況を呈する明治三十年頃からはじまり、炭鉱産業の盛んな土地に五校もの公立高等女学校が創立されるのである。本章はこのように日本近代の画期的な出来事に関連してできた府県立高等女学校に焦点を当てた。

東京府立第一高等女学校

「高等女学校令」によって地方税による東京府第一高等女学校ができたのは明治三十三年四月であるが、前史がある。明治二十一年十一月、時の東京府知事・髙崎五六の名で森文部大臣宛、府立女学校創立の伺いが提出された。起案者は東京府学務課の大東重善である。東京府には女子師範学校がないから女教員の養成を兼ねた女学校をつくりたいという趣旨である。〝小学校の女教員養成は府県立女子師範学校で〟と考えていた森文相は女教員養成の文言を削って認可した。これが東京府立第一高等女学校の発端である。

校長には起案者の大東重善が東京府学務課属のままで就任し、京橋区南小田原町の工手学校（現工学院大学の前身で夜間授業であったため昼間は空いていた）を校舎として府立女学校は動きはじめた。ところが始動したとたん、この学校は運営財源が絶たれるという障壁にぶつかってしまった。東京府女学校の経費はまず授業料で賄い、不足分は府が管理する共有学資金に拠ろうという計画であった。共有学資金というのは旧幕時代松平定信が創めた「七分金」の後裔（えい）で、災難に備えて富商から一定の利益を積みたてた財産をいう。富商の組合が管理していたが、明治以後、東京府が管理した。市街の整備や府民の厚生に使われたが、一定額を学校の整備にも使う。これを共有学資金と言い、東京府会ができてからは府会がこれを掌握した。明治十一年創立の東京府中学校の経費はこの共有学資金によっているのである。

さて東京府女学校である。年間の経費を三、〇六〇円として授業料は一人一ケ月一円五〇銭で、定員二〇〇名を予定したが、資金不足を危惧して府に学資金の補助を願いでた。しかるに翌二十二年三月に開かれた東京府会は〝地方税は経費の不足を補うべきものではない〟という理由でこの議案を一蹴したのである。窮した府の学務課は一たんこの学校を私立学校にして「諸学校通則」（明治十九年四月、勅令一六号）による東京府の管理学校になることを策した。東京府の管理学校とは一体どういうものか。

明治十年頃から各県は中学校をつくろうとしたが、資金不足でできなかった。けれども旧藩の居城を持つ大県では城下町に士族の子弟を生徒とする中学校ができはじめた。山口県では明治十三年に山口、萩、岩国、豊浦、徳山の県立五中学校をたてた。いずれも旧長州藩及びその支藩の城下町にできたもので経費は毛利本家と、その支藩の旧藩主家から出ている。いわば旧藩主毛利家一族がつくった私立中学校を山口県に寄付したものであった。「諸学校通則」はこれを制度化したものである。

当時、資金を調達した学校を「諸学校通則」に拠って府県の管理下に置いたのは旧大名家ばかりではなかった。日本最大の仏教教団浄土真宗の東本願寺（大谷派）は京都府尋常中学校と金沢市の共立尋常中学校に莫大な資金を提供し、それぞれ京都府、石川県の管理学校にしている。教育法規にくわしい東京府学務課の大東重善は築地本願寺の資金援助によって東京府女学校を成立させることができないかを探った。たまたま京都西本願寺の法主大谷光尊が東京築地の本願寺別院に滞在中であることを知った大束は浅草伝通院の住職の口添いで大谷光尊と面会、東京府女学校の資金援助を懇願したところ快諾を得た。よって本願寺別院の服部来浄、府尋常師範学校長・元田直、東京府女学校長・大束重善の三名を責任者として「諸学校通則第一条」による東京府の管理学校になることを明治二十三年七月、蜂須賀茂韶府知事に請願、許可を得た。かくして東京府女学校は隅田川の河口、築地南小田原町の工手学校を仮校舎として発足したのである。

東京府学務課の大束重善

東京府高等女学校の学科課程をみよう。一年一級の三年級制で、第一年級の入学資格は「年齢十三年以上ニシテ高等小学校卒業ノ女子若クハ之ニ等シキ学力アル女子」（規則一一条）で、学科は倫理、国語漢文、英語、数学、地理歴史、理科、家事手芸図画、習字、音楽体操、教育の一〇科目である。そして「小学校教員志望ノ者ハ第三年中ニ学校管理法ヲ加ヘ其教授時間ハ家事手芸図画ヨリ一時ヲ取テ之ニ充ツ且六ヶ月以内実地授業ニ授業セシム」と添書されている。これはやがて三ケ年の本科の上に六ケ月の師範科設置になる。東京府高等女学校の女子師範併立は森有礼文相の忌避するところであったが明治二十二年二月、森文相の不慮の死以後、女子師範がすぐに併立された。それほど東京府は小学校女教員が不足していたのである。二十四年四月に東京府高等女学校は第一回の卒業生一五名を出すが、そのうち一三名が小学校教員志望であった。

明治二十八年一月の「高等女学校規程」によって修業年限を四年にし、師範科を六ケ月修業の補修科と改称した。これを機に学校は本格的校舎の建築を企て内務省所管の神田区錦町四八〇坪余の空地を校地に借り受けた。これを聞いた小松宮妃が赤坂三年坂下の御用邸を下賜されたので、これを売却して資金に替え、さらに美子（はる）皇后が金二〇〇〇円を下賜されたのでこれも加えて二十九年七月、新校舎を落成した。総二階建、普通教室六、裁縫・音楽教室各一、教員室、小使い（用務員）室、応接室を備えた。東京市民から〝神田橋の女学校〟と呼びならわされた校舎である。この時から築地本願寺の寄付金による東京府管理学校を解消し以後、東京府の特別経済支出の府直轄学校になった。

明治三十二年二月、「高等女学校令」が公布されると五年制に改め、翌三十三年、小石川区竹早町に第二高等女学校ができたので東京府立第一高等女学校と改称した。この頃になると高等女学校への志願者は急増し四〇〇名近くになった。府は狭い神田橋校舎から広い新校舎に移転することを考え浅草区七軒町の旧松山藩酒井子爵家の所有地三、一三五坪を得て新校舎建築にとりかかった。総工費一八万六、四八八円で三十四年八月に竣工した。新校舎は二階建総建坪九九二坪、普通教室一六、特別教室九、標本室三、図書室、理科準備室等を備える当時最新式のものであっ

東京府立第一高等女学校生徒の体操

た。

三十一年八月、伊藤貞勝が東京府立第一高等女学校長として着任した。大東重善以来、当校の校長はいずれも東京府学務課吏員の兼任であったが、ここに始めて専任校長が誕生した。伊藤は東京師範学校中等師範科（後の東京高師）の出身で各地の師範学校の教諭、教頭、校長を勤めてきた。着任した伊藤は東京市、特にその下町は他府県のどの土地よりも不健康な土地柄だという文部省の調査を知って第一高女の教育方針に健康教育をあげた。その計画は精神面を含め多岐に渉るが、〝運動教育〟をみよう。

A．正課の運動……各学年毎週三時間（体操・競技・行進・遊戯）

B．正課外の運動……一、学校行事（イ）春秋二回各学級任意に行う遠足、（ロ）一月と七月に行

東京府立第一高等女学校長
伊藤貞勝

う遊戯会、㋩九月、十二月に行う競技会、㋥三月、五月に行う小運動会、㋭十月下旬に行う運動大会）

二、日常行う運動（㋑朝の冷水摩擦、㋺毎日、第二時限課業の終り三分間教室で行う養気体操）

この外、虚弱者のための療養体操とか伝染病に対する予防消毒法とか微細にわたって至れり尽くせりの感がある。かくして東京府立第一高女は大正昭和になっても体育の第一高女、スポーツの第一高女の名を高からしめたのである。

大阪府立清水谷高等女学校

大阪府立清水谷高等女学校は明治三十三年四月、大阪市立第二高等女学校として認可され、大阪市南区千年町に開校したが、翌三十四年六月、大阪府立清水谷高等女学校と改称したものである。大阪府の成り立ちは他の府県と著しく異っており、明治前期に特徴的な女学校を仮設しているから、まずこれらを略述しよう。

大阪府は明治元年二月、東京府にさきがけて府になった。江戸城攻撃の前であり、大阪を東征軍の本拠地にするためである。幕末、市内の川口に外国人の居留地をつくり文明開化の門戸になっていた。明治十一年、「郡区町村編制法」が公布されると府は大区小区制を止めて大阪三郷（旧時代からの名称で城をとりまく市街地をいう）を東西南北の四区に、その周辺を西成・住吉・東城・豊島の四郡に組みかえた。明治十四年二月、大阪府は隣接する堺県と合併した。堺県はすでに奈良県を包摂していたから大阪府は摂津・和泉・河内・大和の四州に跨がる大大阪府になり、明治二十年には奈良県が分離独立するという変動が起る。

このように大規模な府県統廃合にはこの地域の産業経済の激変があった。そもそも大阪三郷は全国から集まる生産品を売りさばく商人によってつくられた街である。やがて諸藩の収穫米を預る蔵元が現われ、米相場をたてて巨利を得た。しかし明治維新の動乱で蔵元が壊滅し、新貨条例によって両替屋が破産して経済の大動脈が断ち切られたので大阪三郷は衰微したのである。一方、幕藩時代から木綿が栽培されていた和泉・河内地方では幕末には綿織の工場制家内工業マニファクチャーがはじまっていた。明治になると英国から機械を取り寄せ、失敗を重ねながらも堺に官営紡績所をつくった。これが大阪に伝えられて明治十二年頃から民間の紡績工場がつくられるようになった。ここに五代友厚という革命家が現われ、自ら大阪商法会議所会頭になり大阪株式取引所を創設して紡績工場を株式会社にかえていった。また渋沢栄一の指導によって銀行がつくられ、両替屋に替って堅実な金融が行われるようになった。こうして紡績会社が繁栄し、大阪は東洋のマンチェスターと呼ばれ、経済産業が復活したのである。このように古い体制が破壊され、経済産業の新体制がはじまった頃、本格的高等女学校ができるのであるが、大阪市街にはそれより約一〇年前、民費による簡易女学校ができた。特徴ある大阪らしい女学校だから略述しておこう。

旧大阪三郷を大阪府にした明治十一年の頃である。府は管下の四区四郡に民費によって自主的中学校を設置するよう命じた。大阪府は学齢児の就学率が高く、この頃になると卒業生が増加したからである。当時、市民税や町村税がなかったから道普請や消防に金がかかると、その場限りの集金をした。民費と呼ばれたものである。自治的気分の強い大阪市民はこれに応じ、明治十二年末までに一五校の公立中学校をつくった。とは言え、すべて小学校に付設したものである。この中学校は修業年限概ね三年で、上級学校への進学は全く考慮されない職業訓練学校であったが、ここにまた女学校を付設するものがあった。修業年限三年で学科は読み書きと記簿法である。商家の嫁を目指したと思われるが、当時何処でもみられる裁縫を教えないのがめずらしい。この女学校は明治十四年にはすべて各種学校扱いになり、やがて人々の記憶から消えていった。

明治十九年九月、府は大阪師範学校に付設されていた女学科を分離、大阪府女学校とした。最

大阪府立清水谷高等女学校
初代校長　大村忠二郎

初の府立女学校である。二十年一月には大阪高等女学校と改称したが、二十二年十月には管理を大阪市に移し市立大阪高等女学校とした。次いで三十三年四月、清水谷にも建てることになったのでこれを市立第二高等女学校としたのである。

明治三十三年四月、大阪市は助役・平沼淑郎を校長事務取扱として高女設置に動き出し兵庫県師範学校教諭・大村忠二郎を校長に任じ、若干の教員と生徒で発足した。然るに翌三十四年六月、当校は大阪府立清水谷高等女学校として大阪府の管轄になった。三十二年二月の「高等女学校令」第二条の「府県ニ於テハ高等女学校ヲ設置スベシ」に応じたものである。第一高女もこれに応じて府立中之島高女（大正十二年から大手前高女）になった。「高等女学校令」第二条を受けて大阪府知事が中学校と高等女学校は府税による（明治三十三年二月臨時府会）としたからである。

学科課程は四年制の本科と裁縫・刺繍を主とする技芸専修科で本科は文部省指定の通りである。府は市内東区清水谷に新校地を求め六万二、〇七九円余をかけて普通教室や講堂はじめ割烹教室・洗濯教室・植物園まで揃った大校舎を造った。三十四年六月、この新校舎に移って盛大に開校した。授業は教則に随って進んだようだが、授業外の講演や校外活動、課外活動が非常に多

明治34年制定―大阪府立清水谷高等女学校本科教育課程

計	体操	音楽	裁縫	家事	図画	理科	数学	地理	歴史	外国語	国語	修身	科目／学年
30	3	2	4		2	2	2	3		4	6	2	1
30	3	2	4		2	2	2	3		4	6	2	2
30	3	2	4	3	2	2	2	2		3	5	2	3
30	3	2	4	3	2	1	2	3		3	5	2	4

い。これは大村校長の考えにあったようだ。大村は言う、〝良妻賢母はよいが、狭隘な感じがする。女子は人類の一員であるし国民の一人として社会国家に対して義務もある。殊に無邪気な女子に母とか妻とか言うのは嫌なので私は我国の淑女を養成する〟。要するに良妻賢母はたてまえで、当代及び次代に適応できる健康で知的な女性を養成するということだろう。女学校現場の校長として適格者であった。十年前、大阪市立女学校時代の女学生は市内の金持商人の娘ばかりで、贅沢に着飾り人力車を乗り回して市民の顰蹙を買った。これを改革し健全な女学校に改革しようとしたのが大村校長であった。

毎年、定期的に各界の名士を招いて講演会を開いた。日本女子大学校長・成瀬仁蔵、女高師教授・篠田利英、東京帝大総長・山川健次郎、早稲田大学総長・大隈重信、貴族院議員・伊沢修二、京都帝大教授・谷本富、日本女子大学校教授・井上秀、女高師教授・井口阿くり、

早大教授・平沼淑郎等多士済々である。成瀬仁蔵の講演は数回に及んでいる。生徒の社会進出も多いが、特に日露戦争前後は砲兵工廠を参観したり、当地八連隊出征の際には見送り。また戦死者の埋葬、墓地参拝、また軍人による実戦講演会を聴講した。

課外活動も多彩であるが遠足を盛んに行った。はじめは秋一回であったが、やがて春秋二回となり、大阪をはじめ奈良・和歌山の神社仏閣、名勝史蹟を巡るようになった。運動については第一種行進遊戯、第二種対向遊戯（ダンスの類）、第三種競争遊戯としてさまざまな西洋遊戯競技をとり入れた。これの成果披露として春秋二回、校庭に家族を招いて運動会を催した。また談話会と称する学芸会文化祭のような会合もしばしば行った。教師の談話、生徒の談話、また各種音楽の演奏等でこれも家族を招待しての定期的行事となった。かくて良妻賢母ならぬ社会に開かれた市民的淑女の教育が成果をあげていったのである。

青森県立第一高等女学校

青森県立第一高等女学校が弘前市に開校したのは明治三十四年四月であるが、藩校を引き継いだ私学・東奥義塾が発足したのが明治六年、弘前教会来徳（ライト）女学校が開設されたのが明治十九年と早い。よって青森県の中学校・女学校の発達を一瞥しておこう。

明治四年七月の廃藩置県は在地の旧藩をそのまま県としたから弘前（ひろさき）・七戸・八戸・黒石・館・

斗南の六県が成立し、九月、これをまとめて弘前県とした。旧六藩のうち弘前藩が一〇万石で一番大きい。戊辰戦争で早くから官軍について戦ったからであろう。しかるに県庁を開く直前に〝弘前は県の中央に位置しない〟という理由で急拠、港町青森に県庁を置き、青森県になったのである。「学制」公布直後の明治六年、弘前城下に当時の最高学府たる英語学校・中学校を兼ねた私学・東奥義塾が設置された。これは旧弘前藩校稽古館の系譜を引くもので旧藩主津軽家から五千両もの経費が提供されている。旧制中学校には時習館（愛知県立四中）とか楢興館（長崎県立中学）等、在地の旧藩校名を名乗るものがあるから藩校から連続した中学校と思い勝ちであるが、多くは明治十年代の創立で旧藩校の名誉を偲んでつけたものである。しかるに弘前の東奥義塾は弘前藩校稽古館が明治維新の時、英漢学校となり、「学制」に際して旧藩主の援助で私学東奥義塾となって近代中学校に連続した稀有（けう）な学校であった。

このように弘前は維新以来、先駆けて教育を進める文化都市であった。明治十二年、県会ができ、教育令が公布されると、県令も県主脳も中学校を弘前に独占させることなく県内各郡につくるべしという方針をとり、県内八郡に各一校の郡立中学校をつくった。県及び各郡の首脳は中学校の育成に励んだが、生徒が集まらなかった。とりわけ半島部の上北郡、下北郡、北津軽郡の中学校は各学年全生徒でやっと三〇人前後という学校もあり、廃校が続いて十九年には全校なくなった。

明治十九年六月、弘前市元寺町の弘前教会内に来徳女学校が開設された。弘前教会の牧師・本多庸一が函館遺愛女学校長ミス・ハムプトンと協議のうえ、遺愛女学校の経費の一部で開設したものである。校名の来徳は函館遺愛女学校を創設した際、その資金を寄付したカロライン・ライト夫人の遺徳を偲んだものである（本書前編『女学校の誕生』参照）。二十二年五月、弘前女学校と改称し後年に続いた。現弘前学院聖愛高等学校である。

明治三十二年二月、「高等女学校令」が公布されると弘前市会は三月、市内の小学校長を集めて高等女学校設置の意見を求めた。小学校長会が高等女学校の設置は急務であると答申したので市はこれを県に上申した。「高等女学校令」第二条に「府県ニ於テハ高等女学校ヲ設置スベシ」とあるので県は同年十一月の県参事会にかけたが否決された。しかし県はこれを重要事項と考えて翌三十三年七月の臨時県会でこれを可決決定したのである。

県が高等女学校設置の地を弘前市に執着したのは学齢児就学率の高さにあったろう。当時、青森県の学齢児就学率は五七％で高いとは言えないが、弘前市に限って見れば八〇％である。さらに女児就学率をみると六六％と高率である（明治三十二年『東奥日報』）。県全体でみれば低い学齢児就学率が、弘前市では高率であった。特に女児の就学率が高い。県が高等女学校設置の地を弘前市に定めた理由の第一はこれであろう。

ところで女児就学率が高く、市民が女学校設置を望むということは伝統的な文化都市弘前にさらに知識人階級が加わったからであろう。これを産業、交通、軍事面から考えよう。この地は藩政時代から醸造、漆器、織物が盛んで明治になってからもそれを継承したが、なかでも織物業は弘前を中心とする津軽地帯で盛んになった。新しい産業としてはリンゴの栽培をあげねばならない。東奥義塾の外国人教師イングが故郷の米国インディアナ州から持参し移植したのがはじまりで、これをインドリンゴと名付けた（インド産ではない）といわれるが、主力は内務省勧業寮が士族授産の一環として津軽士族にリンゴ栽培を指導したことが発端である。明治後半期には南部地方の馬匹（ばひつ）飼育と並んで青森県特産の最上位になった。明治二十四年に青森・上野間の鉄道・東北本線が開通したこと、二十七年に弘前・青森間の奥羽本線が開通したことも見落とせない。これによって弘前のリンゴ、南部の馬匹、その他の生産品が日本国中に販売されたのである。日清戦争後、来るべき日露戦争を睨んで日本軍は大軍拡を行った。陸軍はこれまでの六師団から一三師団に拡大した。その第八師団司令部が明治二十九年、弘前に置かれ、青森・岩手・秋田・山形の四県と宮城県下の三郡がその軍管区になった。師団の統轄下に歩兵連隊・騎兵連隊・砲兵連隊と工兵大隊・輜重（しちょう）大隊・軍医部・獣医部が付属する。弘前には隷下（れいか）の第三一歩兵連隊がつくられた。師団司令部の参謀や高級将校と歩兵連隊の多数の将校とその家族が一挙に市内に住みついたのである。陸軍将校は知識階級である。その子弟は就学、進学を望む。

明治三十三年の臨時県会で第一高女設置を決定した県は学校諸規則をつくるとともに旧城に近

青森県立第一高等女学校
初代校長　近藤良蔵

い蔵主町に校地を求め総工費八、九三九円で三十四年三月に新校舎を建てた。三十四年二月に長崎県視学・近藤良蔵が初代校長に任命され、教諭二名、助教諭三名、助教諭心得一名と学校医も決まり教員陣容が整った。三月、一年生二年生の生徒募集をおこない、試験の結果二年生五〇人、一年生七〇人の入学生があった。大半は弘前市で郡からの生徒は極めて少い。そのなかで他府県からの入学生一〇人が目につくが、これは陸軍将校の子女である。また親の職業としては官公吏、教員、医師、弁護士、工業者等が多い。弘前市はみちのく青森県の中で特殊な先進都市になったのである。

教育課程は「高等女学校令施行規則」に則り四年制で随意科目の外国語は「当分欠ク」とした。授業料は一人一ケ月七〇銭（三十六年から一円に増額）である。こうして開校した二ケ月後の六月一日、当校校庭において盛大な開校式を行った。主催者の青森県知事、弘前市長、県会議員、市参事会員は言うに及ばず、青森県師範学校長、県立中学校長、東奥義塾長、小学校長の面々も顔を揃えた。異色は弘前師団幹部の勢揃いである。師団長をはじめ旅団長、歩兵、騎兵連隊長、工兵大隊長、憲兵隊長等、在弘前の陸軍幹部全員が出席した。教育勅語奉読、式辞、祝辞と一連の式次第が終ると余興として生徒による音楽に合わせてのカレドニア・カドリュス（集団ダンス）や徒手体操があった。また教室には生徒の作品、作文や図画、裁縫手芸を展示して供覧して貰った。開校二年目、新入生徒も順調に増えたので校舎を増築し理科室、体操室、三年目には音楽室、作法室、割烹室をつくり当初からあった裁縫室、図画室を加えて特別教室を完備した。また郡部から入学した生徒のために市内百石町小路の民家を借りて仮寄宿舎とした。三十四年度の入舎生は九名であったが漸次増加し三十九年度は二〇名になった。三十七年度から修業年限一ケ年の補習科を設置した。この課程を終えると小学校本科正教員の免許状が授与された。本県には未だ独立の女子師範学校がなかったので小学校女教員供給源の一つとされたのである。

開校間もない三十四年六月、校長を会長とし教職員と全生徒を会員とする校友会をつくった。演述、対話、朗読等を行う講演部、音楽演奏をする音楽部、校友会誌を編輯発行する編輯部、遊技・遠足等をする運動部からなり、講演会、音楽会、運動会、遠足等を行事化していった。とりわけ日露戦争がはじまるとすべての行事が日本軍の激励、戦勝祝賀会になり熱烈になった。第八師団司令部と第三一歩兵連隊の出征、凱旋の時は弘前駅頭は市民ともども第一高女生徒の歓声に沸いた。

初代校長・近藤良蔵は本校の創設に文字通り無から出発して高等女学校の形を整えたが在職二年六ケ月で三十六年八月、大分県立高等女学校長に転出した。その後、何人かの教諭が校長心得

青森県第一高等女学校
第二代校長　永井直好

生徒平常服

として繋いだが、三十六年十一月、東京帝国大学法科大学卒業、山口高等学校教授の経歴を持つ永井直好が青森県立第一中学校長兼任で本校校長になって当校を繁栄に導いた。

最後に服装を記そう。服装規程はなかったが、「生徒心得」に登校には袴を着け衣服髪飾りの質素を強調した。袴は海老茶から紫紺色になり裾下五寸に黒の布テープをつけた。運動の時はこれに襷がけという格好であった。明治四十二年四月、青森県立弘前高等女学校と改称し後年に続く。

福岡県の公立高等女学校

福岡県は古代西海道の筑前・筑後・豊前三国からなる。県域はそれほど広くないが、人口は常に多い。西海道の入口で京阪の権威権力と結びついていた。筑前にある大宰府がその拠点で京阪の経済文化は大宰府を通じて支那（現中国）・朝鮮の経済・文化と交流していた。よって政治経済に敏感で常に最新の文化を知っていた。幕藩時代、筑前には黒田家五二万石の福岡藩、筑後には有馬家二一万石の久留米藩と立花家一一万石の柳川藩、豊前には小笠原家一五万石の小倉藩が盤踞（ばんきょ）していた。いずれも教育に熱心で修猷館（福岡）、明善堂（久留米）、伝習館（柳川）、思英館（小倉）等の藩校を開いていた。またそれらの城下町には漢学塾が開かれていて学ぶ者が多かった。この地は商業が盛んだったから読み書き算の寺子屋も広くゆきわたっていた。明治になると県当局の指導もあって小学校義務教育が進み、学齢児の就学率は他県に比べて高く、明治三十年には七〇・三八％になり全国平均六六・六五％を凌駕（りょうが）した。

中学校の発達も著しいものがあった。旧福岡藩主・黒田侯爵は藩校修猷館の再興をはかり私財を投じて英学専修修猷館をつくった。明治二十二年、尋常中学修猷館と改称、「諸学校通則一条」の認定により、福岡県の管理学校になった。旧久留米藩主・有馬伯爵も私財を提供し、旧藩士らも募金を行って二十一年、私立久留米尋常中学校をたてたが、二十六年には久留米尋常中学明善堂と改称して県の管理学校になった。豊前の豊津では旧藩主・小笠原伯爵が二〇年間毎年一、〇〇〇円寄付する育英会をつくった。これによって「諸学校通則一条」の認定を受け、二十年、地方税によらない福岡県立豊津尋常中学校になった。筑後の柳川では旧藩主・立花伯爵の醵金で中学橘蔭学館（各種学校）を設立、二十五年、私立尋常中学伝習館になった。

明治三十年前後から高等女学校設置の声があがるが、それにはこの地方の石炭産業、鉄鋼産業の急激な興隆が背景にある。福岡県の石炭の産地は筑豊地方と三池であった。江戸時代には薪がわりに使われ、製塩の燃料だったので素朴な方法で採掘されていた。明治の新政府は軍艦や汽船の燃料として石炭の需要を認め、三池炭坑を政府の管理下に置いた。しかしその経営は囚人の労働力による旧来の納屋（なや）制度で改善されなかった。明治二十一年、三池炭坑は三井財閥の手に移る。三井はこの炭坑の責任者として福岡出身の団琢磨を迎えた。団は旧藩主黒田家の海外留学生として遣欧使節と同じ船でアメリカに渡り、ボストンで鉱山学を学び、帰国後、東京大学で教鞭をとり、次いで工部省に移り三池鉱山に赴任したのである。三池炭鉱の最大の課題は排水にあったが団はデビーポンプの購入によって切り抜け四七万トンだった出炭を十年後には七四万トン、明治末年には二〇〇万トン突破で日本一の出炭量にした。一方、筑豊炭鉱は旧藩の管理から解放された〝自由掘り〟になり小鉱乱立乱掘となったので明治二十一年から淘汰統合を進め、地元資本と中央資本を調整して、〝筑豊御三家〟といわれる麻生、貝島、安川ほかいくつかの炭鉱会社の経営にした。掘り出された石炭はそれを求める工場地帯に運ばれねばならない。これまで遠賀川などの水運によったが、それでは間にあわないので鉄道輸送に切りかえた。明治二十一年、博多―久留米間着工、ドイツ人ヘルマン・ルムショッテルを迎えドイツ製の機械を使ってすすめ二十二年には博多―鳥栖間が開通、さらに熊本までのばした。筑豊方面では二十一年、筑豊興業鉄道ができて若松―直方間、直方―飯塚間、直方―金田間が開通し筑豊の石炭を鉄路に乗せることに成功した。やがて日清戦争がはじまり、採掘された石炭は鉄道輸送に、船舶輸送に、軍艦の出撃に使われることになる。

近代戦争、近代工業において鉄鋼の生産はその中核をなすものである。日清戦争でその要求が急速に高まり二十八年の帝国議会で農商務省の官営が決まり、二十九年には四ケ年の継続費として四〇九万五、七〇〇円の予算が成立した。三十年、水陸ともに運送の便がよい企救郡八幡（やはた）が製鉄所の地と決まり、グスタフ・トッペらドイツ人技師指導のもとに建設がはじまった。そして三十四年二月、官営八幡製鉄所の操業がはじまったのである。

石炭業、鉄道、製鉄業が動き出すとこれに関連する技術者、労働者、商人の往来が激しくなり、福岡県は未曾有（みぞう）の活況を呈するようになった。こうしたなかで公立の高等女学校が次々に誕生したのである。

明治十八年、福岡因幡町に米国メソジスト教会派遣のJ・M・ギールによって福岡女学校ができたが、ヤソ教の学校だという偏見で生徒が集まらなかった。県も筑豊というお国柄のせいか女学校設置に意欲がなかった。しかるに日清戦争がはじまると国際社会の日本という自覚が興り、二十八年の県会に高等女学校設置の件が上程された。しかし小学校の充実が先だ、実業教育だという声に女学校は消されてしまった。しかるにほぼ同時に久留米、福岡、小倉の三市で高等女学校設置の声があがった。いずれも炭鉱業で活気づいた街である。先駆的な久留米から述べると、中学明善校を卒業した星野フサ（向学の念止み難く願って中学明善校に入学、明治十六年卒業）は久留米婦人協会を組織し女子中等教育の急務を力説、市議会を動かし市長を動かし市費による高等女学校設置を進めた。従来の高等小学校女子部補習科を昇格させ県の認可を得て明治三十年七月、久留米市立高等女学校が開校された。創立に当り、星野フサは敷地一、〇二五坪と金一、〇〇〇円を寄付している。

福岡市では明治二十六年に高等小学校女子補習科が設けられ、四〇人ばかりの生徒が在籍していた。しかるに三十年、これが廃止されたのでかえって女学校設立の気運が高まった。そこで福岡市は三十一年六月、天神町県庁前の旧市役所あとの木造二階建の建物を仮校舎として市立福岡高等女学校を開設。校長は福岡高等小学校長の兼務、教員五人、生徒一〇四人で発足した。初年度は校舎修繕費二五〇円、経常費一、七八二円であったが、翌年から県費七二〇円の補助を受けた。同じ三十一年、豊前の小倉町では柳浦・足立・城野・板櫃四ケ村組合立高等小学校の校舎の一部を借りて小倉高等女学校を設置した。校長は高等小学校長の兼任で五人の教員、生徒一学年四〇人、二学年三〇人で発足した。三十二年二月、企救郡の町村と協議して郡立となり、設備費として県費一、六〇〇〇円の補助を得て足立村に校舎を新築することになった。

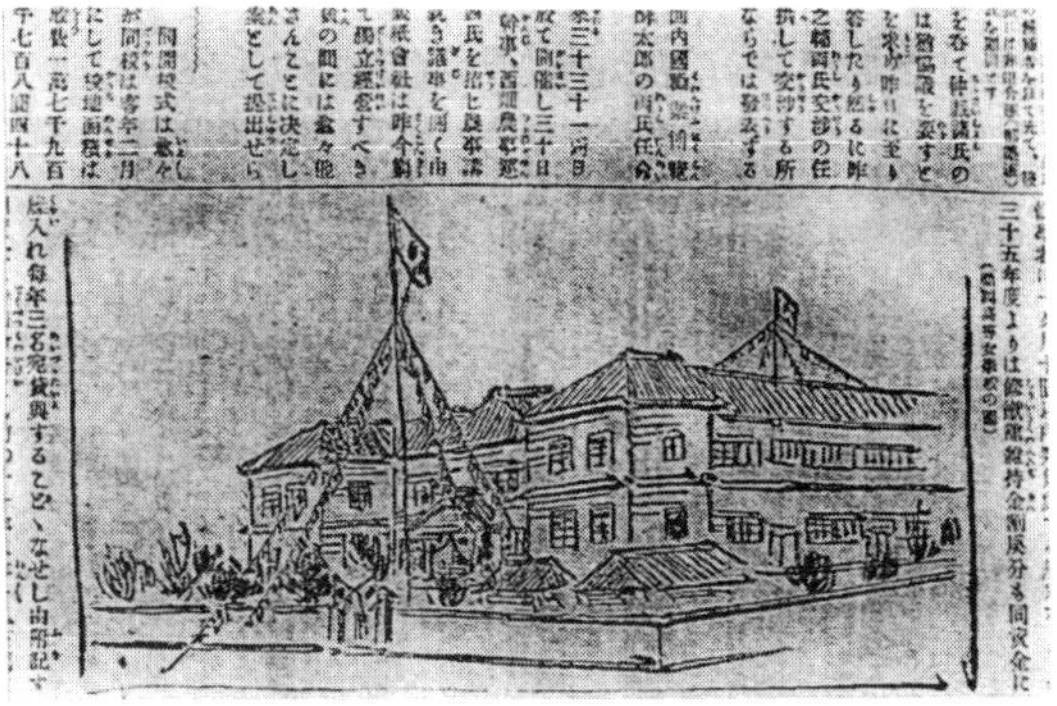

福岡高等女学校落成式（『福岡日日新聞』）

明治三十二年、「高等女学校令」が公布されて府県に高等女学校設置の義務が生じた。県は久留米市立高女、市立福岡高女、企救郡立小倉高女に設置進行中の柳河高女を加え、この四校を県立代用高女として設備補助費七万一、五〇〇円余、経常補助費六、〇〇〇円を支出することにした。次いで四〇年の県会はこれらを全部県立にすることに決め四十一年から四県立高女体制になった。しかるに四十二年、鞍手郡直方に高等小学校校舎を借りて県立直方高女ができた。これは鞍手郡の二万円余、嘉穂郡五、〇〇〇円余、田川郡四、〇〇〇円余、遠賀郡一、三〇〇円余の寄付によってできたものである。かくして福岡県は明治末年になって県立高等女学校五校体制になったのである。この五校はいずれも炭鉱産業で活気づいた地域である。中学校が旧藩校の跡地にできたのと対照的である。明治四十二年における福岡県立高等女学校の状況をあげよう。

		生徒数
福岡高等女学校	福岡市因幡町	三八一名
久留米高等女学校	久留米市篠山町	三六七名
柳河高等女学校	山門郡城内村（現柳川市）	三六二名
小倉高等女学校	企救郡足立村（現北九州市）	三三四名
直方高等女学校	鞍手郡直方町（現直方市）	一四八名

（『福岡県教育史』三九七頁）

体操服、創立当時
福岡高等女学校生徒

いずれの学校も「高等女学校令施行規則」を順守しているから教育活動については福岡高等女学校について考察しよう。教育課程は本科四年、随意科四年で本科は修身・国語・歴史地理・数学・理科・図画・家事・裁縫・音楽・体操の一〇科目で英語が随意科になっている。また卒業後一年間の補習科があって各科目を深く学べるようになっている。しかし明治末期八年間の統計によると卒業後直ちに結婚、家事に就く者が圧倒的に多いから英語の随意科や補習科を履修するものは少なかったろう。わずかながら存在した上級学校進学者と小学校教員志望の生徒が随意科・補習科の履修者であったと思われる。親の職業に関する調査はないが、福岡高女『創立六〇年史』には〝上流家庭〟〝お嬢さん育ち〟等の語句が散見されるからこの地方の好景気に乗って産をなした人の子女が多かったのであろう。七〇人定員の寄宿舎が満杯であったから遠隔地からの生徒も多く、佐賀など他県の生徒もいた。遠足・社会見学・修学旅行に当る学校行事は「校外授業」として学年別に年間計画がたてられている。また学芸部、運動部の演習会というものが行事化されていて各種の展示会音楽会、運動会が行われていた。制服はなかったが、「通常服ハ木綿筒袖ニ下部ニ二条ノ横黒線ヲ附セル海老茶色ノ袴ヲ着シ足袋ヲ穿ツベシ」というものであった。

参考文献

『東京都立白鷗高等学校百年史』
長坂金雄『全国学校沿革史』
神辺靖光『設置者からみた近代日本の学校観』(早稲田大学哲学会『フィロソフィア』六八号)
『清水谷百年史』
『大阪府教育百年史』第一巻

藤本篤 他『大阪府の歴史』山川出版・県史シリーズ27
『八十年史―青森県弘前中央高等学校』
『弘前市教育史 上』
前野喜代治『青森県教育史・上』
葛西富夫『青森県の教育史』
宮崎道生『青森県の歴史』山川出版・県史シリーズ2
『福岡県立福岡中央高等学校・創立六〇年』
『福岡県教育史』（昭和三二年刊）
『福岡県教育百年史 第五巻 通史編一』（昭和五五年）
井上義巳『福岡県の教育史』（昭和五九年）
平野邦雄・飯田久雄『福岡県の歴史』山川出版・県史シリーズ40
川添庄司 他『福岡県の歴史』山川出版・県史シリーズ40

第二部　女子高等教育のはじまり

女子の専門学校が明治三十三年と三十四年に順次開校した。女子英学塾、東京女医学校、日本女子大学校である。いずれも三十六年の「専門学校令」に拠る高等教育機関になった。この三校が女子専門学校の始まりと言えるが、これより前に明治女学校という文学を専門とする女学校が開かれていた。よって女子の高等教育のさきがけとしての明治女学校から筆を起こそう。次いで英語専門の女子英学塾、女医学校、総合学園・総合大学としての日本女子大学校へ順次叙述してゆく。これらの学校は草創期のことゆえ、四者四通り、それぞれ違った学校づくりをしている。それらを考察していきたい。

第一章　女子高等教育のさきがけ――明治女学校

明治女学校は明治四十一年十二月、閉校したので「学校沿革史」がない。しかし明治女学校経営の中心人物である木村熊二夫妻や巌本善治夫妻が深く関わった『女学雑誌』が全巻復刻されていて、明治女学校の動向をつぶさに伝えてくれている。『女学雑誌』はあたかも明治女学校の機関誌のようなものであった。その『女学雑誌』を丹念に読破して著した青山なを著『明治女学校の研究』と、明治女学校に関わった人々の資料をもとに明治女学校像を描いた藤田美実著『明治女学校の世界』がある。

本稿は復刻版『女学雑誌』と『明治女学校の研究』『明治女学校の世界』を道しるべとして、女子専門学校のさきがけとしての明治女学校の動向を検討するものである。

明治女学校の開校、創立者木村熊二と木村鐙子

熊二が書いたと思われる「木村熊二君履歴」と「木村鐙子の伝」、巌本善治が書いた『木村鐙

子小伝』を参考に、創立者の熊二、鐙子夫妻について概略しよう。

熊二は出石藩（現兵庫県）の儒者・桜井一太郎の次男として、弘化二（一八四五）年京都で誕生した。八歳で江戸に出て、一五歳、幕府の儒臣・河田迪斉の塾に入る。一八歳、昌平黌の儒官・佐藤一斎に学ぶ。この頃木村琶山の養子となった。

鐙子は幕府の家人田口耕三の娘として嘉永元（一八四八）年江戸で誕生。耕三は早くに亡くなり、継父の樫郎に養われた。鐙子は佐藤一斎のひ孫にあたる。継父は鐙子に漢学のほか、武士の妻となる者の心得として、弓馬槍剣の術を学ばせた。継父と母との子の弟が生まれて間もなく継父も亡くなった。鐙子は佐藤一斎の娘で大叔母にあたる河田縝子から家事万端を教わった。

熊二が徳川に仕えて函館の小吏に任じられた慶応元年、鐙子と結婚した。熊二二〇歳、鐙子一

木村熊二
（『明治女学校の世界』）

木村鐙子
（『明治女学校の世界』）

七歳であった。結婚して五日後、熊二は幕府軍の一員として長州征伐に向かった。戊辰戦争の前後、熊二は勝海舟の下で奔走した。慶応四（明治元）年二月に長男祐吉が誕生。幕府軍が敗れた後、家族を横浜に逃がし、熊二は静岡に身をひそめた。やがて家族を呼び寄せるが、近隣に住む外山正一（後、東京帝国大学総長、文部大臣）の勧めで、明治三年十二月、森有礼が公使として渡米する一行に同行した。熊二、二五歳であった。

鐙子は祖母と母と二歳の祐吉の三人を抱えて静岡の家を守った。生活は苦しく、畑を耕し、鶏を飼い、深夜まで機を織った。機織りを近隣の女性たちに教え、他から注文がくるくらいの腕前になった。鐙子の苦労を見かねて、かつて熊二の上司であった勝海舟が時折援助した。五年、鐙子は一家を連れて東京に転居し、伯母の旧宅に住む。異父弟田口卯吉（後、経済学者、衆議院議員）も一緒に暮らすようになる。卯吉は、明治女学校開校時の発起人となり、終始学校運営を支えた。

明治十五年九月、熊二は一二年間のアメリカ留学を終えて帰国した。ミシガン州のホープカレッジを卒業後、ニュージャージー州のニュープリンスウイックの神学校で学び、ニューヨーク大学医学部で聴講してきたものの、牧師の免許を得ただけで帰国したことに鐙子は衝撃を受けた。長い間の労苦に耐えたのは、数年洋行して帰国すれば官僚への道が開けると思っていたからであろう。熊二はニューヨーク領事館や外務省への奉職や政界入りを勧められたが、〝吾は旧幕の遺臣であって明治の世には無用の者である。社会へ対する仕事は土台石のように人に知られない仕事をすればそれでよいのだ。〟と言ってすべて断った。内村鑑三（宗教家・文学者）が熊二について〝世に出て活躍していたならば、文部大臣、大学総長にもなる人物〟と評したが、熊二は薩長の支配する明治政府に反感を持ち続けていた。キリスト教の宣教を決意して帰国した熊二に、やがて鐙子は感化され、十五年十二月、下谷教会でフルベッキから受洗した。

熊二は十六年春、下谷教会を建てた植村正久のあとを継いで下谷教会の牧師に就任した。十七年夏、駒込西片町に家を新築して、自宅で塾を開き、青年たちを教育した。塾生たちは邸内の建物で息子の祐吉も共に起居し、鐙子は塾生たちと我が子のように接した。その塾生の中に巌本善治がいた。巌本は十六年四月に下谷教会で熊二から受洗している。

鐙子は十七年の秋ごろから下谷教会に婦人会をつくり、日曜学校を開き、少女たちに裁縫を教えた。裁縫で作った製品を売り、そのお金で会堂の用具を購入した。また、衛生上・経済上から束髪会が起こると幹事を務めた。万国婦人禁酒会書記のレヴィット夫人が来京したとき、夫人の影響を受けて婦人矯風会を設け、我が国の同胞姉妹のために尽くそうと決意した。このような鐙子の行動は多くの女性に影響を与えた。この婦人会の活動が明治女学校開校の下地となった。

熊二が書いたと思われる「明治女学校創立趣意書」がある。主旨を概略しよう。

男子を教育する公立中学校は各地に開校されているが、女子は志があっても入学を許されない。わずかに師範学校や学習院があるだけである。文明国では男女共に学校に入って、自由に教育を受け、同一に薫陶されている。我が国では女子に学問は無用として、家庭において裁縫や料理をさせられる程度で、知識は狭く、婚期になってもわずかに仮名付きの新聞が読める程度である。今ようやく婦人の交際が開かれ、服飾や頭髪も変わろうとしている。けれども外貌（がいぼう）が変わっても、内面が備わらなければ、知識人が敬慕する女性にならない。今日、華族士族平民の別なく、小学以上の女生徒を教育する学校の多くは、外国キリスト教信徒の慈善で成立しているものである。しかし、外国女子の教育法を、そのまま我が国の女子教育に用いるべきではないと考える。

このような事柄を熊二が鐙子に語ったところ、喜んで賛同した。鐙子も下谷教会の婦人会で、婦人風俗の改良のために、キリスト教で婦徳を涵養（かんよう）する学校を起こしたいと協議していたのであった。こうして創立された明治女学校は、外国の宣教師団からの資金援助を受けず、同志の寄付と生徒の授業料によって運営しようという理想を掲げたものであった。

教育課程から見た明治女学校の特色

明治女学校の設置願は、明治十八年九月、設置者木村熊二から東京府知事に提出された。設置目的は「本校ハ女子ニ英語及地理歴史生理物理化学動植物鉱物数学修身漢文等ノ諸学科ヲ教授ス」である。

入学資格は、小学校全科（初等科三年・中等科三年・高等科二年）卒業の者、もしくはそれに等しい学力を有する者で満一四歳以上三〇歳以下の女子。五年制で定員は二五〇名。授業料は、一、二年生月一円、三～五年生月一円五〇銭。寄宿生は授業料のほかに食料及び寄宿費月三円を納める。設置願に登録された教員は、木村熊二、津田梅子（英語、地理学、植物学、鉱物学担当、本書二二九頁参照）、人見銀（英語、歴史、化学、習字担当）、富井於菟（漢文、数学担当）の四名であった。木村熊二、植村正久、田口卯吉、島田三郎、巌本善治のいずれも下谷教会の関係者を発起人として、九段下牛ケ渕の旧旗本屋敷跡（麹町区飯田町一丁目七番地）を借り、熊二が校長、木村鐙子が取締となって開校した。開校時何名の生徒が集まったかは不明である。

明治女学校の設置目的が目をひく。当時小学校を終えた女子が女学校で学ぶのは、裁縫や和歌、礼儀作法など家庭人となるための教養が主であった時代に、男子中学校のような英語や普通学科目を教授するとした。そして、第一回卒業生が出る二十二年に高等科が設置される。これが女子の高等教育のさきがけといえるものであった。

巖本善治が明治二十五年三月に編集した『吾党之女子教育』（明治女学校出版）という仮綴じの小冊子があるが、大半は『女学雑誌』に掲載されたものである。『女学雑誌』は、津田仙の『農業雑誌』に携わっていた近藤賢三が編集人となって巖本と共同で刊行し、明治女学校開校の二ケ月前、十八年七月二十日に第一号が生まれた。当初は十日と二十五日の月二回万春堂から発行された。第一一号から月三回の旬刊となり、発行部数は二、五〇〇部、発行所は女学雑誌社となった。十九年五月、近藤急逝の後、第二四号以後は巖本が編集人となる。

『女学雑誌』二・三・五号に「婦人の地位（上・中・下）」として、この雑誌の目的が論じられた。その要旨は、

天然の身分において男も女も婢僕（ひぼく）も華族も共に人であるという点では同等同権である。…今、婦女は男子の下婢にされているのを、男子の助け手、相談相手となるように向上させる。男子は外事を行い、国民の務めを為し、さらに家内のことを省みるように至らしめる。

というもので、女性の啓蒙と地位の向上を目的とした。さらに第四号の冒頭には「女学校の必要」と題して、日本婦人の教育を日本人の手によって行い、婦女改良を行う女学校の必要を唱える社説が掲載された。その社説に続いて「明治女学校」の開校が朗報として伝えられる。巖本らしい用意周到な配置である。『女学雑誌』冒頭の社説の無署名のものはほとんど巖本が執筆して

いる。女学論、女子教育論、宗教論、文学論、美術論など、二三歳とは思えないほど優れた持論を展開していった。以後『女学雑誌』は明治女学校の宣伝機関誌のようになっていく。『女学雑誌』によって、教育課程から見た明治女学校の特色を見てみよう。

明治女学校は、明治十八年の開校時まず英語の熟達を掲げた。五学年を通じて毎週四時間学ばせ、自由に文章を作る英語力を養うために、一〇種の科目を各学年に配置した。一、二年生は綴字・習字・読法・訳解、三、四年生は文法・書取り・作文・会話、五年生は英文和訳・作文・修辞である。

もう一つの特色は、理数系に力を入れたことである。数学は全学年週に四時間、理科は、生理学・物理学・化学を四年生で各二時間、動物学・植物学・鉱物学を五年生で各二時間学ぶ。それ以外には各学年を通して漢文学四時間、修身一時間、歴史学一時間が充てられ、三学年に地理が一時間充てられている。他の女学校に多かった裁縫や家事などの家政科目は置かれていない。

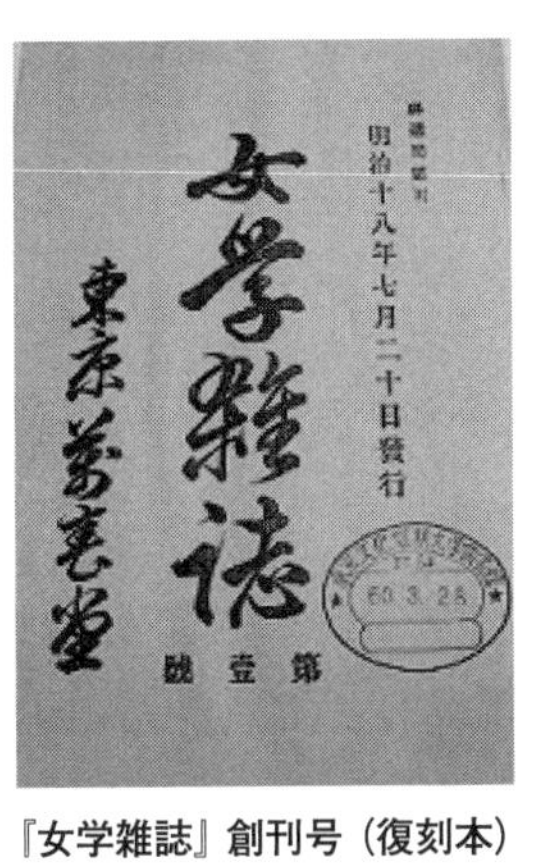

『女学雑誌』創刊号（復刻本）（新渡戸文化短期大学図書館所蔵）

さらに、教科書を見ると、漢文学科と動物学・植物学・鉱物学では、日本人の著書あるいは翻訳書であるが、英語科・数学科・地理学科・歴史学科・生理学科・物理学科・化学科・修身学科はすべて英米人の著書を使用した。このことからも英語の熟達を第一の目標としたことがわかる。

明治女学校の発展

開校翌年の十九年六月の時点で生徒数は四五名。同年七月、学校近くに寄宿舎を新設。九月には靖国神社付属公園内の元統計学校を借り受けて講堂とした。九月一日から授業を開始。

しかし、授業開始を目前にして、十九年八月十八日、取締の木村鐙子がコレラにかかり急逝した。三九歳であった。鐙子の葬儀が九月二日、下谷教会で行われた。堂外に立って参列する人が出るほど会葬者が多かった。開校以来鐙子は寄宿舎で生徒と寝食を共にし、土・日曜日だけ自宅に帰って家事を片付けるという生活で、生徒の教育にすべてを捧げていた。夫の熊二は、女学校の運営に人任せのところがあった。実質的な校長としての仕事は鐙子が行っていた。明治女学校卒業生の相馬黒光（こっこう）の自伝『黙移』で鐙子を初代校長と記しているほど、校長としての熊二の存在は薄かった。こういう鐙子の急逝は熊二にとって、また明治女学校にとって大きな痛手となった。

鐙子の死後、巌本善治が教頭になり、次第に生徒が増え、教員を増やした。発展の兆しが見えていた二十年四月、熊二は海老名弾正の司式で伊東華子と再婚した。鐙子の死から八ケ月である。熊二は明治女学校長でありながら、頌栄女学校（現頌栄女子学院）の校長を兼ね、共立学校（現開成中学校・高等学校）で教え、台町教会（現高輪教会）の牧師でもあった。明治女学校の運営は巌本に任せきりであった。

二十年八月、九段坂上の飯田町三丁目三二番地に校舎を新築して移転し、十一月五日に献堂式が行われた。その模様を翌日の『郵便報知新聞』（『報知新聞』の前身）が伝えている。

新校舎は、木造西洋風二階建。一階は教場、食堂、接客、教員室、浴場洗梳所を設け、いずれも椅子腰掛を用いる西洋風。二階は生徒の寝室畳敷十五室、一室に六人収容、教員室、取締室及び準備室各一間ずつ、ほかに共楽室（談話室）を設けるという立派な建物だった。生徒数は一七〇余名。献堂式も内外の淑女紳士百数十名を招待して、盛大に行われた。

だがこの素晴らしい校舎での学校生活は長くは続かなかった。土地の所有者が二十一年に急逝した。遺産より負債の方が多く、遺族は土地を売却しなければならなくなった。所有地全部を三万円で買いたいという団体が現れたが、もし、明治女学校が現在使用している敷地を一万円で買い上げてくれるならいいが、それが無理なら移転してほしいと言ってきた。生徒数は二十一年十一月には二一〇名、二十二年には二二四名と順調に増えていた。しかし、教団の援助を受けない明治女学校に一万円という大金はなかった。やむなく二十三年に麹町区下六番町に移転することになる。ちなみに三万円で土地を購入したのは、カトリック系のミッションスクール暁星学園であった。

二十二年、第一回卒業生（一名）を出すと、普通科を卒業した者に三年制の高等科が新設された。さらに自由科が併設され、九月二十日ごろからスタートした。この高等科の第一回生に同志社女学校卒業生三名が入学した。当時関西には女学校を卒業した後、さらに女子が学べる上級の学校がなかった。この他に師範学校女子部卒業生の入学もあった。

高等科は三年制、正科として一日二時間授業。日本歴史・心理学・倫理学を植村正久、欧米古近代史を木村熊二、生物学を内村鑑三、理科天文学を木村駿吉、経済学を金谷昭、社会学を島田三郎（予定）、支那歴史・日本文学・教育学を巌本善治、英文学は未定とある。高等科の授業は、主に日本語による口授で、傍ら英書を参考に用いた。

併設された自由科は、希望者が、哲学・数学・独逸語学・比較宗教学・家政学・音楽・画学を自由に受講できる。撰科生は正科・自由科のうち三、四科目を選んで学ぶことができた。

この高等科と自由科が明治女学校の魅力であった。これは、後の高等教育、現在の大学レベルの内容を持つ専門学校のさきがけといえるものだった。

全盛期へと導いた巌本善治と若松賤子(しずこ)

明治二十三年麹町区下六番町へ移転してから、二十九年二月に発生した火災でほぼ全焼するまでが、最も明治女学校が輝いた時期であった。生徒数は、二十六、七年ごろは約三〇〇名に達した。全盛期へと導いた巌本善治とその妻若松賤子について述べよう。

巌本は、文久三（一八六三）年、木村熊二と同郷の但馬出石藩（現兵庫県）士・井上藤兵衛の次男として誕生した。六歳のとき伯父巌本範治の養子となった。一四歳で上京して中村正直の同人社で学ぶ。明治十三年、津田仙が経営する学農社農学校に入学した。十五年にアメリカから帰国した熊二の塾生となり、十六年四月に下谷教会で熊二から受洗した。

巌本善治
（『明治女学校の世界』）

十七年に農学校を卒業し、津田仙が刊行していた『農業雑誌』の編集に携わる。巌本は、十八年九月、熊二が明治女学校を創立すると発起人の一人として協力した。十九年八月、木村鐙子が急逝すると教頭になる。鐙子が取締だった時と同様に、巌本がほとんど実質的な運営を行った。二十五年、熊二が校長を辞任して信州小諸へ去った後校長になる。

巌本の妻賤子は、元治元（一八六四）年、会津藩士・松川勝次郎正義の長女として、会津阿弥陀町（現福島県

若松賤子
（『明治女学校の世界』）

会津若松市）で誕生した。本名は松川甲子（かし）。会津戦争で藩主松平容保が官軍に敗れたため、一家は、旧会津藩士らとともに下北半島の斗南（となみ）（現青森県）に移住することになった。母は移動の途中で妹みや子を出産して亡くなった。祖父によって賤子は横浜の貿易商大川甚兵衛の養女になる。八歳の時ミス・キダーの学校に入った。その学校が、明治八年、フェリス和英女学校になると寄宿舎に入った。十五年六月、第一回卒業生は賤子一人であった。十九歳の賤子は和文の教師として母校に残った。

その後十八年には実父の籍に戻り、二〇年間離散していた一家がようやく一緒になった。次第に文学に興味を持つようになり、『女学雑誌』に紀行文を寄稿する。そしてフェリス和英女学校を訪ねてきた巌本と出会う。賤子はキダーの勧めで海軍士官の世良田亮と婚約していたが、婚約を破棄し、二十二年七月巌本と結婚した。若き日の巌本にときめいたのであろう。賤子はフェリス和英女学校を退職し、巌本と麹町三番町に新居を構えた。病弱だったが三人の子供を産み、育児に追われながらも、『女学雑誌』に次々と作品を発表した。

明治女学校の変化

明治政府の急激な欧化政策や、鹿鳴館で連夜派手な舞踏会が催される風潮は反動の波を起こし、国粋主義が二十一年ごろから台頭してきた。二十二年二月十一日、大日本帝国憲法発布式典の日、森有礼文部大臣が国粋主義者・西野文太郎に刺殺された。二十年の「伊勢神宮不敬事件」が原因という。十八年に文部大臣に就任し、「賢良なる慈母」となるための女子教育の必要性を説いてきた森大臣の死が、女学校に影響を及ぼした。女子教育批判の風潮が高まり、森大臣の下で教育政策を進めてきた東京高等女学校長の矢田部良吉が矢面に立たされた。二十二年四月から五月にかけて、矢田部とその妻の順を連想させる人物が登場する小説『濁世』が、須藤南翠によって『改進新聞』に連載された。これをきっかけに女学生の醜聞をさまざまな新聞が書きたてた。矢田部は改進新聞を相手に訴訟を起こしたくらいだが、東京高等女学校は二十三年三月をもって廃校になった。これは他の女学校にも、特にキリスト教系の女学校に影響を与えた。

明治女学校は、「近代的婦人教育」を掲げて、いち早く「高等科」の設置や自由科目設定などの特色を示した。しかし、政府の方針や世相によって少しずつ姿を変えていく。

二十三年夏、麹町区下六番町に移転した。予科生の授業時間は一日四時間。本科生は一日五時間。本科は共通学科三時間と、別に家政科と専修科の二時間が置かれた。家政科は裁縫・料理、その他家政一般を学ぶ。専修科は英学・国文・音楽・画学・裁縫・女礼・速記・師範の科目が学べた。予科二年を終えて本科に進み、家政科を学ぶと、卒業後すぐに家庭婦人になっても役立つ。専修科は一芸を身につけられるので、本科卒業後、独立自活することができる。開校時にはなかった裁縫・料理・女礼など家政科の科目が導入された。

もともと巌本善治の女性に対する考え方には「男女異質論」があった。女性は子供を産み、母となるというところに男性とは違う本質があると考えていた。また、開校時には新時代の女性にふさわしい知性の向上と教養の獲得を第一の目的としていたので、独立自活できる女性を目指すのは当然である。家庭婦人の道と独立自活への道を選択できるようにして、他の女学校との違いを図ったのであろう。

さらに、国粋主義が台頭し、日本の伝統文化が重視され始めた世の中の動きを察知して、二十四年になると、職業科、主計科、体操の別科として武道科を設置した。『国民新聞』(明治二十四年二月五日)は、「明治女学校は、女子職業部を増設し、すでに二、三科目は授業を始めているが、主計科をも二月二十日から一期を五ケ月として開始する。卒業後は銀行、商店、新聞社その他諸会社の会計、簿記、書記等の雇用に応じさせる、時勢に適ったおもしろい、女子の自営自活を推進する設置である」と評価している。

また巌本は、二十二年ごろから、明治女学校と女学雑誌社の財政を立て直すために、星野天知を迎えていた。星野の兄嫁の増田たき子が巌本の家に寄寓していた縁であった。星野は、文久二

（一八六二）年、日本橋の砂糖問屋の次男として生まれた。本名は慎之輔。兄に代わって家業を継ぎ、二二歳の時から千葉県で農地の大開墾事業を起こしていた。二十二年に駒場農学校（後の東京帝国大学農学部）を卒業し、文武両道に秀で経営の才を備えていた。星野は、巌本の風采と態度の謙虚さ、武芸教育に対する理解に感動して、武芸の指導と漢学の講義を引き受けた。星野は薙刀（なぎなた）、剣道、柔術、棒術、後には鎖鎌も教えた。

二十五年七月、第五回卒業式が行われた。卒業生は高等科三名、普通科二七名であった。同志社女学校出身の三名が高等科最初の卒業生である。この三名は武道科も卒業している。卒業式では、卒業証書の授与、巌本教頭の勧告、生徒総代の祝詞や卒業生総代の答詞に続いて、武道科を終えた卒業生と在校生五名による武道演習が披露された。「武道科」は明治女学校の特色となって閉校まで続けられた。

星野天知
（『明治文学全集』98
筑摩書房）

巌本は、キリスト教主義に基づき新しい女子の徳育を主張することで、在来の女学校と一線を画し、武道や国文など日本の伝統的なものも重視して、宣教師派女学校とも一線を画そうとした。巌本は、時代の変化を敏感に察知して、教育課程を変えていった。『女学雑誌』に思想を熱く語り、青年男女に広く愛読されて、明治女学校は全国の女子の憧れとなっていった。下六番町時代、巌本の周辺に、後に有名になった文学青年たちが集まった。星野天知、北村透谷（評論家、三四頁に既述）、島崎藤村（詩人・小説家）らが教壇に立ち、若い教師たちの情熱的な授業は生徒たちを魅了した。また、彼らは『女学雑誌』や、女学雑誌社から発行していた雑誌『女学生』に関わり、やがて『文学界』でロマン主義文学の一時代を牽引していく。

文学作品から見る明治女学校

麹町区下六番町時代の明治女学校の様子を、生徒として過ごした人物の作品から見てみよう。日本初の女性ジャーナリストであり、雑誌『婦人之友』を出版し、大正十年に自由学園を創立した羽仁もと子（旧姓松岡）は、二十五年七月に速記科を卒業し、高等科に編入した。その頃は一〇〇人以上が寄宿舎に入っていた。羽仁の「半生を語る」に、寄宿舎や授業の様子が書かれている。

日々五分と違わない規則正しい時間に、よく調理された簡素な食物を、適量にきちんとした体裁で摂ることができた。…星野天知先生の唐詩選や詩経の講義、鈴木弘恭先生や大和田建樹先生などの枕草子や歌の話は本当に面白いものであった。お昼のあとの巌本校長の講話は多種多様で、その風采その能弁、本当に華麗であった。

羽仁は高等科二年の夏休みに郷里に帰り、間もなく小学校の教師になり、明治女学校を辞めてしまう。しかし在学中、経済的に余裕がなかった羽仁は巌本に掛け合い、授業料免除の上に『女学雑誌』の仮名づけの仕事で寄宿料に替えてもらっていた。羽仁にとって巌本は恩人であった。

明治女学校を卒業し、新宿中村屋創業の実業家として、また著述家として活躍した相馬黒光(旧姓星、本名良(りょう))は、宮城女学校でストライキ事件に巻き込まれて自主退学し、フェリス和英女学校に転校したが、さらに二十八年、『女学雑誌』を通して憧れていた明治女学校に転入した。その頃生徒は一〇〇人くらいに落ち込んでいた。相馬の自伝『黙移』に、

相馬黒光（『黙移』）

巌本校長は、背が高く、うるおいのある大きな眼、見事なあごひげとほおひげ、やや厚く色あざやかな唇、およそ男性的なあらゆる美を備えた姿であった。…巌本校長の講話は、聴いているうちに視野がぐんぐん広がり、向上の精神が示されるようであった。講堂を出てくるときは誰も感激に眼を輝かせ、人生の喜びを深く感じ、敬服した。…知識と思想をひたすら求めるそ

の頃の若い女性の眼に、神の如く映った。しかしこれが不幸の原因になった。

と記している。

建物も机や椅子なども設備はガタガタであったが、文学に目覚めていた相馬にはほぼ満足する授業であった。しかし、島崎藤村には失望したという。英文学を学んだが、二十八年頃の藤村は「石炭がら」と言われて、講義は少しもおもしろくなかったという。二十五年九月に高等科英文科教師として勤めた頃の藤村は、真面目で清純な情熱が生徒を感激させた。しかし、教え子佐藤輔子（後の北海道大学総長佐藤昌介の妹）への恋で苦しみ、わずか半年で辞表を出し、キリスト教も棄て、関西へ放浪の旅に出た。相馬が教わったのは、北村透谷自殺（二十七年五月）後の後任に、家庭の事情からやむなく再び教壇に立った抜け殻の藤村だった。この前後のことは、後に藤村が小説『春』や『桜の実の熟する時』に書いている。佐藤輔子は郷里に帰り、婚約者に嫁いだが、つわりがもとで亡くなる。輔子は藤村の写真をハンカチに包んで持っていたという。

相馬黒光が入学した時には、北村透谷はすでにこの世にいなかった。透谷に傾倒した斎藤冬（英語学者斎藤秀三郎の妹）は、宮城女学校の先輩で、ストライキ事件により退校処分となり、明治女学校に転入した。冬は人柄、頭脳ともに優れていた。相馬が冬の姪から聞いた話が『黙移』に挿入されている。「透谷の時間となると冬は一番に冴えて見え、いつの間にか透谷と冬は一つ机をはさんで向かい合い、まるで一問一答の形で教え、質問し、論ずるというふうであった。…冬の内部に閉じ込められていた文芸的な素質がぐんぐん引き出された。」このような授業で、級友たちも二人の一問一答を聴いて、非常に興味深く勉強した。冬は背が高く見事な体格であったのに、肺病にかかり、やせ衰え、仙台に帰郷した。透谷が自殺した一ケ月後に亡くなった。死後体を清める時にふところから透谷が与えた手紙が発見されたという。

相馬は、明治女学校がキリスト教主義により、厳粛なうちに思い切った自由があり、芸術至上の精神を実生活に織り込んで、巌本の女性を向上させる素晴らしい思想が実現されている学校であったが、佐藤輔子や斎藤冬のような先生を崇拝するあまり、痛ましい恋の犠牲者が出たことが無念だと述べている。

『女学雑誌』と『文学界』

明治女学校の名を全国に知らしめた『女学雑誌』と、そこから派生した雑誌『文学界』の活動が、やがて明治女学校に思わぬ波紋を広げていく。二十二年十月ごろから『女学雑誌』の内容も急速に変わってくる。新聞紙条例に従い、従来の学術雑誌であることを辞めて、広く社会、政治のことを論評するとした。二十三年八月、二二七号から若松賤子の『小公子』(バーネット原作)の翻訳連載が始まる。まだ文語表現が主流であった時代に、わかりやすい口語で訳された『小公子』は大好評で、単行本も刊行され、若松賤子の名前を一躍有名にした。相馬黒光や野上弥生子ら文学少女の心をとらえた。

　二十三年十一月、巌本は一般女性のために、文字を平易にして内容を実際的なものにし、丁寧に説明するという方針を発表した。中島湘烟（女権運動家、評論担当、旧姓岸田、本名俊子、二二頁に既述）、若松賤子（文芸担当）、田辺花圃（歌人・小説家、文芸担当）、荻野吟子（医師、医学・衛生・看護担当）、清水豊子（女権運動家、編集担当）ら八名の女性を起用した。上層の読者に対しては毎月一回本誌半分の付録を添えた。上下層とも抱え込みながら女性の地位向上を図った。

　二十五年に入ると変動期になる。巌本は三月から五月まで中国・四国・九州を漫遊して、世の中の様子を見聞し、愛読者と会談した。この間巌本は社説の代わりに、「迎春行」と題して旅行記を載せた。代わって北村透谷と星野天知が活発に活動した。二月六日と二十日に連載された透谷の評論「厭世詩家と女性」は、「恋愛は人世の秘鑰なり、恋愛ありて後人世あり」で始まり、その恋愛至上主義は青年男女に衝撃的な感動を与えた。それ以降、透谷は毎号のように評論を書き、星野は茶道や老子を語った。こうして文芸的傾向が急激に高まった。

　あくまでもキリスト教的人間観で女性の啓蒙をめざす巌本は、『女学雑誌』の大改革にのりだす。二十五年六月から青年男女のための文学雑誌的なものを白い表紙で「白表」と呼ばれるものに、従来の一般女性のためのものは赤い表紙で「赤表」と呼ばれるものに二分した。毎週同じ号数で交互に出す。「白表」は星野に編集を任せ、赤表は巌本が編集にあたった。巌本は両方の社説を書き分けるが、かつてのような名論説は見られなくなった。

もう一つ巌本は、二十三年五月、文芸による女子の情操教育を志して、京浜地区の一八の女学校の文学会連合機関誌の性格をもった『女学生』を女学雑誌社から発行し、星野を主筆としていた。二十五年夏に出した『女学生』の夏季臨時増刊号が好評で、たちまち売り切れになった。北村透谷、島崎藤村、星野らが執筆し、大いに文学熱が上がった。「白表」も『女学生』も文学雑誌の色彩が濃くなり区別がつかなくなったため、二つを合併して女流文学の雑誌を出したらどうかと巌本が提案した。

星野は、『女学生』の編集を手伝っていた平田禿木（とくぼく）、島崎藤村らと相談し、二十六年一月『文学界』第一号を発行した。創刊号は増刷も含めて二、五〇〇部がたちまち売り切れとなるほど反響が大きかった。『文学界』創刊号に巌本は「文章道」を載せた。〝文章が高潔になるためには道念が高潔でなければならない〟という道義主義が、同人の文学青年平田禿木や藤村の紹介で加わった戸川秋骨（しゅうこつ）たちから忌避された。彼らは西欧近代文学の影響を受け、自己の哀感を純粋に表現する純文学中心の雑誌にしたい意向が強かった。そして『文学界』は四号から女学雑誌社を離れて独立する。星野が編集者となり、経済面も負担した。『文学界』は女流文学の機関紙をめざしたので、平田禿木のすすめにより三宅花圃（旧姓田辺）を介して歌塾萩の舎の後輩樋口一葉を招いた。一葉は『大つごもり』や『たけくらべ』を発表した。断続的に掲載された『たけくらべ』が、『文芸倶楽部』（博文館刊行）に一挙掲載されると、森鷗外や幸田露伴が絶賛した。一躍、女流作家樋口一葉は時の人となった。

二十五年一月、木村熊二が校長を辞任し、伝道を目的として信州小諸へ去った。翌年十一月、小諸義塾の塾長となる。『文学界』創刊あたりから同人の文学青年たちは巖本から離れ、片腕であった星野も、巖本の性格に疑問を抱き、明治女学校から離れてしまう。かつて巖本は、星野と明治女学校同志の犬養恵国に、〝教育事業は神の配下で働くという覚悟を要する。君等と自分はこの中心にいるから、居所も散在していては団結力も強固にしがたい。校舎付属の長屋へ移住して、この神聖な事業を財政で破滅しないようにしよう。〟と誓約した。星野も犬養も感激してさっそく構内の長屋に移住した。星野らは日夜教育の仕事に奮闘し、武道科は多い時には五〇人ほどに増えた。星野は武芸を指導し、多くの学科を担当し、深夜まで顔面蒼白になるほど働いた。しかし、誓約を言い出した巖本が一向に長屋に移住してこない。理由を聞くと〝家内が不承知で〟と言うだけ。星野は巖本の真意を疑い出した。星野は荻野吟子の言葉に思い当たった。日本の近代女医第一号の吟子（本書二六九頁参照）が二十四年ごろ明治女学校を去った。その時に言い残した〝巖本は油断できない策略家で〟という言葉である。吟子は、二十一年ごろから校医となり、構内の寮に住み込み、生理や衛生の授業を行い、『女学雑誌』にも協力していた。二十三年に再婚した夫の伝道に協力するため、北海道へ向かった。さらに星野は、巖本夫人賤子が、初対面の時〝彼（巖本）を買いかぶってはいけません。後悔をしている私の経験があります。〟と言った言葉の意味をようやく理解したのである。こうして二十七年には星野も明治女学校から離れてしまう。

二十七年五月の北村透谷の自殺後、島崎藤村は後任として再び教壇に立っていたが、二十八年十二月辞任して、翌年仙台へ去る。賤子も二十八年になると病床につくことが多く、あまり執筆しなくなり、『女学雑誌』は魅力を失う。二十九年二月五日早暁、若い教員たちが住んでいる長屋の一部を貸していたパン屋から出火し、校舎も寄宿舎もほとんど焼けてしまった。寄宿舎にいた三〇人ほどの生徒はなんとか無事避難した。賤子は消防夫に助けられて子どもたちとともに近隣の知人宅に入ったが、七日から容態が悪化し、十日の朝、息を引き取った。三二歳であった。賤子が亡くなって、巖本を制御する人がいなくなった。明治女学校にとって重要だった『文学界』の若い同人らが巖本から離れたことが、明治女学校と『女学雑誌』の衰退を加速した。おりから火災で下六番町の校舎と最も大切な賤子を失った。そして三十年二月、郊外の巣鴨に移転することになる。『文学界』は星野天知の編集によって発行され、明治二十年代後半の文壇に若々しいロマン主義の潮流を起こしたが、五年間で五八冊を発行し、三十一年一月終刊した。

明治女学校の終焉

明治女学校は、明治三十年二月、東京府下の北豊島郡巣鴨村に五、六〇〇坪の広大な土地と二階建の西洋館・日本家屋一二〇坪を桜井勉（木村熊二の兄）から購入し、四月に移転した。

三十一年二月、『女学雑誌』に義捐（ぎえん）金募集広告を出し、明治女学校第二期の教育方針として二つの目標が掲げられた。一つは、少人数で、生徒数が多い女学校ではできない家庭及び自己修養の鍛錬に重点を置く特殊の普通教育を施すこと。もう一つは、十年来実施してきた高等科の教育をさらに拡張して、高等女学校卒業後の有志に学修させる課程を備えて、女子大学の地位に到達させることであった。

作家野上弥生子（旧姓小手川ヤヱ、後に夏目漱石門下の野上豊一郎と結婚）は、三十三年四月、満一四歳の時大分県から上京して、巣鴨時代の明治女学校に入学した。晩年八七歳から自伝的小説『森』に明治女学校時代のことを書き始め、あと数章というところで一〇〇歳の誕生日を目前にして亡くなった。

ひっそりとした古街道を進み、森が奥深く続いている所に学校はあった。しかし、校門もなければ、校名をしるした看板も見あたらない。入って行くと、白い別荘ふうの洋館、もう一棟南京じとみを栗色に塗った二階家が並んでいた。その頃は全校生を集めても数十人だったが、岡野校長（巌本善治がモデル）の月曜日の道話は、二階の一〇畳の二室を開いて利用する講堂に人がいっぱいになり、階段や廊下にまであふれた。（『森』）

風変わりな学校だったが、ここでの六年間は野上にとって心の揺籃（ようらん）期で、人間や世の中について考えることを教えてくれたという。寄宿生が大半だったが、野上は本郷にある叔父の家から四キロ半の道のりを徒歩で通った。普通科一年生に編入され、クラスは一二名だった。授業は女学校卒業程度を基準にしており、野上は驚く。普通の教科書は用いられず、『枕草子』や『十八史略』など国文や漢文は原典で教えられた。英語もロングマン、アービング、ロングフェローなどの書物を読むのには途方にくれた。一週間に八時間も英語の授業があった。文法も英語で教わる。ただただ辞書にかじりつき英語と奮闘した。

別荘の部屋のような教室。勝海舟寄贈の武道場で行われる薙刀や剣術の授業。裁縫や料理のような女学校らしい科目はなかった。シェークスピアやカーライルを小脇にかかえて教室に入る高等科の上級生は、普通科の者からは特別な尊敬を払われていた。普通科も高等科もかなりレベルの高い授業内容であったことが窺（うかが）える。

巌本は、『女学雑誌』に十ケ月にわたって毎号義捐金募集広告を出したり、音楽会や水彩画展覧会を開いたりして財源獲得に努力した。しかし、星野天知、北村透谷、若松賤子、島崎藤村らがいなくなり、郊外へ移転したことで名士の授業の協力も得にくくなり、明治女学校の魅力は薄れていった。

三十二年二月「高等女学校令」が公布された。各県立の高等女学校は県の最高峰として人気が集まった。私立でも「高等女学校令」に準拠して、認可を受ける女学校が増えていった。「訓令一二号」によりキリスト教主義女学校は、宗教教授やミサを棄てなければ高等女学校としての認可を得ることができなくなった。認可を得られなければ各種学校の地位に甘んじなければならなかった。

明治女学校は「高等女学校令」に拠らず、キリスト教の教えに基づき、自由に英語や文学を学び、女性を向上させるそれまでの路線を貫いた。しかし、三十三年に女子英学塾が津田梅子によって、三十四年に日本女子大学校が成瀬仁蔵によって創立され、女子の高等教育が始動し始めた。三十六年三月「専門学校令」が公布され、日本女子大学校は三十七年二月、女子英学塾は同年三月に認可され、各種学校から専門学校に昇格した。すると、明治女学校の普通科卒業生も、本来なら高等科へ進む生徒が他校へと流れ、高等教育を志す者は最初から専門課程を持つ学校に入る場合が多くなった。

『女学雑誌』五〇八号（三十三年三月二十五日）に掲載した田中正造の「鉱毒文学」が政府の忌諱（きい）にふれ、雑誌は没収された。この後しばしば『女学雑誌』は休刊となる。三十六年末、巌本は十八年間思想を発表してきた『女学雑誌』の編集を青柳有美に委ねた。青柳は同志社出身で、二十八年九月から明治女学校の英語教師を務めた。軽妙洒脱の随想や美学論で末期の『女学雑誌』に新風を吹き込んだ。しかし、五二六号（三十七年二月十五日）の後、刊行されなかった。事実上の廃刊である。明治女学校の宣伝機関誌『女学雑誌』が廃刊に追い込まれると、明治女学校も命を長らえることはできなかった。

時代の変転や三度の移転に伴う財政の圧迫に屈した面もあるが、明治女学校衰退の原因の一つに、巌本の女性関係の悪いうわさがあった。相馬黒光が『黙移』で〝巌本の男性的なあらゆる美を備えた姿が不幸の原因になった〟と記したように、生徒や女教師が巌本の教祖的な魅力のとりこになってしまうことがあったようだ。

三十七年四月、巌本は校長を辞任して校主となり、七月、呉久美が校長となった。呉は二十年九月、明治女学校の舎監兼教員になった。宮中勤めの経験があり、温愛の人であるが、生徒への躾は厳しかった。同時期に巌本が「内外調査通信社」創設にあたって多額の借金をしていた。土地所有者が巌本の名義から他人名義に書き換えられた部分がかなりあった。これも巌本退陣の理由になったのであろう。

巌本は明治女学校を女子大学の地位に到達させるという目標を謳（うた）いながら実現できなかった。しかし、明治女学校高等科の授業は高等教育のレベルに達したものであった。その意味から明治女学校は明治後期に興った女子の専門学校のさきがけと言えよう。三宅花圃、羽仁もと子、山室機恵子（旧姓佐藤きえ、二十八年高等科卒業、救世軍等の社会事業家）、相馬黒光、野上弥生子ら多くの優秀な人材が育った明治女学校は、明治四十一年十二月二十五日に最後の卒業式を行い、在学生は精華女学校に委託し、二十三年の歴史に終止符を打った。

参考文献

青山なを『明治女学校の研究』
藤田美実『明治女学校の世界』
『女学雑誌』（復刻本）
『学制百年史』（文部省）
野邊地清江「『女学雑誌』概観」（明治文学全集32　筑摩書房）
太田由佳・有賀暢迪「矢田部良吉年譜稿」
星野天知『黙歩七十年』（明治文学全集98　筑摩書房）
羽仁もと子「半生を語る」（『羽仁もと子著作集』第一四巻）
相馬黒光『黙移』法政大学出版局
島崎藤村『春』『桜の実の熟する時』岩波文庫
平田禿木「絶筆 文学界前後」（明治文学全集32　筑摩書房）
野上弥生子『森』新潮文庫
『郵便報知新聞』『国民新聞』（『新聞集成明治編年史』収載）

第二章　日本初の女子留学生津田梅子が創った女子英学塾

女子英学塾の創立者——津田梅子

女子英学塾は、明治三十三年九月、東京市麹町区一番町で「私立学校令」により開設された。創設者は津田梅子、三六歳であった。現津田塾大学の前身であり、女子の英語高等教育機関の嚆矢である。まず、稀有な運命をたどった津田梅子について述べよう。

梅子は元治元年十二月三日（一八六四年十二月三十一日）、江戸牛込南町で、外国奉行の通弁父津田仙、母初子の次女として生まれた。父仙は慶応三（一八六七）年正月、勘定吟味役の随員として渡米し、同年六月帰国した。明治二年、洋風旅館築地ホテル館に勤め、西洋野菜の栽培を始めた。これが学農社農場の始まりとなり、後に農学校を設立する。四年一月、北海道開拓使の嘱託となった。

明治四年三月、政府は北海道開拓使次官・黒田清隆の建議により、将来の女子教育の指導者を養成する目的で米国への女子留学生を募集した。期間は十年、必要経費はすべて官費で支払われ、少女らには年八〇〇ドルもの小遣いを支給するという好条件であった。しかし、一人の応募もなく、二度目の募集でようやく以下の五名が応募し、決定した。

吉益亮子（十五歳、東京府士族秋田県典事吉益正雄娘）
上田貞子（十五歳、新潟県士族外務中録上田畯娘）
山川捨松（十二歳、青森県士族山川与七郎妹）
永井繁子（十一歳、静岡県士族永井久太郎妹）
津田梅子（　八歳、東京府士族津田仙弥娘）

（年齢は数え年、『津田梅子を支えた人びと』より）

いずれも戊辰戦争で敗北した旧幕臣や佐幕派の娘や妹であり、父や兄が洋行の経験を持っていた。梅子は五歳になる前から漢文の講読や手習い、舞踊の稽古に通った。仙は梅子の利発さを見て応募させたのだろう。

出発に先立ち、四年十二月二十日、五人は美子（はるこ）皇后に拝謁した。御簾（みす）越しに女官を通して「…成業帰朝の上は婦女の模範とも相成様心掛け日夜勤学可致事」という御言葉を賜った。梅子はこの「帰朝したら婦女の模範となるよう」という御言葉を終生忘れなかった。

十二月二十三日、五名の少女たちは、全権大使岩倉具視はじめ総員一〇二名の欧米視察団とともに、横浜からアメリカ号で出発した。華やかな振袖姿の少女たちは注目を浴びた。見送りの人々の中から〝随分物好きな親たちもあったものですね。あんな娘さんを亜米利加三界へやるなんて父親はともかく、母親の心はまるで鬼でしょう。〟という声が聞こえた。新しい時代に向け、学びのチャンスとして父や兄が強く勧めたのであろう。それにしても殊に梅子など、満七歳になる直前である。敗北したとはいえ、士族の娘が遠く太平洋の彼方の米国へ留学するなど、当時の人々には理解しがたいことであった。梅子たちは激しい船酔いと、慣れない外国料理で辛い二三日間の船旅を経験した。大陸に入ってからは大雪で汽車が不通となり、ようやくワシントンに到着したのは二月二十九日。横浜を出発してから七〇日が経っていた。

５人の女子留学生　左から上田貞子、永井繁子、山川捨松、津田梅子、吉益亮子（津田塾大学津田梅子資料室所蔵）

梅子は以後ワシントンで一一年間過ごす。駐米弁務公使森有礼が少女たちの監督をした。森は、コネティカット街に家を一軒借りて、英語の教師とコックを雇い、毎日二時間の英語の勉強と週に一回ピアノのレッスンを受けさせた。半年ほど経ったころ、年長の吉益亮子と上田貞子がホームシックにかかり、十月末帰国させた。二人の帰国を機に山川捨松はコネティカット州ニューヘイヴンのレオナルド・ベーコン家に、永井繁子はフェアヘイヴンのジョン・アボット家に預けられた。幼い梅子を引き受ける家庭が見つからず、日本弁務使館書記官・ランメン夫妻が一年間の約束で引き受けた。夫妻は子育ての経験がなく、夫人は四〇歳を過ぎていたからだが、結局一一年間預かった。利発な梅子に愛情が生じたのであろう。

　チャールズ・ランメンは、一八一九年生まれ。『モンロー公報』の編集や多くの新聞に関係し、『米国在留の日本人』など三〇余の著書がある文化人で親日家だった。釣りや絵画などを趣味とした。アデリン夫人は、一八二六年生まれ。尼僧寺院付属女学校で教育を受けた。親切で愛嬌のある人であった。

　梅子は、一学級七～一〇数名で、全校生徒一〇〇名ほどの私立小学校に入学した。クラスメイトから好かれ、学習の進みが早かった。英語を学んで九ケ月で、渡米の記憶を書き綴っている。梅子は九歳の春、自ら受洗を希望した。ランメン夫妻は敬虔（けいけん）なクリスチャンであったが、特に勧めたわけではなかった。森有礼と相談の上、夏休みにフィラデルフィアの郊外オールド・スウィーズ教会で、米国聖公会の儀式により受けさせた。ペリンチーフ司祭は、梅子の受け答えがしっかりしていたので、成人用の洗礼を施した。

　明治六（一八七三）年六月、森が帰国し、後任として吉田清成が着任した。吉田夫人から日本語の勉強を勧められるが、梅子は英語を勉強しに米国に来たのだから、日本語の勉強で苦労するのはつまらないと思いあまり勉強しなかった。ほどなく日本から持参した書物を捨て、日本語をすっかり忘れてしまい、帰国後苦労することになる。

明治十一（一八七八）年秋、アーチャー女学校に入学。生徒はやはり一〇〇名くらいで、中流家庭以上の女子が通う学校であった。普通学科の他、心理、星学、英文学、フランス語、ラテン語などを学んだ。梅子は数学が得意だった。語学も米国の少女以上と担当教師が褒めた。音楽、絵画も励んだ。読書欲が増し、ウォーズウォース、バイロン、テニスン、ロングフェロー、シェークスピアなどを読んだ。

夏になるとランメン夫妻は梅子をつれて旅行した。アレゲネー連峰、白山連峰、ナイヤガラ、メーンの海岸等。梅子は快活でいたるところで友達ができた。友人らは梅子の広い知識に驚嘆した。健康で、クローケ、テニスなどではリーダーであった。演劇やチェスも好んだ。ランメンは自由を重んじ、梅子の好みに任せた。絵画はランメン自身が手ほどきした。このように少女時代、小規模の学校で行き届いた教育を受けたこと、おおらかなランメン夫妻のもとでゆっくりと学んだこと、休みごとに旅行したことなどにより、梅子の豊かな情操が育まれた。梅子は、帰朝後四回渡米しているが、その折には必ずランメン家に滞在し、娘のように甘えたり、夫妻をいたわったりしている。受けた恩愛を終生忘れることはなかった。

明治十四（一八八一）年春、開拓使から三人に帰国の用意を命じてきた。永井繁子は、学んでいたヴァッサーカレッジの音楽科が三年修業だったので、卒業してその年の秋に帰国した。梅子はアーチャー女学校、山川捨松はヴァッサーカレッジの本科を卒業するため一年の延期を願い出た。二人は、翌年十月サンフランシスコ港を出発した。米国を発つ二ケ月前、捨松はホストファミリーの末娘アリス・ベーコン（二五五頁参照）に手紙を書いた。「来年の春には日本に来てください。二人で学校を作りましょう。」と。梅子より四歳年上で学位を取得した捨松は、学校設立の夢を強く抱いていた。そして〝梅子も手伝ってね。〟などと未来図を描きながら帰国の途についた二人であったことだろう。

帰国後の津田梅子

明治十五年十一月半ば、津田梅子は山川捨松とともに一一年ぶりに帰国した。麻布新堀町の家に着いた梅子は、日本語をすっかり忘れて挨拶もできず、父と姉が通訳した。開拓使は十五年二月に廃止され、梅子や捨松は文部省の管轄になっていた。男子留学生にはすぐに大学や官庁の仕事が与えられるのに、女性の二人に国は何も用意していなかった。しばしば文部省を訪れ仕事を要求したが、日本語の読み書きが不自由なため仕事はなかった。永井繁子の家で愚痴をこぼす日々が続いた。

一年先に帰国した繁子は、音楽取調掛（東京音楽学校の前身、現東京芸術大学音楽学部）の助教員となってピアノを教えていた。言葉は不自由でも実技が中心であるためなんとかこなせた。

繁子は、梅子と捨松の帰国を待って、十五年十二月、米国で知り合った海軍士官・瓜生外吉と結婚した。捨松も苦悩の末、翌十六年秋、一八歳年上で幼い三人の娘がいる陸軍卿・大山巌と結婚した（二五二頁参照）。

一人取り残された梅子は、父津田仙が設立に協力したメソジスト派の海岸女学校で教えたが、二ケ月ほどで辞めた。日本人蔑視の態度をとる宣教師が多く、ミッションスクールで教えることに気持ちが進まなかった。アメリカでは婦人会の活動が盛んになっていたが、日本の女性の行動は依然として家庭内に限られていた。梅子は失望した。そんな梅子に救いの手を差し伸べたのが後に初代総理大臣となる伊藤博文だった。

十六年十一月三日、井上馨外務卿の官邸で行われた天長節の夜会に、梅子は帰朝者として招かれた。一二年前、欧米視察使節団の副使だった伊藤博文から声をかけられた。梅子は〝活躍の場がなくて困っています〟とでも訴えたのであろうか、後日伊藤から父を通して〝御用邸に来て妻の通訳をしたり娘に英語を教えたりしてほしい。〟と、話があった。梅子は快諾した。伊藤家は明るく、

帰朝後18歳ごろの津田梅子（津田塾大学津田梅子資料室所蔵）

訪問客が絶えなかった。伊藤は忙しくても夕飯後家族と団欒した。伊藤は人の意見に耳を傾け、時代を見抜く鋭い目を持っていた。伊藤のはからいで十七年二月ごろから下田歌子の桃夭女塾で英語を教え、歌子から読書と習字を習うようになった。半年後、母が身重になり家政を助けるため伊藤家を辞したが、後の寄宿舎生活のヒントになった。

伊藤の推薦で、十八年九月、梅子は官立の華族女学校の教授補に任じられ、英語を担当した。同時期に開校された明治女学校でも、英語、地理学などを教えた。時は鹿鳴館時代（明治十六〜二十年）の全盛期を迎えていた。華族女学校でも在校時生徒は洋服を用い、英語が重視され、卒業式には生徒が英語で謝辞を述べた。しかし、大部分の生徒は、意志も知力も弱く、研究心を欠き、厳しい指導はできなかった。

二十一年六月、華族女学校の招聘を受けて、アリス・ベーコンが一年契約で来日した。大鳥圭介校長から相談を受けた梅子が推薦した。アリスは、大山捨松のホストファミリーのレオナルド・ベーコンの末娘で、梅子とも幼なじみであった。梅子は、麹町紀尾井町に家を借り、アリスと一緒に住んだ。この時、華族女学校の生徒を二、三人預かっている。これも後の寄宿舎生活の下準備となった。六歳年上で、学歴も先輩のアリスに梅子は悩みを打ち明けた。繁子も捨松も結婚した。梅子にも結婚話があったが、結婚よりももっと大切な問題があると感じていた。何のために開拓使が一〇年も留学させたのか。教壇に立って三年、英語教師として知識を教えるだけでは満足できなかった。何か専門の研究をしてみたい。天分を伸ばしたい。アリスは思い悩む梅子に再度の留学を勧めた。

二十二年七月、二四歳の梅子は、米国フィラデルフィアの親日家メアリ・モリスの尽力により、ブリンマー女子大学に留学することになった。メアリ・モリスは、大富豪で慈善事業家の夫ウィスター・モリスとともに、毎月一回日本人留学生の集会を開き、支援していた。一回目の留学で帰国する前に、梅子も集会に出席し、モリス夫人と親しくなっていた。伊藤博文の口添えもあり、華族女学校在官のまま二年の留学を許可された。ブリンマー女子大学は、創立四年目で一五〇名ほどの小さな大学だが、最高水準のカリキュラムで学術研究中心の環境作りを目指している大学であった。選科生として、理知的で、分析や推理の方面に勝れている梅子は、当時米国学界の流行でもあった生物学科を選択した。梅子はこの留学で大きな収穫を得た。アリス・ベーコンの著書『日本の少女と婦人』をまとめる手伝いをして、客観的に日本の女性について考えた。留学一年半後、オスウィゴー師範学校で、ペスタロッチーの直観教授法に基づく開発的教授法を学んだ。留学延期の願いを出し、ブリンマー女子大学に戻ってモーガン教授との共同で蛙の卵の発生の研究を続け、"Orientation of the Frog's Egg"という論文を完成させた。さらに自分と同じように日本人女性が高等教育を受けられるように、モリス夫人に相談し、「日本婦人米国奨学金」委員会を設立した。梅子は、修めた学科すべてにおいて優秀であり、大学で研究を続けてはどうかとの誘いを受けた。しかし、将来日本女性のためにやらねばならないことがあると帰国を決意した。

二十五年八月帰国し、華族女学校勤務に復帰した。行き過ぎた欧化政策の批判から国粋主義が台頭していた。二十七、八年の日清戦争勝利後、好景気と相まって女子教育が振興し、高等女学校の設立が相次いだ。成瀬仁蔵が女子大学設立を企て、三十年三月、帝国ホテルにおいて創立披露会を華々しく催した。女子の高等教育の気運が生まれようとしていた。

三十一年五月、梅子は女子高等師範学校教授を兼任した。同年六月、思いがけないチャンスが訪れた。大隈重信や伊藤博文からの依頼で、米国デンヴァーで開かれる第四回万国婦人連合大会に、華族女学校同僚の渡邊筆子と急遽(きゅうきょ)出席することになった。六月二十四日、梅子は約三、〇〇〇人の聴衆を前に五分間の挨拶をし、〝やがて日本女性に発展期が訪れ、真に対等の資格で男性のよき協力者となる時代が来るであろう。〟と結んだ。

大会後の八月、梅子はマサチューセッツ州のレンサムにいる一八歳のヘレン・ケラーに会いに行き、二、三時間会話した。ヘレンは幼児期の熱病で盲・聾・唖の三重苦を背負ったが、七歳から家庭教師アン・サリヴァンの教育を受け、梅子が会った前年に、ラドクリフ・カレッジ（現ハーバード大学）の予備試験に合格していた。ヘレンは梅子の唇に指をあてて話を聞き取り、口ごもった声で返事をした。ヘレンの奇跡は、サリヴァンの熱心の力と誠意によるものだと確信した。負けず嫌いで探求心旺盛なヘレン。二人に教育の原点を見たのであろう。

さらに英国の名流夫人等から招待された。渡邊は健康上の理由で辞退し、十一月、梅子は単身渡英した。半年間の英国滞在中に、聖人のようなヨーク大僧正や、八〇歳で二〇年来病床にありながら、活々（いきいき）とした眼差しのナイチンゲールにも会うことができた。オックスフォード大学での聴講や読書も存分にでき、自信を得て三十二年七月帰国した。この三十一、二年の出会いや学びが、梅子の背中を押した。

梅子は三十二年暮の時点で年俸八〇〇円を受け、三十三年一月、従六位に叙せられた。しかし、学校開設の意志が固まり、同年一月、アメリカへ伝えた。同年三月、フィラデルフィアのメアリ・モリスが発起人となり、「日本婦人米国奨学金」委員会を発展させて、募金活動を通して梅子の学校を支援する組織「フィラデルフィア委員会」を立ち上げた。同年七月、梅子は華族女学校及び女子高等師範学校教授を辞任した。

外国人が設立したミッションスクールでは、日本の事柄の勉強が不足する。西欧の思想を学ぶためにも日本人の手で英語を十分に教える学校が必要であると考えた。三十三年、高等女学校は、官公私立五二校、生徒約一万二、〇〇〇人、二十八年の約四倍の勢いで増えていた。機は熟した。こうして最初の留学から帰朝して一八年、教員となって一五年、苦悩と熟慮の末、梅子は学校創立に踏み切った。

女子英学塾最初の校舎前庭にて
（津田塾大学津田梅子資料室所蔵）

女子英学塾の開校

明治三十三年春、開校の時には手伝うと約束していたアリス・ベーコンが来日した。桜井彦一郎（翻訳家、小説家）、鈴木歌子（華族女学校での教え子）など数名の教師を依頼した。大山巌侯爵夫人捨松が顧問を引き受け、友人の新渡戸稲造（英文『武士道』著、後に第一高等学校長）、元田作之進（聖公会の司祭、立教学院中学校長）、義兄上野栄三郎（実業家）らが協力した。桜井は、父津田仙の知り合いで、学農社農学校出身の巌本善治（明治女学校長、二一一頁に既述）の推薦もあって教師に招かれ、幹事として創立の実務を担当した。「女子英学塾」の名称は桜井がつけた。「学校」とせず、前時代を思わせる「塾」としたのは、「小さな学校から始める。教育は教師と生徒の人格の触れあいの中で育まれる。」という梅子の意を酌んだのであろう。

三十三年九月、「私立学校令」により、東京市麹町区一番町で女子英学塾が開設された。『津田英学塾四十年史』により開設時の内容を見てみよう。

学則第一章主旨の第一条に、

> 本塾は婦人の英学を専修せんとする者並に英語教員を志望する者に対し必要の学科を教授するを目的とす但し教員志望者には文部省検定試験に応ずべき学力を修得せしむ

とある。英学を専門に学ばせ、英語教員の養成を目的とした。

九月十四日、開校式が行われた。校舎といっても普通の住宅を借り受けたもので、式は一〇畳の座敷で行われた。参列者は一七名。新入生一〇名、顧問の捨松ほか数名の教師であった。式は、教育勅語奉読、賛美歌、祈祷、聖書（英語）、開塾主旨（塾長）、君が代唱歌という次第であった。この教育勅語奉読に始まり、君が代唱歌で終わる形式は、華族女学校や女子高等師範学校での形式だった。梅子はそれに、賛美歌や祈祷、聖書を読むというキリスト教的なものを加えた。学則に「基督教の精神に基づく教育を行う」とは謳わなかったのは、三十二年八月公布の「文部省訓令一二号」で宗教教育が禁止されたことを意識したのだろう。しかし、クリスチャンである梅子が、キリスト教の教えを人格教育の基本に据えたことはいうまでもない。

梅子は英文の原稿を手にして、日本語で開塾の主旨を述べた。概略しよう。

本当の教育は、立派な校舎や設備がなくても出来る。教育に大切なことは、教師の資格と熱心と学生の研究心である。教授方法や訓練は生徒一人ひとりの特質にしっくりあてはまるように仕向けなくてはならない。それには少人数に限る。……自分は不思議な運命で幼いころ米国に留学をして、日本の女子教育に尽くしたいという考えを持って帰国した。しかし、当時は働く学校もなく、学んだ知識を実際に応用する機会もなかった。英学塾は、目的の一つとして、英語教師の免許状を得ようと望む人々のために、確かな指導を与えたい。

「少人数により個々の特質に応じた訓育を施す」「希望者には教員検定試験の難関を突破するための指導をする」と、梅子の理念と目的が語られた。

三十三年三月「教員免許令」が制定され、次いで六月「教員検定ニ関スル規程」が定められた。当時、青山女学院の高等科を初めミッションスクールなどで英語を専修させる女学校があったが、検定試験に応じられるレベルには至っていなかった。唯一の高等教育機関である女子高等師範学校には英文科がなかった。高等女学校が増え、今後ますます必要になると思われる英語の教員として、女性の社会的・職業的進出の道を拓こうというのが梅子の目的であった。

学則第一章第二条に、

本塾の組織は主として家庭の薫陶を旨とし塾長及び教師は生徒と同住して日夕の温育感化に

力め又広く内外の事情に通じ品性高尚に体質健全なる婦人を養成せん事を期す但し生徒の都合により特に通学を許可する事あるべし

とある。寄宿舎に教員と生徒が一緒に住み、日夜家庭でなされるような訓育を通して、見識を広め、品性を備え、健康な女性を養成すると謳った。米国で梅子が受けた教育は、いずれも小規模の学校であった。その行き届いた教育、また、ランメン家や伊藤博文家で受けたような家族団欒の中で恩愛を施したいと考えたのであろう。開塾の主旨にその思いが続く。

専門の学問を学ぶと考えが狭くなる。完全な婦人（all-round women）となるのに必要な世間一般の事柄をゆるがせにしてはいけない。……この塾は女子に専門教育を与える最初の学校である。世間はささいな日常の言葉遣いや他人との交際振り、礼儀作法、服装などで全体の価値を定めようとする。くだらない世評に上らないように気を付けてほしい。

専門の英語は深く学ぶ。しかしそれだけに偏らず、どの方面にも一通りの知識を持ち、常識を備えた教養ある女性をめざす。「完全な婦人」とはそういうことであろう。そのために毎週金曜日は課外授業として、巌本善治の道話（隔週）、アリス・ベーコンの時事問題や新渡戸稲造の『武士道』の特別講演などを聴講する。希望者には音楽、絵画も教える。礼儀作法や服装なども注意していくという。梅子と、叔母の須藤八重野が熱心に指導した。八重野は、江戸末期に御殿勤めの経験を持ち、書道、歌道、茶道のたしなみがあった。土曜日には寄宿生に裁縫や書道を教えた。

学科は、本科及び撰科とした。入学資格は、「満一五歳以上の女子で高等女学校または師範学校を卒業した者、もしくはこれと同等の学力を有する者、かつ第四リーダーを習読しこれに相当する会話文法等の素養ある者に限る」とした。英学の力が足りない者のために予備科（一ケ年）を設けた。本科生と同等の学力ある者で、一、二の学科を選んで修学を望む者は撰科生として入学を許可した。

本科の修業年限は三ケ年。三学期制で、授業時間は一日三時間。束脩（そくしゅう）（入学金）二円、月謝二円、賄（まかない）費六円、塾費夏期一円・冬期一円五〇銭。

学科課程は次の通り。数字は一週間の授業時間数を示す。

必修科

一年　英語（読方・作文・会話）5　英語（文法・訳読・綴字）5

二年　英語（訳読・文法）和文英訳5　英語（会話・作文）2

英文学（散文）3　心理学（国語）3〈三学期は教育学〉

三年　講読・英文学5　作文・修辞学3　英文学史3
　英語教授法2〈二学期は和文英訳、三学期なし〉

撰修科

一年　国語・作文3　漢文3　古代史（英文）2　近代史（英文）2
二年　英文学（詩）2　歴史（英文）2
三年　英文学（詩）2〈三学期は心理学（英文）〉　歴史（英文）2

必修科に撰修科を加えて一週間の授業時数は一五、六時間。他校のおよそ半分である。予習をしっかりさせて授業に臨ませるという梅子のねらいがあった。

「先生は何事もいい加減な事が嫌いで、生徒が辞書をいい加減にひき、あとは先生に聞くというような態度は好まなかった。自分で辞書の隅から隅まで探し、適訳を見つけて教室へ出る事を要求した。」（明治三十四年四月入学の西木政枝談）という。梅子はあくまでも生徒の研究心を尊重し、自発的な学習を徹底して課した。時間数は少なかったが、撰修科目も大半が英文のテキストを用い程度はかなり高かった。

梅子は入学試験で、読み・書き・話をさせてクラスを決めた。よく出来る分野については飛び級をさせ、力不足の場合は繰り返し履修させた。開校式で述べた「一人ひとりの特質にあてはまるように」教授した。正月休みを終えると六人が来なくなった。授業の厳しさについていけなくなった者もいたであろう。去る者は追わなかった。寄宿生は初め二人であったが、暮れには四、五人に増えた。三十四年三月には三〇人余りになり、校舎を増やす必要に迫られた。

五番町校舎（津田塾大学津田梅子資料室所蔵）

専門学校への昇格

明治三十四年三月、生徒は三〇余名となり、梅子の学校を支援する組織、米国の「フィラデルフィア委員会」から送られてきた三、〇〇〇円で、麹町区元園町の醍醐（だいご）侯爵の古い屋敷を買い取った。同年夏、麹町区五番町の静修女学校の跡地を、ボストンの篤志家ミセス・ウッズの寄付金で購入し、建物を修理してその秋に移った。翌年春、木造二階建校舎を新築して、ようやく学校らしくなった。高台で見晴らしが良く、英国大使館の裏庭が見え、梅子は大変気に入った。梅子は晩年、郊外への移転の動きが始まると、病床で〝ここで小さく続けたらいいと思う〟と、後に二代目の塾長を担う星野あいにメモを渡したという。昭和六年小平村に移転するまで本拠地となる。

三十六年三月、「専門学校令」が公布された。厳しい授業訓練の結果、〃女子英学塾の英語は正確である。英語らしい英語である。〃という評判が立つようになった。梅子も自信が出来たので、規則を改正し、同年十二月、専門学校設立の認可を申請した。

目的　女子英学塾ハ英語ヲ主トシテ女子ニ高等専門ノ学芸ヲ教授スルヲ目的トス

名称　女子英学塾ト称ス

位置　東京市麹町区五番町十六番地ニ設立ス

生徒定員　百八十人　内訳本科・師範科百人　予備科五十人　撰科三十人

入学資格　本科及ビ師範科ニ入学ス可キハ満十六年以上ノ女子ニシテ左ノ一ニ該当シ尚英語ノ入学試験ニ合格シタル者トス但シ英語ノ試験ハ中学校卒業ノ程度ニヨル

一、修業年限四ケ年以上ノ高等女学校卒業ノ者

一、専門学校入学者検定規定ニ依り修業年限四ケ年以上ノ高等女学校ノ卒業者ト同等以上ノ学力ヲ有スル者ト検定セラレタル者

規則の改正点を上げよう。第一に目的を、「専門学校令」第一条の「高等ノ学術技芸ヲ教授スル学校ハ専門学校トス」に準じ、「英語を主とする高等専門の学芸を教授する」と改正した。第

二に学科を増加した。従来の本科と撰科に、新たに師範科を加え、主として英語教員を志望する者を収容することにした。第三に入学資格を制限し、満一六歳以上の女子で、修業四年以上の高等女学校卒業又は専門学校入学者検定合格の学力を条件とした。さらに英語の入学試験を課すことにした。第四に学科目を大幅に改正した。以下、数字は一週間の授業時数を示す。

本科　一年　倫理1　国語漢文4　英語英文学13　歴史2　体操3　合計23
　　　二年　倫理1　心理3（一・二学期）教育3（三学期）国語漢文2
　　　　　　英語英文学12　歴史2　体操3　合計23
　　　三年　倫理1　教育3（一学期）英語英文学13（一学期）・16（二・三学期）
　　　　　　歴史2　体操3　合計22

師範科　一年　英語英文学を「英語」とする。その他は本科と同様　合計23
　　　　二年　歴史の二時間を「英語」に振り当て、一四時間とする。
　　　　　　　その他は本科と同様　合計23
　　　　三年　〈一学期〉倫理1　教育3　英語15　体操3　合計22
　　　　　　　〈二学期〉倫理1　英語教授法2　教育学2　英語14　体操3　合計22
　　　　　　　〈三学期〉倫理1　英語教授法2　実地教授4　英語12　体操3　合計22

英語時間中、二年二学期は言語学二時間、三学期は英語史二時間、三年一・二学期は声音楽二時間、一～三学期英文学史二時間を課す。

本科・師範科とも必修科目の他、音楽、図画、裁縫、論理学、社会学、法制経済、美学等を随意科目とし、生徒の学力を勘案して課すことがあるとした。

旧規則では、必修科目二～四科目に、撰修科目二科目を選択させたが、新規則では、倫理以下の八学科目をすべて必修とした。新たに倫理、言語学、声音楽、体操などを増やした。従って一週間の時間数は従来の一五、六時間から二二、三時間に、英語は一〇～一三時間から一二～一六時間に増えた。英語科教員養成を目的としつつ、より高度な専門学芸を教授する学科目に変更した。

申請から三ケ月、難なく三十七年三月に認可された。この時点で、他の私立女学校で専門学校令による認可を受けたのは、日本女子大学校（明治三十七年二月）、青山女学院英文専門科（明治三十七年三月）の二校のみであった。

師範科を設けた女子英学塾は、卒業生が無試験検定の取り扱いを受けられるように、三十七年五月出願した。許可願に添えられた教員は、津田梅子（専任、英語・英文学・倫理）、桜井彦一郎（専任、英語・英文学）、アナ・ハーツホン（専任、英語・英文学、二五六頁参照）、日下部重太郎（専任、国語）、高瀬代次郎（兼任、教育・心理）、高橋忠次郎（兼任、体操）ら一三名であった。出願から一年四ケ月後の三十八年九月に許可された。これで師範科卒業と同時に、英語科免許が取得できるようになり、四十二年三月の師範科卒業者から適用された。英語科として女学校における最初の特典で、大正十二年三月、日本女子大学校専門科英文学部がこの取り扱いを受けるまで、一九年間女子英学塾のみであった。合格率一〇％前後という難関の検定試験に、創立以来四十一年度まで、合計卒業者四九名の内一六名が合格した。その実績が評価されたのであろう。

無試験検定の申請中、梅子と大山捨松は、三十七年九月、民法第三四条に基づいて、文部大臣に社団法人設立の許可願を提出し、同月二十八日付許可された。梅子が個人的な塾として始めたものの、内外の多くの同情者の援助を受けて維持してきたこと、教育の機関を天下の公器と考えていたことなどが動機であった。梅子の個人名義となっていた塾の財産、土地・建物・器具・書籍等四万円相当を社団の財産とした。

この時、定款第二条で、「本社団ハ基督教主義ニ基キテ女子ニ高等教育ヲ授クルモノトス」と、学校規則では触れていなかったキリスト教について表明した。さらに第六条で社員についてもキリスト教主義に賛助する者とした。理事は大山捨松、津田梅子の二名。社員は新渡戸稲造、元田作之進、上野栄三郎、巌本善治、桜井彦一郎、阿波松之助（津田仙の教え子）の六名。定款の作成や手続きは、浪速女学校の校主経験があり、その道に詳しい阿波松之助が行った。

社団法人となって、公の機関であること、キリスト教に基づく教育を行うことを世間に表明した。どの教派にも属さず、生徒の授業料と善意の寄付金のみで運営し、専門学校への昇格、英語科教員無試験検定の許可など順調に発展してきた。しかし、三十八年ごろから梅子は体調が思わしくなく、休む日が増えた。一クラスの人数を少なくし、行き届いた教授をすると経済が立ちゆかなくなる。生徒が増えれば、建物を増やさなくてはならない。収入の不足は毎年三〜四、〇〇〇円になった。銀行の借入金が大正四年十二月末には三万六、〇〇〇円余あった。こういう負債が潔癖な梅子の心の負担になって、次第に梅子の体をも蝕んでいく。

女子英学塾は、英語の女子高等教育機関の先駆として役割を果たした。明治四十四年三月、創立一〇年の時点で、約八〇名の卒業生中、五〇名近くが教育の分野で働いていた。梅子は、雑誌『英学新報』『英文新誌』の発行に携わり、教科書の出版を通して英語・英文学の普及に努めた。教員検定委員会委員も委託された。また、東京ＹＷＣＡ（基督教女子青年会）の初代会長となり、その事務局を塾内に置き、生徒の自治活動とともに女性の自立を支援した。五人の女子留学生の中で最年少だった梅子が、日本女性の地位の向上、自立・自活への道を拓かねばならないという使命感から、女子の高等教育に生涯をかけた。その真摯（しんし）な姿こそ内外から多くの支援を得られた所以（ゆえん）であろう。

女子英学塾を支えた人々――大山捨松、アリス・ベーコン、アナ・ハーツホン

女子英学塾や津田梅子を支えた人々について述べよう。

女子英学塾創立時から終生塾や梅子を支えた大山捨松は、万延元年二月二十四日（一八六〇年三月十六日）、父会津藩（現福島県）家老・山川尚江と母唐衣の末っ子として誕生した。幼名は咲子。咲子が生まれる一ケ月ほど前に父は病死した。慶応四（一八六八）年、咲子八歳の時、新政府軍との戦いで会津藩は敗北した。翌年会津藩主以下、本州最北の下北半島斗南（となみ）に移封となり、極寒不毛の地で極貧の生活を体験する。

開学時の協力者　右から大山捨松、瓜生繁子、アリス・ベーコンと梅子（津田塾大学津田梅子資料室所蔵）

明治四年十二月、満一一歳の咲子は、北海道開拓使留学生五人の少女の一人として、津田梅子、永井繁子らとともに渡米した。長兄山川浩（後に陸軍少将、東京師範学校長）が勧めた。出発に際して、母は〝一度捨てたと思って帰国を待つのみ〟と、「捨松」と改名させた。

捨松は、明治五（一八七二）年十一

月から、コネティカット州ニューヘイヴンのレオナルド・ベーコン宅に引き取られ、六年間を過ごす。ベーコン家の末娘で二歳年上のアリス・ベーコンとは姉妹同様に育てられ、長く友情を結ぶ。一六歳の時、牧師であるL.ベーコンから洗礼を受けた。明治十一（一八七八）年、繁子とともに、ニューヨーク州の全寮制の名門女子大学ヴァッサーカレッジに入学し、四年後同大学を卒業。バチェラー・オブ・アーツの学位を取得した。アメリカの大学で学位を取ったアジア人女性第一号である。卒業後二ケ月間、コネティカット看護婦養成学校で衛生学や看護の技術等を学んだ。これが日露戦争時、日本赤十字社篤志看護婦人会の救護活動に結び付く。

明治十五年十一月、日本の女子教育に尽力しようという夢を抱いて、梅子とともに十一年ぶりに帰国した。学位を取得しても女性の大学教授は前例がないとして仕事がなく、苦悶の日々が続いた。当時女性の結婚適齢期は一六〜一八歳。満二二歳の捨松に次々と縁談が持ち込まれた。しかし、国費留学生として学んだからには、何か日本のためにしなければならないという義務と責任感が強く、踏み切れなかった。ようやく文部省から東京女子師範学校で生物と生理学を教える仕事がきたが、日本語の教科書を使い、日本語で板書するのは不可能だった。ついに日本に住む以上は、女性は結婚しなければ何もできないと観念し、十六年十一月、会津戦争時の仇敵、薩摩（現鹿児島県）出身の参議陸軍卿・大山巌の後妻となった。大山は一八歳も年上で、七歳を頭に三人の幼い娘たちがいた。しかし、三ケ月の交際で人物の素晴らしさを確認でき、大山とならば政府高官夫人として何か日本のために働けるだろうと考えたのである。

鹿鳴館時代（明治十六～二十年）、陸軍大臣・大山巌伯爵夫人として社交場で活躍した。背が高く洋装がよく似合い、流暢な英語で応接する捨松は「鹿鳴館の花」と言われた。また、有志共立東京病院（現東京慈恵会病院）看護婦教育所設立のために、十七年六月、上流階級夫人を主導して日本初の慈善バザーを三日間鹿鳴館で開き、収益金をすべて寄付した。しかもこの四年間に三人の子供を出産（一人は早産でほどなく死亡）し、大山の先妻の子ども三人とともに家庭教育も怠らなかった。

三十三年、女子英学塾創立にあたり、捨松は顧問になった。卒業式には必ず列席し、挨拶を述べた。三十七年九月、梅子とともに社団法人を組織し、理事になった。大正八年二月、スペイン風邪が元で亡くなる直前まで、病のために塾長辞任を表明した梅子の後任の説得に奔走した。聡明で行動力があり、少女期に極貧の生活を体験しているだけに、情に厚く人に親切であった。

満一〇歳で、梅子、捨松らとともに米国留学した永井繁子（瓜生繁子）は、帰国後の梅子を精神的に支え、明治四十年五月、社団法人女子英学塾の社員となって協力した。繁子は、明治十一（一八七八）年九月、捨松とともにヴァッサーカレッジの音楽科に入学し、十四年六月、三年制の音楽科を修了した。政府からの帰国要請により、同年十月帰国し、翌十五年三月音楽取調掛

（東京音楽学校の前身、現東京芸術大学音楽学部）に採用された。ルーサー・ホワイティング・メーソンの助手を経て、ピアノ教師第一号となった。

米国人の協力者も見逃せない。女子英学塾の草創期に梅子の片腕となったのがアリス・ベーコンである。アリスは一八五八年二月、コネティカット州ニューヘイヴンに誕生した。捨松を引き受けたL．ベーコンの末娘である。捨松の帰国後も文通は続いていた。捨松の率直な気持ちが綴られた四〇通近い手紙が、約一〇〇年間ベーコン家に保管されていた。

アリスは、独学でハーバード大学の女子上級検定試験に合格し、学士の資格を取得した。一八八三年、バージニア州ハンプトン市の黒人やネイティブアメリカンを教育する師範学校に奉職した。明治二十一年六月、アリスは梅子の推薦で、華族女学校嘱託として一年間の契約で来日した。麹町紀尾井町の家で、梅子や梅子のいとこと同居した。前途について思い悩む梅子に、再度の留学を勧めた。これが女子英学塾誕生の第一歩となる。

アリスは、女子英学塾や華族女学校で教えるかたわら、各地を旅行し、日本の風俗や習慣などを研究した。後に、梅子の協力を得て、『日本の少女と婦人』（一八九一年）、『日本の内側』（一八九四年）として出版した。これらはアメリカ人に日本の姿を伝える良書となった。二十二年九月、帰国の際に、日本の少女を育てたいと、梅子のいとこ渡邊政子の姪で、四歳の光子を養女にしたほど日本好きだった。

梅子がブリンマー女子大学留学中、将来日本の女性に高等教育を施す学校を創設したいと打ち明けた時、その時には自分も協力しようと約束した。果たして一〇年後、梅子がいよいよ私塾の創立を決意すると、梅子の学校を援助するために親日家のモリス夫人やアナ・ハーツホンらと「フィラデルフィア委員会」を発足させた。そして三十三年春、アリスは養女の光子とともに来日し、開塾の準備を進めた。

授業が始まると、毎朝始業前の礼拝を行い、まだ賛美歌集がそろわないため、アリスがタイプライターで打って賛美歌を歌った。一週間に八〜一〇時間の授業を受け持ち、かたわら女子高等師範学校で教えた。授業のほかに、毎金曜日には時事問題について語り、「十九世紀婦人」などの特別講演も行った。塾からは一切給料を受けないばかりか、家賃を支払って塾の経済を助けた。

約束の二年が経ち、帰国したアリスは、スクワム湖畔にあるキャンプ場の経営に専念し、収益を黒人学校に寄付している。梅子はじめ塾関係の留学生たちもアリスのキャンプ場で夏休みを過ごし、心身のリフレッシュをしている。アリスは快活で実行力があり、何人をも受け入れる包容力を持っていた。

塾の恩人アナ・ハーツホンは、三十五年五月、アリス・ベーコンと入れ替りに来日し、梅子の片腕となって、一生を日本の女子教育に捧げた。アナと梅子はブリンマー女子大学のドイツ語教師ローズ・チェインバリンを通して知り合った。アナは、一八六〇年一月、米国フィラデルフィアで生まれ、ペンシルバニア美術学校を卒業した。アナは、明治二十六年、父ヘンリー・ハーツホンについて来日した。H.ハーツホンは医師で、自分が執筆した医学書が日本で多く読まれていることを知り、日本に興味を持った。その医学書を最初に日本に持ち帰り、広めたのが梅子の父津田仙であった。ハーツホン父娘は一旦帰国し、すべてを整理して、日本で骨を埋める決心をして、二十八年再来日した。H.ハーツホンはフレンズ派のクリスチャンで、慈善事業や宗教問題などについて指導を行っていたが、三十年二月に亡くなり、本人の希望で青山墓地に葬られた。アナは父親の善良な人柄を受け継いでいた。父の葬儀の後、梅子は、悄然(しょうぜん)としているアナを湘南葉山へ誘った。その汽車の中で、英語教師を育てる学校を創る夢を打ち明け、その時は協力してほしいと頼んだ。アナの父も米国で女子の高等教育に携わっていたので、梅子の計画に感動し援助を約束した。余談だが、アナは、新渡戸稲造がカリフォルニアで英文『武士道』(一九〇〇年一月米国で出版)を執筆した時、アシスタントを務めた。

塾の恩人アナ・ハーツホン(津田塾大学津田梅子資料室所蔵)

三十五年十二月、アナはイタリアに渡り、外国語教授法「ベルリッツ・メソッド」を研究し、三十七年二月に戻ってきた。英語、英文学、英文学史、英語教授法など毎週一〇数時間担当し、語学訓練の責任はすべて背負った。女子英学塾が創立から三年で専門学校に昇格し、さらに英語科教員無試験検定の特典が与えられた陰にはアナの力が大きい。高等女学校上級生や専門学校生のためのテキストを編纂し、「新語学教授法」を編みだし、会話テキストも作った。学外からも多くの英語教師が教授法参観に訪れた。

四十年一月から一年間、梅子が病気療養をかねて欧米視察旅行に出かけた留守中塾長代理を務めた。大正六年梅子が入院した際には、二人前三人前の仕事を一手に引き受けた。最大の功績は、大正十二年九月一日、関東大震災で全焼した塾最大の危機を救ったことである。帰米して、三年かけて復興資金五〇万円を集め戻ってきた。これが塾関係者を奮起させ、小平校舎の新建築が叶った。

アナも塾では無報酬で働き、家賃を支払った。のみならず多額の寄付をした。生活は質素で、アナがお金を惜しみなく使うのは学校や学生のためであった。それでいて少しも誇らず、梅子や他の人々を称えた。日米関係が緊張を増した昭和十五年十一月、身柄一つで米国に帰国し、二度と日本の土を踏むことなく、一九五七年十月二日、フィラデルフィアで九七歳の生涯を終えた。さぞかし父が眠る青山墓地に葬られたかったであろう。それから二七年後の昭和五十九年はじめ、津田塾大学でアナの古いトランクが発見された。その中から梅子直筆の大量の書簡類が出てきた。梅子がランメン夫妻などに宛てた手紙類である。英文の伝記をアナに依頼し、資料をすべてアナに渡していたらしい。梅子自身が書いた文書が少ないため、貴重な資料となった。アナは死してなお塾に貢献したのである。

参考文献

吉川利一『津田梅子』
『津田英学塾四十年史』
『津田塾六十年史』
『津田梅子と塾の九十年』
『津田塾大学百年史』
『津田梅子文書』
『学制百年史』文部省
大庭みな子『津田梅子』
久野明子『鹿鳴館の貴婦人　大山捨松』
生田澄江『瓜生繁子』もう一人の女子留学生
飯野正子・亀田帛子・髙橋裕子『津田梅子を支えた人びと』
亀田帛子『津田梅子とアナ・C・ハーツホン　二組の父娘の物語』

第三章　女医の道を開いた東京女医学校

東京女医学校の創立者——吉岡弥生と吉岡荒太

東京女医学校は、明治三十三年十二月、吉岡弥生・吉岡荒太夫妻によって創立された。現在我が国唯一の女子医科大学である東京女子医科大学の前身校である。女性に門戸が閉ざされていた医師養成制度の中で、創立から専門学校に昇格するまでの苦労は並大抵のものではなかった。ひとえに弥生の情熱と涙ぐましい努力、夫荒太が内面から支えた夫婦二人三脚の賜物である。まず、弥生について語ろう。

弥生は明治四年三月十日（一八七一年四月二十九日）、現在の静岡県小笠郡土方村で誕生した。開業医の父鷲山養斎と母みせとの間に、七人姉妹の長女として生まれた。養斎と先妻との間に二人の息子があった。養斎は漢方医の父の教えに加えて、幕末に江戸で蘭方医学の修業をしたこともあり、名医として村人から尊敬されていた。

明治五年八月、政府は「学制」を公布し、一般人民に不学の者があってはならないこととした。九年四月、弥生は、満五歳で上土方村の嶺向（みねむかい）学校に入学した。生徒は五〇人ほどいたが、同時に入った女子は弥生の他一名だけで、間もなく弥生一人になった。女子の就学率はきわめて低かった。授業料が一ケ月五〇銭であったことと、女子は学校に入る必要がないとする封建時代の思想が強く残っていたため、弥生のように八年間の全課程を終える者はきわめてまれであった。弥生は、父のはからいで三時に授業が終わってから一人居残って漢学を教わった。十七年一三歳で同小学校高等科を卒業した。

十七年には、不況が深刻になり、村でも土地や田畑を手放す者が相次いだ。村人たちの困窮を見て、弥生は偉くなって人々の役に立ちたいと思う気持ちが強くなった。東京に出て、高等師範の女子部に入りたいと思ったが、田舎の小学校卒業程度では無理だった。そこで、医者になって身を立てようと決心した。東京で二人の異母兄が通っている済生学舎は入学試験がなく、学歴のない者でも入ることができたからである。一六歳の時、父にその思いを伝えた。しかし、学問好きで、進歩的な考えを持つ父であるにもかかわらず、女性は学問より家庭が大切であると断固として反対した。それからの二年間、弥生は縁談には一切耳を貸さず、こっそり医者になるための勉強を続けた。二十二年三月、済生学舎で学んでいた下の兄秋太郎が帰郷し、数人の女子が学んでいることを知り、再度父に嘆願した。秋太郎の口添えもあり、二年間という期限つ

創立当時の吉岡弥生
（東京女子医科大学所蔵）

きで、ようやく父の許しが得られた。

弥生は二十二年四月、一八歳で二人の兄が学んでいる済生学舎に入学した。済生学舎は長谷川泰が明治九年四月に創設した私立医学校であった。その頃は、官立の高等中学校医学部または帝国大学医科大学に入学するか、私立の済生学舎や成医会講習所等で学んで医術開業試験を受けるかのどちらかであった。官立は女子に門戸が開かれておらず、唯一女子に医学への道を開いているのが済生学舎であった。しかし、学舎内は男尊女卑の風潮が強く、男子は女子を排斥しようと嫌がらせをするのが日常で、落ち着いて勉強できる環境ではなかった。登校初日にいきなり〝いよう、小錦！〟というヤジでからかわれた。小錦というのは、よく太って色の白い、評判の横綱だった。耐えがたい男女共学の実情が弥生を女子の医師教育へと駆り立てた。

済生学舎の授業は朝六時から夜八時まで行われた。弥生は朝五時前に起きて約三年半通った。二十三年四月、内務省医術開業前期試験に合格。二十三年五月から二十五年九月まで同校後期学科、実地講習、顕微鏡講習などを修了し、順天堂医院で臨床見学をさせてもらい、寝る間も惜しんで勉強し、二十五年十月、内務省医術開業後期試験に合格した。弥生二二歳、初代の荻野吟子から数えて二七番目の女医となった。

一時期郷里で父の分院を手伝ったあと、医学修業を続けたいと再度父に嘆願し、二十八年六月上京した。弥生にはドイツ留学の夢があり、ドイツ語を勉強するために本郷元町の東京至誠学院に通った。その院長が吉岡荒太であった。また、一般教養を学ぶために選修学舎で国漢を学び、跡見女学校の選科で国文学、生花、茶道を学んだ。国語伝習所や斯文学舎へ通い、落合直文や小(こ)中村清矩(なかむらきよのり)などに国文学を学んだ。二十八年九月、本郷駒込東片町に一軒家を借り、鷺山医院を開業した。昼は学校に通い、夜間に診療を行った。

吉岡荒太は明治元年十二月八日（一八六九年一月二十日）、現在の佐賀県東松浦郡肥前町高串で生まれた。吉岡家は代々医者を生業とする旧家で、父玄雄は漢方の医者であった。荒太は、姉一人、下に四人の弟妹がいる六人兄弟の長男。村の小学校を終えた後、唐津の大成校に入り、福岡の前原中学校を卒業した。友人の兄を頼って十九年に上京し、第一高等中学校（後の第一高等学校・現在の東京大学教養学部）に入学し、医学を志していた。郷里からの送金が途絶えがちなため、一年生から私塾でドイツ語を教えるアルバイトをしていた。三年のときチフスにかかり、さらに病気が重なり学校を退学した。しかし、独学で医術開業前期試験に合格。二十四年健康が回復すると、本郷金助町に東京至誠学院という私塾を開いて、ドイツ語を教えながら後期試験の準備をするつもりでいた。しかし、塾の学生が増え二十六年に本郷元町

吉岡荒太（1920 年）
（東京女子医科大学所蔵）

に移転。上京してきた二人の弟の面倒を見るため、自分は医者になることを断念し、弟松造を済生学舎に通わせた。このような時に弥生と出会った。

弥生は東京至誠学院で、荒太にドイツ語の個人レッスンを受けていた。元来荒太は無口で、授業に必要なこと以外はろくに話さない。そんな荒太が散歩のついでにと、弥生の下宿に二、三度遊びにきた。荒太は天下国家を論じると能弁になった。政談好きな弥生も遠慮せずに話し相手をした。ある日荒太の弟松造がするめを一束持って弥生の下宿にやってきて〝兄の嫁にきてもらえないだろうか。〟と言った。ドイツ留学の夢を持つ弥生にとって、ドイツ語に堪能な荒太は尊敬でき、二人の弟を抱えて生活のために戦っている荒太の境遇に同情した。こうして、二十八年十月、荒太と二人の弟と弥生との四人だけのささやかな結婚式を、弥生が開業のために借りた東片町の家で蕎麦を食べながら祝った。

明治前期の医学教育事情

江戸時代は医師の資格や業務についてなんらの規制がなかった。親から子への伝授や徒弟制度の中で養成され、自由に看板を掲げることができ、漢方医学が主流であった。しかし、一九世紀半ばに天然痘、腸チフス、赤痢などの伝染病が流行し、幕府は西洋医学の必要性を痛感した。安政二（一八五五）年、長崎に海軍伝習所を開設。二年後、オランダから海軍軍医ポンペが招聘され、学生たちに西洋医学を講義した。その翌年、清国（現中国）から長崎に入港した米艦ミシシッピー号によってコレラが上陸した。長崎から江戸まで蔓延（まんえん）し、数万の死者が出た。ポンペは病院の建設を急ぎ、患者の治療と臨床教育が重要であると建言した。翌年長崎に洋学の医学伝習所が設けられた。

江戸では蘭方医師たちが幕府の許可を得て、神田お玉ケ池に天然痘の予防接種を行う種痘所を開設し、西洋医学の研究も始めた。種痘所は万延元（一八六〇）年、幕府直轄の西洋医学所となり、文久三（一八六三）年、医学所と改めた。

幕末に来日したイギリス公使館付医官ウィリアム・ウィリスが、慶応四（一八六八）年一月から始まった戊辰戦争で、銃砲傷者の治療に大きな功績をあげた。六月、明治新政府は、旧幕府の医学所を接収して医学校とした。七月、横浜軍陣病院を東京下谷に移して大病院と称し、医学校を付属とした。明治二年一月、ウィリスによりイギリス医学教育が始まる。大学校、大学、大学東校と改変を重ね、三年七月には東校と称することになる。

政府は明治二年一月、相良知安（旧佐賀藩医）と岩佐純（あつし）（旧福井藩医）を医学校取調御用掛に任じ、医学教育の改革を担当させた。十一月、イギリス医学主流の医学校規則が成ったが、相良・岩佐はドイツ医学の採用を建言した。そのため政府は十二月、ウィリスを大学東校から追放し、ドイツ医学採用を決定した。四年八月、ドイツ陸軍軍医ミュルレル、海軍軍医ホフマン来日

長与専斎（『医制百年史』）

以後、軍医学校をモデルとしたドイツ医学が我が国医学教育の主流となった。

四年七月文部省が設置され、五年八月「学制」が発布された。全国を八大学区に区分し、東校は第一大学区医学校と改称。その後、東京医学校、東京大学医学部となる。

七年八月、文部省は「医制」を東京、京都、大阪の三府に通達した。医制は、前年欧米の医事制度を視察した長与専斎が七六カ条にまとめたものである。医学教育について、各大学区に医学校一所を置き病院を付属させるという計画であるが、当分医学校は東京、長崎に設け、その他は漸次設立するとした。

八年二月、文部省は医術開業試験の実施及び開業免許事務手続きを三府に通達した。新たに医術開業を行う者は、物理学・化学、解剖学、生理学、病理学、薬剤学、内科・外科の試験を受け、その成績に基づいて開業免状を受けることとした。但し、従来開業の医師は試験を必要とせず開業免状を受け、開業できるとした。これにより、約二万七、五〇〇人（明治七年の時点）と圧倒的に多い漢方医師の反発がとりあえず落ち着いた。六月、医術開業試験等の衛生行政が内務省に移管され、九年一月、衛生局と改められた。長与専斎が衛生局長となり、以後十五年七ケ月の長期にわたって務める。

十一年には医術開業試験がほとんど全国で実施された。しかし、地方によってかなりの相違が生じたため、十二年二月、「医師試験規則」を制定し、全国的に統一した。同規則で、官立大学及び欧米諸国の大学校卒業者は無試験とした。この時点で該当する国内の医学校は、東京大学医学部のみであった。

十三年十二月「教育令」改正。第七条の「専門学校ハ専門一科の学術ヲ授クル所トス」による専門学校として、具体化されたのが十五年の「医学校通則」である。甲種医学校は、初等中学卒業以上の学力を有する者を入学させ、修業年限四年以上、無試験で医術開業免許状が下付される。但し、三名以上の医学士を必要とした。この時点で医学士の称号が与えられるのは東京大学医学部卒業生のみであった。乙種医学校は、入学資格は甲種と同様、修業年限三年、医学士一名を必要とし、医術開業試験に合格しなければならなかった。東京大学医学部を頂点にすべての医学校を傘下に置こうとする政府の意図が明白である。

十六年十月、「医師免許規則」「医術開業試験規則」が制定された。医師は、医術開業試験を受け、内務卿より開業免状を受けた者。但し、この規則以前に受けた医術開業の證は有効とした。医術開業試験は、前期〔物理学・化学・解剖学・生理学〕、後期〔外科学・内科学・薬物学・眼科学・産科学・臨床実験〕とした。前期試験は一ケ年半以上、後期試験はさらに一ケ年半以上修業した者でなければ受けることができない。落第した者は半年後でなければ再受験できない。前期試験手数料三円。後期五円。この「医師免許規則」は明治三十九年に「医師法」が制定されるまで続いた。

十九年三月、「帝国大学令」が公布され、東京大学は唯一の帝国大学となり、四年制の帝国大学医科大学は近代医学教育の中核となった。同年四月に公布された「中学校令」において、官立の高等中学校が全国を五区に分けて各区に一校設置され、医学部を設けることができるとされた。二十年八月から九月にかけて、仙台、岡山、金沢、長崎、千葉に設置された。修業年限は四年で各地方の最高学府となる。一方で、同年八月、勅令を発し、「府県立医学校ノ費用ハ明治二十一年度以降地方税ヲ以テ之ヲ支弁スルコトヲ得ス」として、公立医学校を財政面から廃校に追い込んだ。そして、廃校になった県立医学校の校舎病院器具などを、五つの官立高等中学校医学部の設置に充てた。この措置で授業料と地方税以外の収入で維持できたのは、京都府、大阪府、愛知県の三医学校のみであった。そのため十九年には公立医学校が一八校、私立医学校が四校あったが、二十三年には公立医学校が三校に激減した。明治前期の私立医学校の代表的なものは済生学舎、春雨黌（しゅんうこう）（後の私立熊本医学校）、成医会講習所（後の成医学校・東京慈恵会医院医学校）などであった。

医師になるには、帝国大学医科大学か、官立の高等中学校医学部か、公私立の医学校かで学ぶしか道はなかった。しかも官公立は女子に門戸を開いておらず、私立もわずかに済生学舎だけが女子を受け入れていた。鷲山弥生（吉岡弥生の旧姓）が済生学舎に入学した二十四年ごろの医学教育事情はこのような状況であった。

近代女医の先駆者――荻野吟子と高橋瑞子（みずこ）

女子が医師として活躍できる道筋をつけた女性について述べよう。内務省の医術開業試験が女子に開かれたのは明治十七年六月、その草分けが荻野吟子である。

吟子は嘉永四（一八五一）年、現在の埼玉県熊谷市俵瀬の名主荻野綾三郎の五女として生まれた。幼少から学問を好み、郷里の松本万年に漢学を学んだ。明治六年満二二歳で上京し、国学者井上頼圀（よりくに）に入門した。八年十月、東京女子師範学校（現お茶の水女子大学）に入学し、十二年七月卒業した。卒業式の時、幹事の永井久一郎から将来の目的を尋ねられ、医者になりたいと答えた。吟子は一七歳で結婚し、品行の悪い夫から性病を移され、婚家から離縁された。大学東校の病院（現東京大学医学部付属病院）に入院して二年間

明治 18 年、医術開業試験合格直後の荻野吟子（『日本女医史』追補）

治療を受けた。その時、婦人科の病気を男性医師に診察される苦痛を感じた。自分が女医になって同じ病気に悩む女性たちを救おうと決心した。しかし、官公立の医学校は女子に門戸を開いていなかった。

東京女子師範学校幹事の永井久一郎は、医界の有力者石黒忠悳(ただのり)を紹介してくれた。しかし、私立の医学校も〝女は困る〟という。十二年十月、石黒の尽力により下谷練塀町の好寿医院になんとか入学が許された。好寿医院は宮内省の侍医高階経徳(たかしなつねのり)が経営する私立の医学校で、東京大学医学部などの教授陣が出講していて高度な勉強ができた。吟子は三年間、断髪、高下駄に袴という男装で通った。学資を得るため、海軍兵学校教官の家に住込み、夫人の家庭教師のほかいくつかの家庭教師を掛持ちした。困難を乗り越えて十五年十月、好寿医院を卒業した。

吟子は医術開業試験を受けようとしたが、女子の受験は前例がないとして受けさせてもらえなかった。制度の改良を求めて奔走したが、叶わなかった。やむなく群馬の伊勢崎町で松本元坦という医者の家に住込み、しばらく松本氏の名義で開業していたらしい。吟子は、外国へ渡って資格を得ようと覚悟した。かつて家庭教師をしていた豪商高島嘉右衛門に相談すると、その覚悟があるなら過去に女医が存在した証拠を示し、もう一度当局にあたってみてはどうかと言われた。

そこで旧師の井上頼圀に再度入門し、頼圀の指導で女医の根源を調べた。その結果、『続日本紀(しょくにほんぎ)』(七九七年)と『養老律令』の注釈書『令義解(りょうのぎげ)』(八三四年)に、古代・朝廷の宮内省に

「女医博士」という役職があり、出産や外科治療、針灸術などの医術を行う女医を養成していたことがわかった（『日本女医史』追補）。

石黒忠悳も〝医術開業試験に女が医者になってはいけないという条文がない限り、女も受けさせるべきだ〟と再三長与を説得してくれた。吟子は、国学者井上頼圀お墨付きの資料を携えて、高島の紹介状をもらい、十七年四月、衛生局長の長与専斎を訪問した。長与は吟子の熱意に動かされ、学力がある以上女性でも開業試験を受けることを許可して差し支えないとし、十七年六月、女子の受験が初めて正式に認められた。九月、前期試験に吟子のほか三名が受験したが、合格したのは吟子一人だった。十八年三月、吟子は後期試験に合格。女医を決意してから六年、数々の壁を乗り越えて日本の近代女医第一号となった。吟子三五歳であった。女性の自活の道として、女医という新しい職業分野を開いたのである。

荻野吟子以前に医術開業試験を受けたいと申し出た女性がいた。三番目の女医になった高橋瑞子は、吟子よりも早く衛生局長を訪ねて懇願していた。瑞子は、嘉永五（一八五二）年、現在の愛知県に生まれた。九歳の時三河国西尾藩士だった父が亡くなり、母の手で育てられた。明治十年ごろ東京の伯母の養女となり、伯母の養子と結婚したが、伯母はひどくけちで食べ物も十分に食べさせてもらえず、瑞子は養家を飛び出した。負けず嫌いで男まさりの性格で、内職では自活

高橋瑞子
（『日本女医史』追補）

できないため、収入の多い医者になろうと考えた。十二年、学費がないため群馬県前橋の津久井磯子という男まさりで腕の良い産婆に住込みで弟子入りし、修業を積み、十五年上京した。理論の勉強をしようと桜井郁二郎が経営する浅草の紅杏塾（こうきょうじゅく）という産婆学校に入り、免状を取った。そして、医者になる準備に取り掛かったが、女子は開業試験を受けられなかった。十六年三月、二人の同志を誘い内務省の衛生局長長与専斎に面会し、女子の受験許可を嘆願した。長与は〝まだその時期ではないからもう少し待ってくれ。産婆の方をやっていてくれ。〟と答えた。瑞子は大阪でしばらく内外科と産科の勉強をした後、前橋で産婆を開業し、産婆学校も設けた。

十七年九月、政府が女子の受験を公認したことを聞き上京した。済生学舎の門で三日三晩端座し、舎長の長谷川泰をつかまえ、入学許可を願い出た。それまで女子を受け入れていなかったが、長谷川は瑞子の熱意に動かされ、教授たちと相談の上入学を許可した。済生学舎は医術開業試験合格を目指すいわば予備校で、学歴を必要とせずいつでも入学でき、月謝も毎月分納できた。これ以降女医を志す者はたいてい済生学舎に入った。瑞子は女性が医学校で学べる道を開いたのである。

済生学舎に入学を許可されたものの、男ばかりの学校へ女一人飛び込んでいったため、教室に入ると足拍子ではやしたてられたり、黒板に悪口を書かれたり、男子からさんざん嫌がらせを受けた。しかし、そんなことにめげる瑞子ではなかった。お金がある間だけ学校に通い、なくなるとやめて、お金をためてからまた通うという具合だったが、十八年春、前期試験に合格した。後期試験には臨床試験があるため、実地に患者を見ておく必要があった。

順天堂医院に再三頼んだが、ここでも女は駄目だとはねつけられた。幸い下宿の隣に住んでいた院長佐藤進の甥山口順一の仲介でようやく病院の中へ入れてもらえた。院長は瑞子の苦境を察して、見学者としての月謝は免除するように取り計らってくれたが、束脩（入学金）の五円だけは納めなければならなかった。するとと瑞子は、どうせ夜は寝たことがないのだからと、夜具を売って五円を納めた。その話を聞いて同情した院長は五円を返してくれた。しかし、瑞子は夜具を買い戻さず、聴診器その他の勉強道具を買った。このすべてを学問に捧げる瑞子の心意気に院長が感じ入り、他の学生以上に瑞子を指導してくれた。よほどひどい身なりをしていたのだろう、院長夫人が着物を作ってくれたという。

朝四時半ごろに起きて一番に学校へ着く。そうしないと席が取れなくなるからである。六時から授業が始まり、夜の七時過ぎに帰って復習し、その間に順天堂医院へ通い、夜の一二時ごろから内職に取りかかり、不眠不休の生活で寝る暇はなく夜具を必要としなかった。こうして二十年四月、三六歳で後期試験に合格した。

瑞子は二十一年十一月、日本橋元大工町で開業した。気性がさっぱりしており、土地柄ともうまく合い大盛況だった。しかし、なおもドイツ留学を考えて洋行費をため、ドイツ語の勉強をしてドイツへ渡った。ところが、ドイツの大学も女子に入学を許可していなかった。ドイツ政府は一八八〇年以来、女子の医術開業を禁止していた。下宿のすぐ前がベルリン大学婦人科の病室だというのに。しかし、親切な下宿の老婦人の紹介で、ベルリン大学婦人科のウォルスハウゼン教授やマルチン教授に面会する機会をつかんだ。瑞子の必死の嘆願が通じ、客分として毎日来る分には差し支えないということになり、教授のそばに椅子を与えられた。こうして女子のドイツ留学の道も瑞子は開いた。しかし、一年ほどして喀血したため、学業途中で二十四年四月帰国した。奇跡的に命拾いをし、元の日本橋で開業した。

ドイツ洋行が評判になりますます栄えた。親分肌で男子書生にお金をかけて医者に仕上げることを楽しみにした。女医になるのに苦労をしたにもかかわらず、〝女は駄目だ〟が口癖だった。途中でやめる女性が非常に多かったからである。髪は散髪、外出する時は猟虎(らっこ)の帽子をかぶり、二重マントを羽織った男装だった。大正三年、満六〇歳の時、まちがいがあってはいけないと医師を引退。昭和二年二月、七六歳で亡くなるが、吉岡弥生が見舞いに行った時非常に喜んで、〝私が死んだら体はあなたの学校へ持って行って、学生たちの研究になれば結構だから、解剖に使って下さい。頼みましたよ。〃と言った。〃女は駄目だ〃が口癖であったが、女医の育成に懸命に取り組んでいる弥生を応援し、後事を託したのだろう。瑞子の屍体は解剖実習で使用した後、遺骨は「高橋先生のお骨」として、学校の宝とされている。

荻野吟子と高橋瑞子の二人が、女性が医学を学び、医術開業試験が受けられる道を開いてくれた。弥生は父や兄の支援があり、働きながら学業を続けなければならなかった二人より経済的には恵まれていた。しかし、弥生の本当の苦労は女医学校を開いてから始まる。

六畳一間の東京女医学校

話を東京女医学校に戻そう。明治二十八年十月の吉岡弥生と荒太の結婚式に顔を見せなかった弥生の父鷲山養斎が、弥生の妹とのを明治女学校の高等科に入れる用事もあって、二十九年三月上京した。養斎は荒太に会って人物には安心したが、東京至誠学院の貧弱な設備に驚き、改善をすすめた。養斎の援助により、神田飯田町に移転し、高等学校の受験生を対象とする予備校にした。ドイツ語の通信講義録を活字印刷にし、日独対訳の医学独習講義録の出版にも着手した。生徒は増え大繁盛したが、必要経費を差し引くと厳しかった。

寄宿舎も赤字だった。弥生は学院の受付・庶務・会計・舎監・寮母を務め、全面的に荒太を支えた。学生を救済したいという思いから一ケ月三円の安い寄宿料で、おいしい食事を提供し、親切に面倒を見たので、希望者が殺到した。定員オーバーで食費がかさみ赤字になった。通信講義録の収入だけでは厳しく、荒太は一週間に六〇時間以上の授業を受け持つ上に、外務省や陸軍の翻訳も始めた。筆記は弥生が負担した。学院の向かいの家が空いたので家賃一六円で借り、弥生は開業し、東京至誠医院の看板を掲げた。玄関三畳、突き当りの四畳半が薬局、続く八畳が患者控室、回り縁のある八畳が診察室、ほかに六畳と四畳半、三畳（女中部屋）、三畳（書生部屋）、築山のある庭という間取りだった。医院の利益で、学院と寄宿舎の赤字を埋めようとしたのである。しかし、思ったほど患者は来院せず、学院の赤字を埋めるようになるまでに、東京至誠学院は家賃滞納で追立てられた。

三十一年神田錦町の金華小学校のあとを借り受けて東京至誠学院を移転したが、三十二年十一月、荒太が糖尿病にかかり、閉鎖することになった。寄宿舎も解散し、弥生は至誠医院の経営に力を注いだ。結婚から四年間が高利貸しに借金してやりくりする二人のどん底時代であった。

三十三年秋、女子が学べる唯一の医育機関であった済生学舎が専門学校昇格をあせり、風紀問題を理由に女子の入学を拒絶した。当時男子学生の中に、「芙蓉（ふよう）団」と称する不良グループがあった。男女交際を求めて、女子学生のあとを追い回し、女子学生をおどしたりすかしたりして誘惑した。気の弱い女子学生は恐怖心から退学したり、病気にかかったりした。弥生が預かっていた二人の女子学生の一人も、恐怖心からかなり強い神経衰弱にかかった。済生学舎は女子学生の入学を許可しているものの、正式の男女共学ではなかったため、学校は不良学生を取り締まろうとはしなかった。済生学舎の風紀問題が新聞に書きたてられるようになり、さすがに学校も狼狽(ろうばい)して三十三年の秋、新しく女子学生の入学を許可しないことにした。さらに不良学生を一掃するどころか、三十四年三月には在学中の女子学生まで追い出してしまった。

弥生は、済生学舎が女子を拒絶した知らせを聞いて、このままでは将来日本の女医が絶たれてしまうと思った。女性だけで安心して勉強のできる女医学校の設立を決心し、荒太に相談したところ双手をあげて賛成してくれた。そして、三十三年十二月五日、東京至誠医院の奥の六畳の一室に「東京女医学校」を開設した。冷静になって考えれば、学問もなければ財産もない一女医が学校を創って女医を養成しようとしたのは無謀であった。ただ、荻野吟子や高橋瑞子が拓いてくれ、ここまで築き上げてきた女医の伝統を守っていかなければならないという使命感が弥生を立ち上がらせた。ま

創立当時の東京女医学校を描いた
記念祭の飾り物（東京女子医科大学所蔵）

た、恩師長谷川泰から女子学生を託されたような気がした。弥生二九歳であった。

しかし、草創期は悲惨な状況であった。募集に応じて集まったのはわずか四名であった。六畳間に粗末な机と椅子を並べただけで、荒太が物理学と化学、弥生が生理学と解剖学を教えた。三十四年一月より、弥生と済生学舎で同期だった木村鉞太郎が解剖学を担当して、以後二〇余年にわたり援助してくれた。三十四年四月には、済生学舎から追い出されてきた女学生など二〇名ほどになり、収容しきれなくなって、五月、牛込区市ケ谷仲之町に移転した。木造二階建で、二階を教室に、階下を寄宿舎にあてた。門柱に「東京女医学校」と大看板をかかげ、医術開業試験合格を目指した。しかし、設備が貧弱なため、地方から上京した者の中には落胆して、他の医学校へ移る者もあった。講師もここで教えていることを恥じるような具合で、学生は容易に集まらなかった。設備も講義も貧弱な草創期であった。

唯一の女医養成機関となる

明治三十年代の女医養成機関について述べよう。三十四年三月、済生学舎から締め出された二五名ほどの後期生（医術開業試験前期試験合格者）は、本郷の中央会堂を借りて、済生学舎のこれまでの講師に嘆願して講習会を持った。二年ほど続き、医術開業試験の合格者が出たあと自然消滅した。五〇名ほどいた前期生の一部は、三人の委員を選び、石川清忠ら数名の済生学舎の講師と交渉し、神田三崎町にある東京歯科医学校の校舎を借りて、「女子医学研修所」を創立した。三〇人くらいの学生を集めれば講義をしてもよいという条件付きであった。済生学舎の学生一五名が集まった。あと一五名を集めなければならなかった。

三十四年四月、吉岡弥生の東京女医学校は、済生学舎から移ってきた学生などで二〇名ほどになった。ところがまもなく三人、五人と姿を消していった。おかしいと思いながら様子を見ていると、女子医学研修所の学生たちが、東京女医学校の門前で学生を待ち伏せして、女子医学研修所と東京女医学校の優劣や、講師の学歴の違いなどを説いて勧誘し、連れ去っていたのである。弥生は二つの学校で学生を取り合うことを避けるため、合同にすることを申し入れたが断られた。女子医学研修所の当事者は〝お前の力でやれるものならやってみろ〟というような馬鹿にした態度であった。弥生は悔しかったが、東京女医学校を必ず立派にしてみせると奮い立った。そして、女子医学研修所は三年経たないうちに維持できなくなり、三十六年ごろには廃止され、学生は石川清忠の私立東京医学校に収容された。

明治三十六年三月二十七日、文部省は「専門学校令」(勅令第六一号)、同月三十一日、「公立私立専門学校規程」を発布した。済生学舎長・長谷川泰は「専門学校令」により私立医科大学を称する申請を行ったが、設備等不備として認可されなかった。文部省の仕打ちに憤った長谷川は三十六年八月三十日、主な新聞に廃校宣言の広告を出してしまう。衆議院議員であり、衛生局長

（明治三十一年三月〜三十五年十月）でもあり、七、〇〇〇人以上の医術開業者を卒業生に持つ長谷川を失脚させるための画策が、ある一派によって秘密裡に行われたという説があるが、今ここで詳しく述べることは控える。この廃校宣言を受けて、学生救済のために済生学舎の講師たちが学習の場を設けた。丸茂文良の「医学温習会」、石川清忠の「私立東京医学校」、山根政次の「日本医学校」には女子学生も収容された。しかし、「医学温習会」は丸茂が病没したため三年で消滅。四十三年日本医学校が東京医学校を合併し、しばらく男女共学が続いていたが、四十四年日本医学校が専門学校に昇格するとき、女子学生がいては邪魔になるといって女子の入学を拒絶した。女子学生は再び締め出されてしまった。

関西方面では、二十八年創立の緒方正清の大阪慈恵医院医学校が男女共学をとり、唯一の女医養成機関となっていたが、経営困難のため廃校となり、三十五年設立された佐多愛彦の関西医学院に引き継がれた。しかし、ここも四十一年に閉鎖されたため、女子学生は上京して、日本医学校か東京女医学校に転じていた。

これらのことからも費用がかさむ医学校の経営は並大抵のものではないことがわかる。結局最後まで女医養成機関として残ったのは東京女医学校だけであった。採算が取れるか取れないかなどということは度外視して、ひたすら日本の女医の伝統を絶やさないためにという弥生の情熱と荒太の内助があったからこそ継続できたのである。

三十四年五月、牛込区市ケ谷仲之町に移転していくぶん学校らしくなったが、家賃がかさみ、弥生は郷里の父に出資を願い出てなんとかその年を越した。翌三十五年春、郷里から父親の使いとして親戚の者が三人上京した。三人は、弥生に学校の経営をやめて、郷里へ帰って開業するように説得した。しかし、弥生は〝私は死んでも、この学校をやめません。〟と言って、郷里に帰る意志がないことをきっぱりと表明した。日本の女医の将来のために建てた学校だという理想を捨てなかった。

このような困難が続く中で、三十五年六月二十九日、弥生は長男博人を出産した。その出産の場を学生の勉強のために提供した。東京女医学校の医術開業試験合格第一号の井出茂代は次のように語っている。

先生は、生徒の皆に、自分のお産を見なさいというんです。室の外から二十人ほどが折り重なって見ていました。陣痛のたびに、ソラ来たッ、とおどけた声をかけなさるんです。…二十時間くらいかかりましたね。三十二歳で、初産で、生徒の実験台になって…

（『日本女医史』追補）

まさに一身をかけての弥生の指導は、学生たちにとって貴重な体験となり、大きな感動を与えた。

明治37年建築の寄宿舎兼診療所（『吉岡弥生伝』）

博人誕生後、弥生は神田飯田町の東京至誠医院に移り、荒太が学校の教授兼寄宿舎の舎監として市ケ谷仲之町に泊まり込んだ。約一年後の夜、弥生と学生たちが散歩中、河田町の月桂寺の隣地に木造洋館の建物が空いているのを見つけ、学生たちに強く懇願されて購入することになった。その建物は一、二〇〇円で売りに出ており、九〇〇円の抵当に入っていた。その抵当を引き継げば差額の三〇〇円で入手できた。しかし、二〇〇円しか準備できず、不足額は高利貸から借りた。三十六年三月、牛込区河田町六番地の陸軍獣医学校跡へ移転した。これが現在の東京女子医科大学の敷地に結びつくのである。建物の全部を学校のものにするのに数年かかった。

校舎の悩みは解決したものの、教育の内容や設備は相変わらず貧弱であった。頭蓋骨の標本一、顕微鏡一、試験管が十数本という程度で、解剖の道具も材料もなかったため、裏庭の蛙をつかまえて張板を出して、持ち合わせのナイフで解剖実習を行ったり、道端に捨てられた犬や猫の死骸を拾ってきて解剖したりした。〝女医学校の生徒を見たら、犬も猫もつないでおけ。〟という噂が近所に立ったほどだ。懇意な人の中にはそんな実習用の材料を土産がわりに持ってきてくれることもあった。

寄宿舎はまだ市ケ谷仲之町にあったため、河田町の学校内に設けるために、学生が中心となって、創立三周年記念の音楽会と講演会を開き、その収益で寄宿舎を建築しようということになった。学生総勢三六名が連署した趣意書を作り、入場券を手分けして売りさばいた。病院や同業者の医者はほとんど買ってくれなかった。〝そんな山師の学校なんか、さっぱりやめて、田舎へ帰ってお嫁にでも行った方が身のためだよ。〟などと悪口を言われることもあった。むしろ大会社や有力団体がよく買ってくれた。一、二〇〇枚を完売し、会場の中央会堂が昼夜二回満員になった。四〇〇円の収益をあげることができた。一階を診療所にあて、二階の六畳と八畳の一〇室ほどを寄宿舎にした。これを東寮とし、三十七年六月、仲之町の寮から引っ越した。こうして、三十七年九月、河田町に東京至誠医院の看板を掲げた。付属病院の出発であった。

診療所を設置したことで、臨床講義が始まり、患者とも親しく接することができるようになった。三十八年には寄宿舎の西寮が出来て移り、東寮のあとを病室とし、手術室、薬局を設けた。入院患者を扱うようになり、学生も学業の間に、看護婦、小使、薬局生、会計、受付として働いた。教師と学生が一体となって、涙ぐましい努力の末、少しずつ学校らしく、病院らしく体裁を整えていった草創期であった。

私立東京女医学校の申請

明治三十三年前後から、女子の東京への遊学者が増え、学校の新設が相次いだ。東京女医学校に先駆けて三十三年九月、津田梅子が女子英学塾、同年十月、藤田文蔵・横井玉子らが女子美術学校を創立した。翌三十四年四月、成瀬仁蔵が日本女子大学校を創立し、女子の高等教育への関心が高まった。そして、三十六年三月公布の「専門学校令」により、日本女子大学校が三十七年二月に、女子英学塾が同年三月に認可され、専門学校に昇格した。そうした時代の流れを察して、まず学校としての体勢を整えるために、三十七年七月五日、牛込区長を経て東京府知事に私立東京女医学校の設立を鷲山弥生名で申請し、同月二十三日、「私立学校令」により認可された。

私立東京女医学校設置許可願

目的　本校ハ女子ニ医学ヲ教授シ女医ヲ養成スルニアリ

名称　私立東京女医学校ト称ス

位置　東京市牛込区市ケ谷河田町六番地ニ置ク

とした。その他主な内容は以下のように定めた。

修業年限　四ケ年。前期二ケ年、後期二ケ年。四学年に区別する。

試験　学年試験、前期試験、後期試験、卒業試験の四種とする。学年試験は各学年の終わりに、前期試験は前期学科修了の後に、後期試験は後期学科修了の後に、卒業試験は後期試験及第の後に施行する。

入学及退学　一六歳以上三五歳以下の女子で、高等女学校三学年修了の者、又は之と同等の学力あるものには入学を許し、操行不良で成業の見込みがないものは退学させる。

月謝及入学料　入学料は前後期とも金三円、月謝は前期二円五〇銭、後期三円。

生徒の定員　第一・二学年各五〇名、第三・四学年各三〇名、合計一六〇名。

学科授業時間配当　数字は一週間の時間数を示す

前期　第一・二学年

組織学3　解剖学8　生理学7　物理学6　化学6

後期　第三・四学年

病理総論2　外科通論2　診断学2　内科各論6　薬物学2　各科各論6

眼科学3　産科学2　婦人科2　衛生学2　独乙語6　法医学1

それまで志願者は五、六〇人であったが、三十九年春、二〇〇人もの志願者に激増した。その背景として、三十七、八年の日露戦争後、産業・経済界の好況、消費文化の向上などから職業婦人を必要とする機運が生まれたこと、日露戦争は多くの未亡人を生み、自活の道を求めて、女子の専門教育、女子の職業教育の要望が高まってきたことなどが考えられる。そうなると、教室も寄宿舎も増築を必要とした。三十九年に北寮、四十年には桂花寮と清風寮を設けることになる。

このように順調に発展し出していた折、三十九年五月、「医師法」が公布され、同年十月一日から施行されることになった。三十年ごろから近代医学教育を受けた医師が増え、各種の医師団体が生まれた。そのため法律で規定する必要が論じられ、何度も「医師法案」が議会に提出されたが成立に至らなかった。三十九年、東京帝国大学出身者中心の明治医会の案と、東京と関西の医師会が合同して結成された帝国連合医会の案が同時に衆議院に提出された。それらを一本に修正した上でようやく両院を通過し成立したのであった。

この「医師法」により、従来だれでも受けられた医術開業試験の廃止が決定した。医師の免許を受けることができるのは、

1、帝国大学医科大学医学科又は官立、公立若しくは文部大臣の指定した私立医学専門学校医学科を卒業した者

2、医師試験に合格した者

3、外国医学校を卒業し又は外国に於て医師免許を得た者で命令の規定に該当する者

となった。2、の医師試験について以下のように新たに規定された。

医師試験ハ中学校若ハ修業年限四箇年以上ノ高等女学校ノ卒業者又ハ之ト同等以上ノ学力ヲ有スル者ニシテ医学専門学校ヲ卒業シ若ハ外国医学校ニ於テ四箇年以上ノ医学課程ヲ修了シタル者ニ非サレハ之ヲ受クルコトヲ得ス（「医師法」第一条）

医学専門学校を卒業した者でなければ医師試験を受験できない。暫定措置として従来の医術開業試験を認める期間を八年間とした。八年後の大正三年九月末（その後法律改正で大正五年まで延期された）限りで、従来だれでも受けられた医術開業試験を廃止することが決定した。

東京女医学校は、医学専門学校へ昇格する必要に迫られた。まず学校の組織を整備する必要を感じ、三十九年十二月、設立者鷲山弥生を校長として履歴書を添えて認可申請願を提出し、四十年一月、東京府知事より認可を得た。しかし、創立以来八年経つのに、まだ一人も開業試験の合格者を出していなかった。前期試験は比較的容易に合格できたが、後期試験は学科試験と実地試験の二種があり、四ケ年の課程を終わっても合格できる者はきわめて少なかった。弥生は、三人

東京女医学校第１回卒業式で
井出茂代（中央）と吉岡夫妻
（東京女子医科大学所蔵）

の後期生に七人の講師をつけて鍛え上げた。そうして四十一年一月、三十五年四月に入学した井出茂代がはじめて合格した。学校中が歓喜に沸いた。

四十一年一月、第一回卒業式を行った。東京女医学校では、医術開業試験に合格した時を卒業と定めていたのである。早稲田大学総長の大隈重信、東京帝国大学医科大学教授三宅秀はじめ、文部省や東京府の役人など朝野の名士を招待し、盛大に行った。喜びを人々に伝え、学校の存在を世間に示す意味もあった。しかし、その席上、祝辞や賛辞が終わると、医学雑誌の記者たちの心無い主張が始まった。〝女子に高等教育をさせると、晩婚に陥って、日本の人口が減るからいけない。〟〝手術をして平気で血を流すような殺伐な女が増えたら、日本の国は滅びてしまう。〟などの「女医亡国論」が飛び出した。さらに演壇を占領して、〝女は月経があるから手術室が穢れる。〟〝女は妊娠して仕事を休むからいけない。〟などと非常識な主張を振り回した。女医に対する封建的な蔑視と反感をもつ一部の医師と利害関係に結ばれている記者たちだった。

日露戦争後、女性の職業進出が盛んになっていた。男の職業を女にとられてなるものかという狭い考えから、女医学校をつぶしてしまえという医師の手先であった。その雰囲気に乗じて来賓の中からも立ち上がってそれに賛成する人もあり、式は大混乱し、収拾がつかなくなった。その時、大隈重信が〝女子の高等教育および女医の将来に関して、激しい論争が行われているようであるが、この議論ばかりは明日まで続けてみたところで、おそらく解決のつくものではあるまい。むしろ、諸君、藉すに一〇年ないし一五年もってせよ。事実に現れきたる成績の如何によって、果たして女医が適当なる者か不適当なる者かという結果がわかるんである。〟（『吉岡弥生伝』）と論じ、ようやく会場が静まった。

こうした偏見や嫌がらせに負けず、女医の養成に全精力を注ぐ弥生の情熱が学生たちに伝わったのだろう。井出の合格が突破口となり、続いて、四十一年二名、四十二年一名、四十三年一二名が合格し、卒業証書を授与した。四十一年十一月、付属病院の設置が認可され、同年十二月、私立東京女医学校付属至誠病院を設け、弥生が校長と病院長を兼務した。

東京女子医学専門学校認可への苦しい道のり

東京女医学校は、創立から一〇年、ようやく世間から認められるようになった。残るは専門学校への道である。学生や保護者からも早く専門学校にしてくれるよう、文部大臣の指定学校にしてくれるようにと催促された。それまでは各種学校で、東京府知事の監督下にあり、設置も廃止も比較的簡単であった。しかし、専門学校に昇格させるには、「専門学校令」及び「公立私立専門学校規程」により、文部大臣の認可を経なければならなかった。医学専門学校については、官立並みの実験設備や建物の完備が求められた。吉岡弥生には、大学教授などの肩書も後ろ盾も資産もない。至難の業であった。だが、この専門学校への昇格には、女医の将来と三〇〇人の在学生に対する責任がかかっていた。

四十二年六月、東京女子医学専門学校設立の申請書を、東京府を経て文部省に提出した。しかし、半年経っても何の音沙汰もなかった。文部省は女医の必要を認めず、女子高等教育機関を不必要なものとして申請を黙殺した。弥生は、再度書類を作成し、文部省との交渉に何度も足を運んだ。さらに半年経ってようやく文部省から大沢視学官が視察に来校した。しばらく経って栗本技師、瀬戸視学官の視察が行われたが、何の指示も与えられなかった。

四十三年八月、最初の申請書を提出してから一年二ケ月、ようやく文部省から必要な条件が指示された。

①付属病院に内科、外科、産婦人科、眼科、耳鼻咽喉科、小児科の諸科を置き、各科別々の

診察所を設けること。

②施療患者の病室を二五室設けること。

③一年間に少なくとも実習用に屍体を二五体解剖すること。

このうちどれかが欠けても許可しないというものであった。

すぐに学校と病院の増築に着工し、四十四年七月には各科の診察所、解剖実習室が落成した。弥生は同月七日、文部大臣宛に再申請を行った。しかし、文部省は却下。専門学務局長福原鐐二郎は東京府知事阿部浩に対して文書を発した。

…同校の規模並設備等尚十分ナラサル点有之候ニ付少クトモ左記各条件ヲ充実セシメラレ候上再申請スル様…

学校の規模や設備が不十分で、さらに左記の各条件を充実せよというのである。「左記の各条件」とは、以下の七項目である。〔（　）内は筆者注〕

一、系統解剖学及病理解剖学ノ実習ニ必要ナル解剖体数ヲ増加シ且之カ授業ニ供スヘキ標本ヲ充実セシムルコト（解剖体数と標本を増加せよ）

一、衛生学及細菌学生理学及組織学ノ教授及実習に要スル器械及其ノ他ノ設置ヲ整フルコト

（各科の教授、実習用器械、その他の設置を整えよ）

一、外来及入院患者ノ治療ニ要スル医療器械ヲ充実スルコト（医療器械を充実せよ）

一、現時附属病院ニ於ケル外来患者員数ノ増加ヲ図リ学生ノ臨床実験ニ便ナラシムルコト（学生の臨床実験のために外来患者を増やせ）

一、入院学用患者モ亦其増加ヲ図リ少クモ平均一日五拾名以上ノ一般入院患者ニ対スル病床ヲ具フルコト（少なくとも一日平均五〇名以上の入院患者の病床を具えよ）

一、外来患者診察所ヲ分科的ニ設備スルコト（外来診察所を各科ごとに設置せよ）

一、模範的外科手術室ヲ建設シ猶之ヲ外科臨床講義室ニ充ツルコト（外科手術室を建設し臨床講義に充てよ）

この文書は、東京府内務部長依田銈次郎より牛込区長古本崇に下達された。

前回の四十三年八月に指示された条件をやっとの思いでクリヤーしたと思ったら、さらに難題が出された。まるで東京女医学校を専門学校に昇格させないための様な仕打ちである。医学専門学校の条件としては当然のことかもしれないが、それならば、前回四十三年八月の指示の時に伝えるべきである。無理難題を押し付けて、期限切れとなることを待っているかのように思える。

さらに、追い撃ちをかけるように、申請書提出中の四十四年七月三十一日に、「私立学校令」に改正が行われた。第二条ノ二として、

私人ニシテ中学校又ハ専門学校ヲ設立セムトスルトキハ其ノ学校ヲ維持スルニ足ルヘキ収入ヲ生スル資産及設備又ハ之ニ要スル資金ヲ具ヘ民法ニ依リ財団法人ヲ設置スヘシ

という一文が加えられた。私立の専門学校を設立する場合には、その学校を維持するために十分な資産および設備を備え、民法により財団法人を設立することを義務づけたのである。授業料以外の収入、設備、資金を準備することを要件とし、設立者個人の収入と学校の収入を明確に区別し、財団法人を設立すべきとした。これによって、七月七日に再申請した設立願書は、九月二十七日、牛込区長より吉岡弥生校長に返送され、同日、文部省号外として一般に告示された。

東京女医学校として存続か廃止かの決意を迫られた。弥生は必死だった。十一月三十日、すでに改善したものを列挙し、未了のものは将来必ず改善するので、どうか昇格をお願いするという切実な思いを述べた陳情書と、財団法人設置許可書などを添付した認可申請書を文部大臣宛に提出した。牛込区役所は十二月一日、東京府に進達し、翌二日、文部省に届けられた。東京府は同月四日、牛込区長に対し調査を命じた。

…負債若クハ負担ノ有無及資産ニ関スル権利ヲ証スベキ書類必要…

負債がないか、資産に関する権利証などの書類が必要というのである。同年の暮れ近くになって、文部省より弥生は出頭を命じられた。参事官、中央衛生会委員らの立ち合いの上、学校の内容に関する質問を受けた。そして、設備改善の方法について示唆を与えられた。

吉岡夫妻は、私有財産であった学校及び病院の建物五万四、六〇〇円、器械器具三万円、現金六万二〇〇〇円を寄付し、合計一四万四、八〇〇〇円の資産を登記して財団法人を設立した。そして、翌四十五年三月十三日、文部

東京女子医学専門学校（東京女子医科大学所蔵）

省から財団法人の設立が認可され、翌十四日、東京女子医学専門学校の設置が認可された。三年かかった。初代校長及び付属病院長に吉岡弥生が就任した。一台の顕微鏡を購入するのでさえ容易ではない経済事情の中で、認可を得るまでに何と一九棟を増築した。〝この時の喜びは真にたとえようもなくして…〟と弥生は述懐している。世間では女子の専門教育を呪い、女医の技量を

疑い、無能不用を叫ぶ声があったという。

さらに、残された問題は文部大臣の指定学校になることであった。しかし、実力さえあれば医師試験に合格できる。弥生は指定学校になるとかえって生徒が勉強を怠けるといけないと思い、あまり急がなかった。第四学年の課程を修了後、四年間の全課目をもう一度復習させるために試験を行い、実力をつけさせた。そして時機の熟するのを待った。大正六年二月、専門学校になって初めての卒業生四六名のうち二七名が新制度の医師試験に合格した。合格率五八・七%の好成績であった。この時、男子受験者の合格率は二二%にすぎなかった。八年になると文部省の方から、希望なら指定学校の申請をするようにと勧告があった。そこで、吉岡夫妻の私有財産であった建物、現金を追加寄付して、法人財産を合計三二万五〇〇〇円に増額し指定学校の申請をした。九年三月、念願の文部大臣の指定を受け、同年以降の卒業生は、卒業と同時に医師の資格が得られることになった。開校から二〇年、我が国唯一の女子高等医学教育機関であった。

荻野吟子や高橋瑞子が拓いてくれた女医への道を絶やすわけにはいかないという一念が、再三押し寄せる困難に弥生を立ち向かわせた。そして、吉岡弥生もまた女医界の礎となったのである。

番外――産婆教育と看護婦教育

産婆は、明治前期の数少ない女性の職業として貴重であった。産婆教育はどのようになされたのだろうか。

もともと出産は妊婦の親族や周囲の女性たちによって取り上げられていた。江戸時代には、経験をもとに妊婦の世話や指導、赤子の世話、分娩の介助などを職業として行う女性がいて、医師や薬舗同様に無資格で営業していた。「子安婆（こやすばば）」「取揚婆（とりあげばば）」などと呼ばれていた。一方で、「中条流婦人療治」の看板を掲げて、堕胎の手術を専門とする者がいた。風紀の退廃と人口の減少を恐れた幕府は、二度堕胎の禁令を出したが、悪習は全国的に行われていた。年貢の厳しい取り立てや飢饉など、農村における生活難があったからである。

石井研堂の『明治事物起原』によれば、明治新政府は、明治元年十二月、「産婆ノ売薬世話及堕胎等ノ取締方」という太政官布達を発した。

近来産婆之者共、売薬之世話、又は堕胎之取扱等致し候者有之由相聞、以之外之事に候（以下略）

これが、「産婆」という文字が、明治以後の法令中に用いられた始めであろう。お産の介助の他に、堕胎の取り扱いをする者もあり、産婆に売薬と堕胎の扱いを禁じた。政府は、近代国家を樹立するために西洋化政策の一環として産婆を国の監督下に置き、一定水準を維持するとともに規制しようとした。

七年八月、文部省から「医制」七六カ条が東京・京都・大阪の三府に対して発布された。第五〇～五二条が産婆に対する規定であった。その要点あげよう。

1、四〇歳以上で婦人小児の解剖生理及び病理の大意に通じ、産科医が産婆の技術を見て「実験証書」を出し、それに基づいて免状を与える。

2、当分の間、従来から営業している産婆については、その履歴を質して仮免状を授ける。

3、緊急の場合を除いて、産科医又は内外科医からの指示がなければみだりに手を下してはいけない。産科器械を用いてはいけない。

4、薬を与えてはいけない。

などであった。これによって、医師と産婆の業務が区別された。しかし、この規定は三府に限られていたので、明治三十二年に「産婆規則」が公布されるまでは各地方の取締規則にゆだねられていた。

東京府は六年、貧民の救済病院として東京府病院を設立した。九年、病院長の長谷川泰に産婆行政のあり方を検討させた。その結果ドイツのシュルツェ式教授法を採用することになり、教科書としてシュルツェの著書を、門下生の山崎元脩に翻訳させた『朱氏産婆論』全八冊を用いることにした。この教科書は、各省庁や府県に寄贈され、産婆教育の広がりに貢献した。長谷川は産婆師範を養成する意図で東京府病院産婆教授所を設置し、多くの産婆の免許資格者を育成した。これが産婆養成所の初めである。やがて貧困者の救済制度が、一般開業医の生活を脅かすとして反対の声が上がった。折から西南戦争後の財政悪化のため産婆養成は十三年度限りとなり、十四年七月、東京府病院は閉鎖された。

東京府内では十三年、桜井郁二郎により開設された私立の産婆養成所紅杏塾（十六年東京産婆学校と改称）がある。桜井は三年、大学東校に入学し、翌四年に来日したドイツ軍医ミュルレルの講義を受けている。産婆と産婆の師範を養成することを目指した。

また、二十一年、東京府病院産婆教授所を卒業した村松志保子によって開設された私立芝産婆学校安生堂がある。村松は十五年に女学校淑女館を創設しており、産婆学校の生徒に、産婆学だけでなく、基礎教育として英学と普通学をも教授した。女学校の生徒には別科として産婆学を教えた。

その他、東京大学別課出身の大田松郎が設置した芝産婆学校（二十一年）、帝国大学医科大学別課出身の水原漸が設置した昼間就学できない女子のための私立産婆夜学校（二十二年）など、二十三年、官立の東京大学医科大学第一医院産科教室産婆養成所が設置されるまでに九カ所ほどの産婆教育機関があった。修学期間は一年半のところが多く、時間数は四〇〇～一、二〇〇時間の開きがあった。重点の置き方もさまざまで、官立産婆養成所では半分を実地演習に充てていたが、桜井の東京産婆学校は実地演習が一割程度で、八割が講義であった。

東京大学医学部では十七年より、市内の産婦へ往診を始めた。学生の研究のためであるので、車代、診察料、手術料等すべて無料にした。当時の人々は正常のお産は医療とは無関係と思っており、異常の場合のみ医療に頼っていた。そのため、産科医の多くは実際の経過を見る機会がなく、異常の場合の処置が困難であったからである。

京都では、東京府や大阪府よりも一年早く、八年に京都産婆会（後の平安産婆学校）において産婆教育が始まった。全国より一一年早く二十一年には産婆試験を実施している。二十二年、京都府医学校付属産婆教習所、三十年、同志社病院内京都看病婦学校付属産婆課程、三十五年、京都帝国大学医科大学付属医院産婆講習科が開校された。京都府は、東京遷都に伴う京都復興策の一つとして医療の近代化を進めたのであった。

明治三十二年に全国統一の法規「産婆規則」が公布された。その概要は、

1、産婆試験（学説・実地）に合格し、満二〇歳以上の女子で、地方長官管理下の産婆名簿に登録を受けた者でなければ営業できない。

2、一カ年以上産婆の学術を修業したものでなければ、産婆試験を受けることができない。

3、緊急の手当てを除き、妊婦、産婦、褥婦又は胎児生児に異常を認めるときは医師の診察を求める。

4、消毒、臍帯（さいたい）を切り、灌腸（かんちょう）を施すなどの類を除き、外科手術や産科器械の使用、薬品の投与は認められない。

5、産婆名簿に登録を受けないで産婆の業務をなした者については五〇円以下の罰金に処する。

などであった。さらに四十三年に改正され、内務大臣の指定した学校、講習所を卒業した者は無試験で産婆名簿の登録を受けることができることになった。

明治期の産婆教育を担ったのは、医学士、東京大学医学部別課卒業医師、内務省免許取得の産婆たちであった。第二次世界大戦終戦までは九割が自宅分娩で、産婆が取り上げていた。異常の場合に産科医師の助けを受けるという実情だった。

明治時代における看護婦教育は、学校教育政策ではなく、病院に付属する養成所としての位置づけであった。明治七年の「医制」においてもふれられておらず、産婆教育よりも遅れた。

明治時代初期のころまでは、病人の世話は家庭内で女性が行うのが当然とされていた。明治元年、新政府の要請により、横浜軍陣病院で英国人医師ウィリアム・ウィリスが戊辰戦争の傷病兵の治療に当たった。開設時七名であった負傷兵が九月には二〇七名になった。この時病人の世話をする介抱女として五〇歳以上の既婚女性が雇われ、賃金が支払われた。しかしまだ専門的な教育は受けておらず、経験に基づく看護であった。これが、看護が一般に認識されるきっかけとなり、十年の西南戦争以降、日清・日露の戦争や災害時の救護活動を経て、女性の職業として確立されるようになる。

我が国最初の看護婦教育は、十八年、高木兼寛（海軍軍医少監）が、有志共立東京病院に日本初の看護婦教育所を設立したことに始まる。高木は、米国長老教会から宣教師として来日していたM.E.リードに指導を依頼した。高木は、かつて英国留学中に、ナイチンゲール看護学校を付設する聖トーマス病院医学校で学び、看護の重要性を認識していた。

リードは、米国でナイチンゲール看護婦教育を受けていた。ナイチンゲールはクリミア戦争時、聖ヨハネ兄弟会の看護団として従軍し、病室の改善や看護管理を行い、傷病兵の死亡率を四二・七%から二・二%に激減させた。感激した英国民から寄付金が寄せられ、ナイチンゲール看護学校創始の財源となった。ナイチンゲール方式は、看護学校を病院に付属させ、「見習い制度」で推進する。優れた人格形成をめざし、知性、倫理、実践において最上のものを患者に惜しみなく与える。訓練・組織化し、職業的自立、精神的自立を促し、女性が社会的に有用であることを証明するというものであった。英国全土に広がり、世界に広がった。

リードは二、三ケ月間病院で実地を見習わせたのち、試験によって適性が認められた者に入学を許可した。修業年限は二年間、教育内容は、解剖、生理、看護法などの学説と、実地として解剖、包帯、巴布製法などが教授された。一期生五名は二十一年二月に卒業し、派出看護に従事し、給料が支給された。病院内の業務は婦長と一、二名の補佐と在学生徒があたった。

この教育所の設立については、陸軍卿伯爵・大山巌夫人捨松が活躍した。捨松については、「女子英学塾を支えた人々」の二五二頁に述べた。有志共立東京病院を見学した時、雑用係の男性が病人の看護をしている様子を見て、高木病院長に看護婦養成の学校設立を提言した。しかし、資金がないという返答に、捨松は婦人慈善会を結成し、鹿鳴館で日本初のチャリティーバザーを三日間開き、収益金八、〇〇〇円を寄付した。そして十九年一月、看護婦教育所のレンガ造りの建物が落成した。

ナイチンゲールによる改革後の病院内部
（『看護史』系統看護学講座別巻 9）

二番目は、十九年四月に設立された同志社病院の京都看病婦学校である。設立者は新島襄、病院長はジョン・ベリー。ナイチンゲールのもとで研修を積んだアメリカ人宣教師リンダ・リチャーズを学校長として迎えた。看護を通してキリスト教の伝道を目標とした。就学期間は二年間で、生徒はナースホームに居住し、学科目の勉学と、病院の看護婦として八時間三交代制で業務に携わりながら教育を受けた。授業料は無料、寮費は月約二円五〇銭。しかし、二十三年新島が急逝。三十九年、経営難から同志社病院と看病婦学校は廃止が決定した。この時、看病婦学校は、三十年から管理を任されていた医師佐伯理一郎が引き継ぎ、佐伯病院内に移された。佐伯はナイチンゲールに会った四人の日本人の一人である。ちなみに他の三名は、石黒忠悳、津田梅子、安井てつ（後に、東京女子大学学監）である。

十九年十一月、米国人マリア・ツルーが桜井女学校（現女子学院の前身）内に看護養成所を設け、一年課程の養成を始めた。キリスト教精神によって教育され、看護を通して伝道を志す。ナイチンゲール方式のエジンバラ王立救貧院病院看護学校を卒業した英国人アグネス・ベッチが指導にあたった。二十年十月、一年間の講義を終えた卒業生六名が帝国大学医科大学付属第一医院に実習生として受け入れられた。これが付属第一医院看病法練習科（修業年限一年）の始まりである。この実習生の中に、後に看護婦長となり、後進の教育や婦人運動にも携わる鈴木雅子や大関和がいた。ここでもベッチが指導にあたった。二十一年二月、数十名の付添看護婦を募集する。二十二年には付属看病法講習科と改称し、修業二年間とする。三十一年、婦長養成のため高等看病法講習科を開設し、一八名が入学したが、一回限りで終了した。複雑な変遷を経て、東京大学医学部付属看護学校となるが、平成十四年に閉校した。

二十三年四月、日本赤十字社看護婦養成所（修業年限一年半、二十六年から三年半、二十九年から三年）が設立され、一〇名を入学させた。当初は一年半の修業後、二年間の病院業務と二〇年間の召集に応じる義務があった。ナイチンゲール看護学校の教育を模範とした。二十六年京都・大阪・広島に支部看護婦養成所が開始される。二十七年六月、日清戦争時に救護班を編成、各地に派遣する。日露戦争時には赤十字船や内地の陸軍病院等に派遣された。日清・日露戦争での日赤看護婦の活動が看護婦の社会的地位を確立した。

明治中期に始まった我が国の看護婦教育は、ナイチンゲール方式に基づき、日赤以外は、キリスト教宣教看護婦によって指導された。しかし、当初の指導者が帰国したり、日清戦争後、量的に看護婦が求められたりして、生徒の質が低下し、ナイチンゲールの看護婦教育レベルを維持できなかった。日本では女性が見知らぬ男性に付き添って看護するなど良家の子女のすることではないという観念が根強くあり、看護婦に対する軽蔑や偏見は長く続いた。

帝国大学医科大学の医局は、医師の教育が中心で、付属医院の看護婦を確保することしか考えていなかった。当初のモラルに欠けた看護人や付き添い看護人らが働いていたため、婦長になった大関和や鈴木雅子は取り締まりに苦労した。これを不満として大関は二十三年冬、鈴木は二十四年に辞任し、鈴木は我が国初の派出看護会となる慈善看病婦会を興す。大関も後に大関派出看護婦会を設立して、看護婦の養成と普及につとめ、看護婦矯風会を組織する。偏見にさらされていた看護婦のイメージアップを図ろうとした。

明治後期にかけては、病院整備も進み、各地で看護婦の養成が行われるようになったが、入学資格、修業年限、学科内容は一定していなかった。東京府は三十三年七月、「東京府看護婦規則」を公布し、取り締まりに動き出した。

満二十歳以上（大正三年の改正で十八歳）の女子で、東京府の看護婦試験に合格の上東京府の看護婦免許を受けなければならない。

試験制度が導入された。ただし、この規則公布前に二年以上看護婦業を営んでいる者は、六カ月以内に願い出れば、無試験で免許が下付されるとした。

しかし、看護婦の増加が見込めず、三十四年看護婦規則を改正。官立、府県立で三年以上の修業年限を有する看護婦養成所又はこれと同等以上の学科程度を備えた看護婦養成所の卒業証書を得た者で、願い出た者に対し、審査の上試験を免除し、免許を下付することとした。このように、大正四年に「看護婦規則」が制定されるまでは、各府県が取り締まっていた。

参考文献

『吉岡弥生伝』吉岡弥生女史伝記編纂委員会編集
三上昭美『東京女子医科大学小史』—六十五年の歩み
『東京女子医科大学百年史』
『医制百年史』厚生省
『学制百年史』文部省
『日本女医史』追補　日本女医史編集委員会　日本女医会発行
小山田信子「一八九〇年に官立産婆学校が設置されるまでの東京における産婆教育」（『日本助産学会誌』Vol. 30）
松岡知子、岩脇陽子「京都府医科大学における産婆教育の黎明期　明治時代の京都における産婆教育の変遷を踏まえて」（『京府医大誌』一一九）
「助産師の部屋　助産師の歴史」公益財団法人日本看護協会
八木聖弥「明治初期の看護・助産教育」（『京府医大誌』一一九）
『看護史』系統看護学講座別巻九　医学書院
平尾真智子『資料にみる日本看護教育史』
佐々木秀美「ナイチンゲールの看護教育方式を取り入れた我が国の明治期という時代」

第四章　総合学園・総合大学をめざした日本女子大学校

開設までの道のり――創立者成瀬仁蔵

明治三十四年四月二十日、東京市小石川区高田豊川町（現文京区目白台）において、日本女子大学校（現日本女子大学）の開校式が行われた。春雨の降る中、運動場に設置された二〇〇余坪のテントで、生徒、保護者・保証人、来賓等合わせて約一、三〇〇名が参列した。創立者成瀬仁蔵が女子の高等教育を思い立ってから二〇余年、六年余の設立準備運動を経て、ようやく開校に漕ぎつけた。地位も財産もない成瀬が、理想と揺るがぬ信念によって実現させた日本初の女子のための大学校であった。まず、成瀬仁蔵について述べよう。

仁蔵は安政五（一八五八）年六月二十三日、周防(すおう)国吉敷(よしき)村（現山口県山口市）で、父成瀬小右衛門と母歌子の長男として誕生した。姉と弟がいた。父は長州藩吉敷毛利家の祐筆、一六石余りの下級武士で村の教育家でもあった。仁蔵は五歳のころから郷校憲章館に通い漢学を学び武道に励んだ。

仁蔵七歳の時に母が亡くなった。継母になじめず、実母への思慕の情が宗教心の芽生えとなった。一般に女性の愛情は感情的で愚かなものに見え、父の厳格寡黙な愛情を高く評価する少年だった。父の希望で医者を志し、ある医師の薬局生になるが、明治七年、仁蔵一六歳の時、父が亡くなると医者をやめて教育家を志し、八年五月、山口教員養成所に入り、九年六月、県下の小学校訓導になった。しかし当時の注入式教育に失望する。〝わが郷土から伊藤博文や山県有朋が出て天下の政治を左右している。自分も志を立てて世界を動かすような事をしたい。〟と思うようになり十年三月、小学校訓導を辞めた。

転機は十年の夏、一九歳の時に訪れた。郷里の先輩沢山保羅（七〇頁に既述）を尋ね生まれ変わった。沢山は米国留学中、会衆派教会のパッカード牧師より受洗し帰国した。そして大阪で一二人の若い信徒に推されて浪花教会を起こし、初代牧師になった。沢山の話を聴いて以来、成瀬は酒をやめ、日曜日の安息を守り、罪悪を断った。キリスト教的道徳に目覚めたのである。成瀬は神戸の知人宅に寄寓し、秋には大阪で沢山牧師により受洗した。信仰が進むにつれ、「誰か賢き女を見出すことを得ん、その価は真珠よりも貴し」の箴言が天の啓示のように聞こえ、女子教育の振興に想いをいたすようになる。

十一年一月、梅本・浪花両教会の会員（日本組合基督教会）の支持により大阪に梅花女学校が開校された。信者の娘一五名で始め、成瀬は唯一の専任教師となり、教務から雑務まで担った。独立自給の態勢で開発的教授法を行った。十二年、二一歳の成瀬は同じ教会の信徒で、梅花女学校の生徒でもあった一八歳の服部マスエと結婚した。十四年、最初の著書『婦女子の職務』を出版する。神の前では人は平等であるというキリスト教の教えに基づき、女性の役割を説いた。

学校経営の困難からアメリカン・ボードの助力を得ることや、キリスト教信仰者以外からも寄付金を得るなどの意見が浮上した。これらの意見に同意できない成瀬は、十五年八月、梅花女学校を辞職した。十六年一月、成瀬夫妻は奈良県郡山の伝道所に派遣され、翌年牧師となる試験の按手礼（あんしゅれい）に合格し、十七年一月、初代郡山教会牧師になった。成瀬の熱心な伝道により次第に信者が増えていった。キリスト教を邪教とみなす人々により迫害を受けながら、最も信仰に燃えた日々であった。

明治十九年九月、成瀬は沢山に説得されて新潟教会の初代牧師として転任した。二十年五月、新潟女学校を開校しその校長になった。同年十月、男子の中学校であるキリスト教の北越学館の創立にも関与した。たまたまアメリカ帰りの内村鑑三が、医療伝道師スカッダーの招聘（しょうへい）に応じて北越学館の教頭に赴任してきた。内村はこの学校が日本政府や教会、伝道会社と無関係の独立主義であると主張したので、生徒を巻き込んでの騒動となった。北越学館事件という。成瀬は北越学館の発起人の一人であるから学館の設立の由来や実状をふまえて内村と激しく対立し、内村の解任を主張した。結局、スカッダーと内村の話し合いで、内村は辞任し北越学館事件は落着した。この北越学館の教員の一人に麻生正蔵がいた。麻生は、大分の出身で同志社を卒業し、東京大学の選科生であったが、招かれて北越学館の教師となっていた。後に日本女子大学校創立にあたって成瀬の重要なパートナーとなる。

成瀬は米国留学の思いが強く、二十一年、新潟教会の牧師を辞任し、新潟女学校長を務めながら、渡米への準備を始めていた。臨時校長の後任が決まると、二十三年、新潟女学校を辞任した。大阪時代のH.H.レヴィットや新潟時代のスカッダーなど外国人宣教師、国内の親しい

成瀬仁蔵と妻マスエ
（日本女子大学成瀬記念館所蔵）

米国をめざし、二十三年十二月、単身横人々、新潟の教会関係の人々の支援を得て費用を集め、浜を出航した。妻のマスエは関西に戻り、英語や手芸を教えて生活することになった。不足の場合は周囲の親しい人々から借金をして補う方針であった。

一八九一（明治二十四）年一月、ボストン郊外の北アンドヴァーにあるレヴィット氏宅に到着した。レヴィット氏は、沢山保羅とも関係が深く、成瀬の大阪時代、大阪在住の宣教師であった。レヴィット家に寄宿しながら、かつて同志社の新島襄も学んだアンドヴァー神学校に特別生として入学し、特に社会学者タッカーの影響を強く受けた。

成瀬はレヴィット夫人に一〇年以上探し求めていた「賢婦」を見出した。夫妻には七人の子供

があり、馬あり、車あり、しかも僕婢（ぼくひ）を置かず、夫妻ですべてを行っていた。夫人は馬車に乗って買い物に出かけ、レヴィット氏は馬の世話をし、説教もする。レヴィット家は、それぞれが独立共和していた。七人の子供たちはそれぞれの部屋を持ち、自分の仕事を受け持ち、すべてのことを定則通りに行っていた。例えば、土曜日は掃除、月曜日は洗濯、一週に二度風呂というように。三度の食事にまで定則があった。これを女学校の寄宿舎に応用するという考えが生まれた。レヴィット家は、中流の模範的家庭であった。「女が愛に欠けたならば如何なるものであるか」という少年期に抱いた「女は愚かな者」という思いは、愛情は女性の本分という理想図と変わった。

　明治二十四年二月十四日付の妻マスエ宛の手紙に、〝帰朝後は女大学校を興し、日本全体に感化を及ぼしたい。〟と述べ、〝その大学というのはいま米国や日本にあるカレッジではなく、日本に適する専門学校である。〟と、女子大学校設立の決意を語っている。しかし、その当時、妻のマスエは体調不調で手術を受けていた。生活も困窮し、それを訴える手紙も送られてきた。これに対し、成瀬は知人の外国人から、また浪花教会や梅花女学校設立者同人の前神醇一氏から借金するようにすすめている。成瀬は、米国留学を終えて帰朝したマスエの弟の服部他之助がマスエの面倒を見てくれると思っていたが、他之助にその気がなく〝マスエの世話はできず。〟という手紙が届いていた。成瀬は自分の善意と同じく人はみな善意と思い込んでいたふしがある。その後も他之助からたびたび帰国を迫る書簡が届いたが、成瀬は多くの人々の援助を受けた留学を途中でやめるわけにはいかないと続けた。

一八九一（明治二十四）年九月からアンドヴァー神学校の寄宿舎に入り、翌年六月末まで学んだ。流行性感冒にかかり肋膜炎を併発し五週間病床に就くが、校長はじめタッカーらが親切に見舞ってくれた。一八九二（明治二十五）年九月、クラーク大学に移り主に女子教育の研究に没頭する。各地の女子大学や社会事業施設等を見学した。実地研究が主であった。この頃の日記に、「吾生涯に可成事」として、

吾目的は吾天職を終るにあり。吾天職は婦人を高め、徳に進ませ、力と知識練達を与え、アイデアルホームを造らせ、人情を敦くし、国を富し、家を愛し、人を幸にし、病より貧を救い、永遠の生命を得させ、罪を亡ぼし、理想的社会を作るにあり。

と記している。後に掲げる『女子教育』の骨格がこのころ次第に明確になっていった。

滞在一年余り経つと英語も上達し、日曜学校や公立学校などで宗教や日本についての話や講演を頼まれるようになった。そうした中で、友人の協力を得て沢山保羅を紹介する“A Modern Paul in Japan”（『沢山保羅—日本現代のパウロー』）を一八九三（明治二十六）年九月出版した。この本は米国人の興味をひいて版を重ねた。

次第に宗教観に変化が現れる。狭いキリスト教的範囲を離れて、〝神は万人の神である〟という後年の「帰一（きいつ）協会」の発表に結びつく宇宙的神の観念に到達した。三年間の留学を終えて明治二十七年一月帰国した。

開設準備運動・『女子教育』出版——人として、婦人として、国民として

新潟女学校は国粋主義台頭の影響を受け、二十六年に閉校したため、成瀬は活動の拠点を失った。妻のマスエが身を寄せている京都の義弟服部他之助家に寄寓して、留学の成果をまとめるため、その頃同志社に奉職していた麻生正蔵に協力を求めた。

同年三月、梅花女学校から校長就任の依頼を受け、思うように教育してよいという了解のもとに引き受けた。成瀬はアメリカで温めてきた高等教育の導入を試み、学内改革を進めた。学校は活気づいた。しかし、急激な改革は生徒や職員との摩擦を起こした。成瀬は自分が考える教育主義で一新することは不可能と判断し、当初の計画通り女子大学の設立が必要と考えた。

二十八年の夏休み、麻生の自宅に通い、『女子教育』の執筆にかかった。成瀬の思想を麻生が執筆した。成瀬は共著を主張したが、麻生が固辞したため、成瀬仁蔵著として、二十九年二月、青木嵩山堂から出版した。その内容は、「女子教育の方針」「智育」「徳育」「体育」「実業教育」の五章から成る。

第一章「女子教育の方針」で、日本の女子教育不振の原因はその方針が定まっていないことにあると指摘した。その方針として、第一に、「重点を普通教育に置くべきである。どのような境遇においても円満完備の人としての教育が大切である。」第二に、「女子の天職を尽くすに足る資格を養わせるべきである。賢母たり良妻たるに必要な資格は、道徳、知識芸能、体格である。家政学を研究し、家政に必要な知識と経験を積まねばならない。婦人としての教育が大切である。」第三に、「国民たる義務を完うする資格を養うべきである。女子も社会の一員、国民である。非常の境遇に備えて一芸一能に達し、独立自活できる力量が必要である。国民としての教育である。」などとした。つまり、女子高等教育の方針は、「女子を人として、婦人として、国民として教育すること」であるとした。

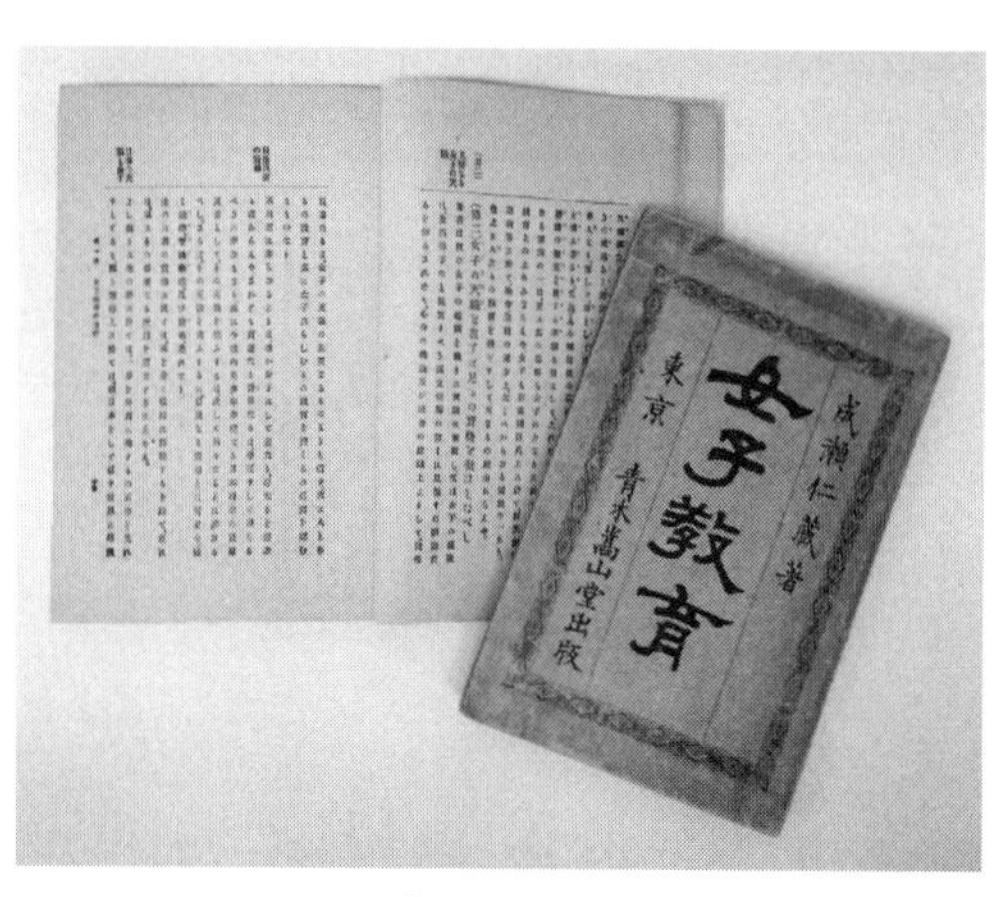

『女子教育』
（日本女子大学成瀬記念館所蔵）

この方針のもとに第二章以下が各論的に記された。第二章「智育」で、日本の女子に最も欠如しているのが智育であると指摘した。米国では二三七大学が女子に門戸を開き、さらに女子大学が九校ある。一八八八（明治二十一）年の調査では、米国の大学女学生の総数は四万二、六六三人で、男女大学生の三割以上になる。しかし、日本には女子が学べる大学は一校もない。現状の日本の女子教育は、高等女学校の修学年限が四年で男子の中学校より少ない上に、裁縫、茶の湯、料理など実用教育に多くの時間を費やしている。そのため智育の程度が低く、読書力、学理研究力などが幼稚である。今や日本は、産業を増進させ、富国強兵に力を注ぎ、欧米人の跋扈（ばっこ）を制し、東洋の平和を維持する責任がある。しかし、日本国民の半数以上を占める女子が無学無識では男子の事業を補佐することもできない。上等・中等社会の女子は率先して高等普通教育を受け、社会の先導者となり、模範となって他の女子を進歩させ、社会を改善する義務がある。高等小学校の上に四ケ年の高等女学校、さらに三ケ年くらいの女子大学を東京、関西、九州に興し、女子教育の中心とする必要があるとした。

　第三章「徳育」では、女性の徳性を涵養（かんよう）するために万有（宇宙）・学芸・社会・国家・宗教を上げ、特に、宗教の種類や宗派に関係なく、生徒の自然の宗教心を発育させることが必要であるとしている。また、「寄宿舎論」として、小形の家屋をいくつか建て、家族的寄宿舎の小組織の中で徳育を完成させたいとしている。

　第四章「体育」では、将来の国民の体格に密接な関係を持つ女子の体育の重要性を論じる。日本女性の個人に適合した体育を奨励し、体育教師の養成の必要を説き、早婚の弊害を矯正すべきであると論じている。

第五章「実業教育」では、手工教育（紙細工、粘土細工、造花、刺繍（ししゅう）、画、彫刻、裁縫、料理等）を、幼稚園、小学校、高等女学校に至るまで、発達段階に応じて行うこととしている。さらに「専門教育」として、高等女学校までの普通教育の上に、一業を選んで一生の職とし、その職を全うするに必要な知識と技量を修養させ、国家に対し国民の義務責任を尽くさせるとしている。

『女子教育』が出版されると、当時の新聞・雑誌はこぞって批評紹介文を掲載し、大きく話題となった。二十八年四月、日本は日清戦争に勝利し、東洋の日本に飛躍した。時宜に適ったといえよう。女子の教育に関しては二十七年を底に回復しはじめていたとはいえ、女子高等教育不要論や時期尚早論が根強かった。成瀬は、東京にまだゆかりがなかったため、大阪に設立する計画であった。

成瀬は、二十九年夏、梅花女学校を辞任し、日本女子大学校設立準備にかかった。大阪中之島に創立事務所を置いた。麻生の協力を得て「日本女子大学校設立之主旨」を作成し、『女子教育』とともに有識者にあらかじめ送ったり、あるいは持参したりして、賛助員を獲得し、基金を募集する活動を開始した。まずは、同郷の先輩で当時大阪府知事の内海忠勝の意見を聞き、賛同を得た。次いで、大和吉野郡（現奈良県）の豪農で、梅花女学校の保護者であった土倉庄三郎に相談し、発起人として援助すると激励された。土倉氏から実業家の広岡浅子や住友吉左衛門、北畠治房の各氏の賛助を求めることを薦められた。土倉氏と広岡夫人は運動資金としてそれぞれ五、〇〇〇円を提供してくれ、この後も力強い支援者となった。

土倉氏と北畠氏のアドバイスにより、成瀬は麻生とともに上京し、総理大臣・伊藤博文を訪問した。汚い着物を着て牧師然とした身なりの成瀬と、貧しい書生上がりの教師の麻生。このようなみすぼらしい二人に、伊藤は閣議に出かける寸前であったが、成瀬の熱心な申し入れによって会ってくれた。伊藤は成瀬の説明にことごとく賛意を表し、近衛篤磨、西園寺公望、大隈重信、板垣退助にも相談し、援助をお願いするようにと、口添えもしてくれた。大隈を通して渋沢栄一、森村市左衛門の賛助が得られた。このように名士から名士へ連鎖的に紹介され、およそ当時の社会の有力者を訪問した。成瀬はこれぞと思う人には賛同を得られるまで何度も訪問し説得した。

「日本女子大学校設立之主旨」は、「主義方針」に続いて、「学校の組織程度及び教育法」が表で明示された。下は幼稚園より上は大学部まで首尾の系統を整頓した教育制度を一校内に設け、特殊の教育主義及び方法を実施して、日本女子教育界の中心点とする。まずは家政部、教育部、文学部、音楽部を置く。その他時宜に応じて、理化学部、商業学部、体操学部、美術学部を設ける。幼稚園から大学までの総合学園、各部を持つ総合大学を目指した。さらに、「教職員」「一般学制との関係」について記し、「資本金」の項では、基本財産金三〇万円以上を募集し、およそ一〇万円を創立費用に充て、残金を基本財産とし、その利息を維持費とするとした。新民法の実施とともに法人を設立するとした。最後に「評議員」の項として、財産の管理や校長・教授の任免等を決議する評議員を設けるとした。

この「設立之主旨」は、多くの政財界人の心を捉えた。当時発起人を快諾した人々は、伊藤博文夫人、大隈重信夫人、大山巌夫人、広岡浅子氏ら三〇名であった。三十年三月二十四日、第一回発起人会を星ケ岡茶寮で行い、創立委員一一名を選定する。委員長に近衛篤磨、副委員長に北畠治房、会計監督に渋沢栄一と住友吉左衛門が決定した。翌二十五日、第一回創立披露会を帝国ホテルにおいて行った。第一〇議会閉会直後の貴衆両議員、新聞記者その他の有力者を招いた。成瀬は、「高等女子教育の必要を論じ、併せて其の反対説に答える」として、九項目の反対説に答えていった。披露会は華々しく成功裡に終わった。

大きな反響が起こった。しかし、中には疑問を抱く者、妨害しようとする者もあった。意外にも反対者は学者や教育家の中に多かった。嫉妬心からであろうか。成瀬を山師と誤解する者もあった。三十年三月『女子教育』が再版され、書店がすすんで成瀬の披露会での演説を『女子教育談』として出版した。

三十年五月上旬、大隈重信の外務大臣官邸にて、第一回創立委員会を開催した。続いて五月二十六日午前、第二回発起人会を大阪中ノ島ホテルで行った。四五名が出席した。午後六時から同所で第二回披露会を行い、京阪地方の来賓三五〇余名が出席した。この時の成瀬の演説も、八月、嵩山堂より『女子教育演説』として出版された。

しかし、この後、日清戦争後の反動的不景気時代に入り、思うように寄付金が集まらず、準備活動が頓挫（とんざ）する。三十年末から三十一年にかけて、政界も目まぐるしく変わった。成瀬は、文部省参事官・中川小十郎宅に寄寓しながら、創立事務所を大阪西区と東京神田に開設した。広岡・土倉氏から提供された運動資金も底を尽きた。成瀬も、同志社を辞めて設立に全力を挙げている麻生も生活に困窮した。こうした中でも成瀬と麻生は毎日発起人や創立委員を徒歩か自転車で訪問し、説得にあたった。成瀬は一時、教職に就くことや中等教育の女子教育機関から始めようかなどとも考えた。しかし、同郷の先輩・内海忠勝からは初心を貫徹するように励まされた。病状が進行する妻マスエのことも気がかりだった。親戚、友人らは成瀬が心置きなく準備活動に専心できるようにと離婚を勧めた。三十一年二月離婚の手続きを取り、弟の服部他之助が引き取ることになった。成瀬は離婚後もマスエの生活費を服部家に送っていた。残念ながらマスエは、女子大学校の開校を見ることなく、三十三年九月十三日に亡くなる。成瀬はその後再婚せず、養子もとらず、成瀬家を断絶させる。青山墓地のマスエの墓に時々墓参に訪れ、自分のとむらいは他之助に頼んでいた。一時期不和になった他之助も三十九年から日本女子大学校の講師となり、晩年には教授となって協力している。

こうした行き詰まりを打開するために、三十二年五月、大隈重信、岩崎弥之助、渋沢栄一、児島惟謙、土倉庄三郎の諸委員が帝国ホテルに参集し、委員だけの出資金を決めて、その他多少にかかわらず、募金を行うことに決めた。すでに大阪城南高燥の地五、〇〇〇余坪の土地を買収してあった。しかし、渋沢栄一は最初から東京設置説だった。渋沢からは東京女学館との合併も持ち出された。広岡浅子を除く大阪方面の援助者は東京説に反対だった。三十三年に入り、成瀬も東京説が最善と考えるようになった。五月下旬、大阪で創立委員会が開かれ、女子大学の国家的意義を了解し、東京設置とし、時機を見て大阪にも設置するということに決定した。大阪地方だけでも寄付金約五万円以上に達した。

そのような時、広岡浅子の実家三井家から敷地の提供申し出があった。東京目白台の五、五〇〇余坪の土地である。これで話は一気に進んだ。東京、大阪を合わせれば一〇万円を突破したので、三十四年春開校の予定と決定した。三十三年九月、家政、国文、英文の大学部、付属高等女学校合わせて約五〇〇名の募集を発表した。

開校までに五八名の発起人、三二名の創立委員、七〇〇余名の賛助員を得ることができた。なぜ成瀬はこれほどまでに政財界の大物たちの信頼を得ることができたのであろうか。『女子教育』や「設立之主旨」に掲げられた内容が具体的で優れていたこと。成瀬に熱誠があり、演説に説得力があったこと。時勢が味方したこと。成瀬も麻生も公私のけじめをつけ、預かっている寄付金にはどれほど困窮しても決して手をつけなかったこと。渋沢もそういう点で成瀬を信用できる男と認めた。成瀬自身は著書の中で、〝自分たちがこの学校を必要と認めたから起こしたのである。方々の目的と、この学校の目的とが一致した為…すべて共同して尽力できたのだ〟と述べている。

日本女子大学校開校

日本女子大学校の開校式は、明治三十四年四月二十日に執り行われた。参列者は約一、三〇〇人。奏楽、君が代斉唱、勅語奉読に続いて、成瀬仁蔵校長の開校の辞、祝歌、渋沢栄一による会計の経過報告、発起人代表として西園寺公望と創立委員長大隈重信の挨拶があった。その他文部大臣、貴族院議長、衆議院議長、東京府知事などの祝辞が述べられた。式後、立食の饗応が行われた。多くの朝野の名士から祝福され、まさに国家的事業といえる絢爛（けんらん）豪華な船出であった。

明治二十八年に「高等女学校規程」、三十二年に「高等女学校令」が公布され、翌年各府県に最低一校の高等女学校設置が義務づけられ、ようやく女子中等教育が整備された。こうした動きを受け三十三、四年にかけて、女子の高等教育機関が続々と開校した。三十三年九月に女子英学塾（現津田塾大学）、同年十二月に東京女医学校（現東京女子医科大学）、三十四年四月に女子美

開校式
（日本女子大学成瀬記念館所蔵）

術学校（現女子美術大学）が開校した。いずれも特定の専攻単科の学校で、小規模からのスタートであった。日本女子大学校は、総合学園の中心となる総合大学をめざした。

日本女子大学校及び付属高等女学校設置認可願は、明治三十三年十一月、設立者三〇名総代大隈重信から東京府知事に提出され、同年十二月十三日、大学校は「私立学校令」により認可された。ただし、付属高等女学校については、別に文部省宛出願するように求められた。しかし、書面上分別しがたいので、同年十二月十八日、大学校及び付属高等女学校まとめて処置するように東京府知事から文部大臣宛進達された。

初年度の入学者は、大学部二二二名（家政学部八四、国文学部九一、英文学部一〇、英文予科三七）、高等女学校二八八名、合計五一〇名で予想以上に多かった。大学部は一年生のみの募集、高等女学校は五年制で各学年募集した。大学部は年齢も一八～三五歳と幅があり、すでに教員であったり、既婚者で母であったりなど、経歴もさまざまであった。出身地はほとんど全国にわたっていた。多くの者は親や周囲を説得し世論の反対に抗って入学した。

日本女子大学校規則を見てみよう。

第一章総則

第一条　本校ハ本邦ノ女子ニ適実ナル高等ノ学芸ヲ授ケ能ク日進ノ社会ニ順応シテ其職務ヲ完フスルノ淑女タリ良妻賢母タルベキ者ヲ養成スル所トス

第二条　本校ハ日本女子大学校ト称ス

第三条　本校ハ東京市小石川区高田豊川町拾八番地及拾九番地ニ置ク

第四条　本校ニ附属高等女学校附属小学校附属幼稚園並ニ簡易専門諸学校ヲ附設ス　但初学年ニハ附属高等女学校ノミヲ附設シ漸次ニ増設スルモノトス

第一章では、その目的「高等の学芸を授けて社会に順応し職務を完うする淑女、良妻賢母の養成」が示され、名称、設置場所、ゆくゆくは小学校、幼稚園、簡易専門学校を付設する予定であることが謳（うた）われている。

学科を本科と研究科とした。本科は家政学部、文学部、教育部、体育部、美術部、音楽部、理科部とする。但し、初年度は家政学部、文学部を設置し、時宜に応じて他学部及び研究科に及ぼすとした。文学部は国文学部と英文学部とした。各学部の修業年限は最短三ケ年とし、生徒の事情により在学年限を延長できるとした。研究科の修業年限は三ケ年以内とする。

入学について、本校付属高等女学校の卒業生、修業年限五ケ年の官公私立高等女学校の卒業生、師範学校女子部及女子師範学校の卒業生、本校付属高等女学校と同等以上で本校と特別の関係がある女学校の卒業生は無試験で許可された。これらに該当しない場合は、本校付属高等女学校の卒業生の学力に準じる入学試験が課された。

日本女子大学校が創設した「家政学部」は、開校までは家政部と表示され、「学」が抜けている。当時家政学の課程を高等教育の中に構想しているところはなかった。女子の唯一の高等機関女子高等師範学校では、教員養成に必要な教育関係の教科と家事教科が列挙されているにすぎなかった。家政をどのようにして「学」として組み立てるかまだ試行期であった。アメリカにおいても農学の中に一教科として組み入れられている段階であった。成瀬は、女性の能力を発揮させる特別の女子高等教育機関をめざし、筆頭に家政学部を掲げた。

では、その家政学部の学科課程及び時間配当を見てみよう。数字は一週間の時間数を示す。

必修科目

第一学年　実践倫理2　心理学・教育学2　生理学・衛生学2　家庭応用理化4　衣食

住・女礼等8　普通体操・遊戯体操・教育体操・容儀体操3　合計二一時間

第二学年　倫理学2　教育学・保育学2　婦人衛生・家庭衛生2　家庭応用理化2　衣食住・社交等8　経済学・家庭経済2　普通体操・遊戯体操・教育体操・容儀体操3　合計二一時間

第3学年　実践社会学1　児童研究・童話研究・家庭教育3　看病学・社会衛生2　衣食住・家庭美術・園芸等10　帝国憲法・民法及諸法規2　普通体操・遊戯体操・教育体操・容儀体操3　合計二一時間

選修科目

国文（各学年に二〜七時間）　漢文（一・二年に二時間）　英語（各学年に二〜七時間）

歴史（一・二年に二時間）　美術史（三年に一時間）　哲学及哲学史（一・二年に一時間）

図画（各学年に二時間）　音楽（各学年に三時間）　教授法（三年に四時間）

授業時間は、各学部とも必修科目を二一時間、選修科目を七時間、合計二八時間以内とした。

当時の学部報告に、家政学とは「一家の家政をとるにあたって必要な総合科学である。教育学以上に混成学で、しかも実地応用を目的とする術である。」とある。その構成は、自然科学系統では博物学、生理学、衛生学、物理学、園芸学等、精神科学方面では心理学、倫理学、教育学、児童学、美術史等、社会科学方面では社会学、法制、経済等である。単に裁縫や育児、女礼などを中心に学び、家父長的な民法の下に打ち出されている良妻賢母教育ではないことは明らかである。後に第一回家政学部卒業生の井上秀（後の第四代学長）を米国に留学させ、家政学を研究させるが、成瀬はアメリカ留学での体験、視察、考察を元に、成瀬流の総合的・科学的に家庭を運用する学問としての家政学を考案したのである。そして高度な教養を持った女性が運用する家庭が核となって、日本の社会が根底から変わることを願った。

各学科の教授は、博物学は理学博士渡瀬庄三郎、生理学は医学博士大沢謙二、衛生学は医学博士三宅秀、理化学は長井長義、園芸学は福羽逸人、心理学及び倫理学は麻生正蔵、実践倫理は成瀬仁蔵、児童学は高島平三郎、法制は法学博士奥田義人、経済学は中隅敬蔵というように、当時の一流の教授陣が担当した。しかも成瀬の開発的教授法に賛同する人々であった。

しかし、『女学雑誌』は、三十四年二月二十五日の五二二号で、「女子大学論」として、日本女子大学校がいよいよ四月から開校されることを取り上げ、学科課程について「大学教育というに堪えない」と痛烈に批判している。その要点は、

何の新しいことも特別なこともない。女子高等師範学校や華族女学校と同程度である。多くの宣教師派の女学校の方が程度が高い。真に女子高等教育のための機関というなら、日本女

子大学校の大学課程と称するものを卒業した者のためにこそ設けるべきだ。着手する前に学則を一変することを願う。

である。おそらく明治女学校長・巌本善治によるものであろう。

成瀬は、各学年毎週二時間の「実践倫理」の講義でその教育精神を語った。時事刻々起り来る問題を取り上げ学生と共に研究した。一生涯全力を注いで実現すべき、〝あなたの天職は何か〟と問うた。自立的な人格形成の方法を述べ、自己を開発し、生涯を通じて燃焼力を保つ原動力と実力と方法を身につけていくことを求めた。同時にその基礎となる宗教的精神的な態度の重要性を説いた。

…成瀬先生は時間を超越して、三時間でも四時間でも五時間でもお説きになられたのです。…「誰か賢婦に遭ひしや」と実践倫理に御話下さった御声は、今もなほ聞ゆるのであります。「心の眼を開き心の耳を開いて…真に家庭社会国家を思ひ、団体を愛し、友を思ひ…」と…恰も愛国の志士が国を憂ひ世を救はむがため婦人の立てよと叫ばるるお声のみが…

（『成瀬先生追懐録』）

と、卒業生が実践倫理の思い出を綴っている。これが土台となって、各部の研究会や自治活動が活発に行われた。

日本女子大学校の呼び物——運動会と自転車乗り

明治 37 年 3 月の運動会、参観者は 3,000 人を超す
（日本女子大学成瀬記念館所蔵）

日本女子大学校及び付属高等女学校が開校された年の秋、明治三十四年十月、第一回運動会が開かれた。場所は王子飛鳥山にある渋沢栄一の別邸庭園である。成瀬はいずれ体育部の創設も考えていたため、体育を重視していた。教育理念に掲げた良妻賢母の資格の中に「強健の身体を備えること」を挙げている。各学部の必修科目に体操を週に三時間設置し、普通体操・遊戯体操・教育体操・容儀体操を各学年に置いた。この体育の発表として開校年から毎年運動会が行われるようになった。第二回からは大学校の運動場で行われた。春秋二回行われることもあり、次第に女子大学校の運動会は東京名物となり、三十六年の第三回運動会のときには五、〇〇〇人を超える入場者となった。三十九年に幼稚園・小学校が付設されてから

は、幼稚園児から大学部生まで学園上げての催しとなった。

第一回運動会のプログラムには、学部色が感じられるユニークな出し物がある。家政学部の配膳競争、国文学部の和歌組み合わせ競争、英文学部の翻訳競争、高等女学校の登校支度競争や裁縫競争など想像するだけでも楽しくなる。むろん現在でも行われる鞠(まり)送り競争や百足(むかで)競争、綱引きなどもある。出し物は毎回考案され、演出された。その呼び物の一つとなったのが自転車のマーチやゲームだった。第三回家政学部に入学した平塚らいてう（三四七頁参照）は、

運動会の呼物は、なんといっても自転車乗りで、列になったり、分かれたりして行進したり、自転車を走らせながら、紅白の球ひろいのゲームをやります。…和服に揃いの色の袴をはいた女学生が、広い運動場を隊をつくって自転車を走らせる姿は、参観人の喝采を大いに博したものでした。（『元始、女性は太陽であった』上）

と記している。

成瀬が強健な身体作りに力を注いだ背景の一つに、明治二十七年七月に始まった日清戦争での死者の九〇％近くが病死であったことがある。日清戦争勝利後、体育及び学校衛生重視の風潮が高まった。強健な国民を養成するためには、母となる女子の体育を振興し、心身ともに健康な女子の育成が必要となった。

自転車乗り
（日本女子大学成瀬記念館所蔵）

女子大学校の体操の授業は、普通体操は徒手体操や軽手具を用いて行う普通体操と、体力養成運動のスウェーデン式体操、遊戯体操はテニス、女子ベースボール、クロッケー、ホッケー、日本式バスケットボールなど、教育体操は自転車運動と薙刀（なぎなた）、容儀体操は優美な表情を特徴とするフランスのデルサート式体操の四つの分野を行った。特に自転車は当時において高価品であり、まして女子が乗ることなど考えられない時代であった。それを体育に取り入れ、一〇台余りが練習用として常備されていた。

また、自治活動を取り入れ、第一回生が三年生になる年度には「校風ノ基礎ヲツクル」を目標に掲げて、学生総会が開かれた。学部毎の縦の会、学年ごとの横の会、クラスの会、係の会などが組織され、運動会・研究発表会・展覧会・音楽会などの学校行事の運用に生かされた。いわゆる部活動に相当する体育部は四部に分かれ、容儀体操部はデルサート会・ダンス会、教育体操部は自転車会・薙刀会、競技体操部はローンテニス会・バスケットボール会・ホッケー会・ゴルフ会、その他園芸牧畜部に園芸会・牧畜会があった。特に自転車会は人気があり、会員二〇〇名以上、入会には校医による体格検査や試験があった。さらに技量によって段制が設けられていた。

一段　二間離れの千鳥を両手で往復する。三尺幅の場所を二度通過する。置物をとる。

二段　二間離れの千鳥を片手で左右各二度ずつ四回通過する。棒またはラケットで左右二度ずつ懸垂物を打ち落とす。左右一度ずつ紙または布の細片を高く張ってある網に投げかける。長い竹竿(たけざお)を地上の穴に樹てる。直径一間半の円を画く。

三段　両手を離し写字その他の演技をする。

というもので、サーカスの曲芸を思わせるようなものもある。段位は各部連合運動会の時、試験を行って定め、二段三段の資格を有する者でなければ、乗車して外出したり、春秋二回の運動会に出演したりすることは許されなかった。乗車の際は必ず袴、靴をはくという決まりがあった。自転車は、体操の授業に取り入れられ、普段から練習用自転車が備えられ、しかも自治活動で厳しい練習を重ねて、試験に合格した有段者が運動会で華麗な技を披露したのである。

また、バスケットボールも成瀬が直輸入し、改良創案された日本式バスケットボールであった。これも運動会の人気出し物で、第一回のプログラムでは生徒種目の最後、大学校生が学部間で戦ったのだろうか、家政・国文・英文合同による出し物になっている。

運動会の準備は料理を提供する裏方に至るまで、教職員、学生生徒が一致協力して行い、責任と連帯を体験する機会であった。『目白生活』に寄せられた生徒の文章からその一端を紹介しよう。

…先生を顧問や相談役として、生徒の小さい頭の中から、校庭一ぱいにひろがる分量をあらわすのだからうれしい。

「寿司三千人前。」「菓子三千人前。」

もう全校の料理係りは懸命のお手際である。…お客様が次第々々にみえる。迎えて送って迎えているうち間に、入場券はすぐに一万近くを数える。「こまりました、もう場所がぎしぎしだ」幹事がこぼす。（『図説日本女子大学の八十年』）

運動会が、それぞれの役割を担って、来客を迎える晴れの機会となっている様子がいきいきと伝わってくる。こうした自治活動の奨励は、第一回の卒業生を出すに際して、卒業生の生涯教育の拠点、また、社会へ働きかける訓練の場として同窓会「桜楓会（おうふう）」の成立となった。

もう一つ特徴的なのが寮生活であった。成瀬は米国留学中に寄寓したレヴィット家の独立共和生活に触発されて、家族的寮舎を構想した。また、成瀬は在米中にアマースト、ハーバードなどの大学や、ウェルズレー、ヴァッサー、ブリンマーなどの女子大学を訪問し、寄宿舎に泊まって教育実体を見学している。日本女子大学校の各寮は、一名の寮監、付属高等女学校の生徒から大学部の上級生までが含まれる二〇名の寮生、一名の女性補助教員で構成されていた。一部屋に四人ずつ入った。一寮が一家族という考え方で、一寮に二人ずつ上級生が「主婦」となり、主として寮の経済、献立、整理、衛生、体育、風儀、交際に至るまでのすべてを監督する。任期は一、二ケ月であった。他の寮生も園芸係、文芸係などそれぞれの係になって責任を果たす。交際会は、他の寮と互いに招待し合い、家政科の学生が中心になってご馳走を作った。時には、令名ある夫人を訪問したり招待したりして、実際の家庭を観察し、話を聞き多様な家庭を比較研究する。寮舎は三十八年末の段階で二一寮あり、単なる寄宿舎ではなく、教育実践の場であった。

こういう特徴を持つ寮生活であったので、平塚らいてうは通学生であったが、寮生活を経験しなければ本当の女子大学校の学風がわからないと、リーダーから勧められて二年生から第七寮に入寮した。しかし、「修養会や何々会などと集まりが多く、自分の時間が持てなくなり、会合に出席しないで、自室で本を読んだり、ノートの整理をしたりしていると、リーダーから共同奉仕の精神が足りない、利己的だと非難された。…成瀬校長は常々自主、自治、独創を主張するが、クラスの会、縦の会、横の会、寮の会、家族会（寮と寮との交流）など、同じような会合が多く、とても自主的な研究時間などはなかった。」（『元始、女性は太陽であった』上）という。

女子大学校は、試験がなく、点数評価もなく、ただ卒業論文があるのみだった。卒業論文のテーマすなわち「自分の天職」を見つけるための授業であり、自治活動や行事であり、寮生活であった。こうして教授による注入式授業ではなく、あくまでも学生が自ら「内なる天才」を発揮し、自らの道を切り開く人間総合力や人格を養わせようとした。しかし、らいてうによれば、自分のように異端児扱いされながらも、自分が好む所を積極的に学んでいく学生は少なく、勉強しない学生が多かったという。

発展と危機

日本女子大学校は、明治三十四年二二二名の入学者から始まり、三十五年四五七名、三十六年六三二名と在籍者数は順調に伸びた。三十六年三月、文部省は勅令六一号により「専門学校令」を発令した。日本女子大学校は申請書を提出し、三十七年三月一日より専門学校令に準拠することとなった。三十七年四月九日、大学部第一回卒業式及び付属高等女学校第三回卒業式が執り行われた。卒業生は、大学部一二一名（家政学部五六名、国文学部五九名、英文学部六名）、高等女学校八三名であった。大学部卒業生のうち一五名が大学部の助手、高等女学校の教諭その他として学校に残った。三十七年秋、さらに第二期の発展へとつながる機会に恵まれた。

貿易界の草分けである森村市左衛門一門によって組織される豊明会から莫大な寄付があった。豊明会は、若くして亡くなった森村氏の弟豊氏と森村氏の子息明六氏にちなんだ名称で、二人の功績を記念して国家繁栄のために組織された会であった。森村氏は日本女子大学校創設の発起人の一人であったが、成瀬校長の人格や識見に信頼を置き、すでに三十五年九月に三万円と豊明寮（同年十二月開寮）を寄付していた。三十七年二月に日露戦争が勃発すると、森村氏は国家緊急の用に役立てたいと豊明会の所持金の使い道について、成瀬に相談した。成瀬は、同年秋、「第二の維新を論じて我国教育の宿弊に及ぶ」という論文を『教育時論』に発表した。当時国民が日露戦争に勝つことのみに眩惑されて、その後に来る資本主義的世界争覇戦に思い及んでいないことを指摘した。米英独の世界政策から説き起こし、これに対抗するには、第二の国民を養成する必要があると論じた。第二の国民の養成にはその母である女性、また、天然の良教師である女性の教育こそ急務であることを説き明かした。この論文によって、三十七年十一月、森村氏の豊明会より五万五、〇〇〇円が寄付され、女子大学校に新たに、教育学部と付属小学校・幼稚園が開設される運びになった。

明治39年4月、第1回卒業式・於豊明館
（日本女子大学成瀬記念館所蔵）

これを機に、建築委員及び教務委員会を開き、新事業を起こすにあたり、創立当初の予定額を集めることになった。戦時中でもあるので、一般からの寄付金募集は難しいと判断し、まず、発起人が援助することになった。このようにして、創立当初の予定であった基金三〇万円を募集し、内二〇万円を建築及び施設費にあて、一〇万円を基金にするという目的がほぼ達成された。三十七年十二月、教育学部開設披露式を行い、同時に財団法人化の意向を発表した。

豊明館と名付けられた教育学部校舎と豊明図書館は三十九年春落成した。同年四月、教育学部開校式及び第五回創立記念式を行った。付属小学校及び幼稚園も開校された。この年の新入生は家政学部一五五名、国文学部六五名、英文学部三八名、新設の教育学部は六五名、英文予科七七名、普通予科一〇五名で、大学部の在籍は一、〇一一名となった。付属高等女学校・小学校・幼稚園を含めると全校生は一、四八一名になった。

教育学部は理科方面の教育に主力が注がれ、当初の学科課程は以下のようであった。第一部は数学・物理化学、第二部は博物コースである。

必修科目　数字は一週間の時間数を示す。

第一学年　第一部、第二部共通

実践倫理・倫理学2　心理学教育史4　英語…講読文法5　手工…園芸・牧

畜・料理２　体操…普通体操・教育体操・遊戯体操・容儀体操２
第一部…算術代数５・物理化学５　第二部…植物６・動物４
合計二五時間

第二学年　第一部、第二部共通
実践倫理・倫理学２　教育学・保育法・教授法４　英語、手工、体操は一学年に同じ
第一部…代数幾何５・物理化学５　第二部…動物２・鉱物地質２・生理衛生６
合計二五時間

第三学年　第一部、第二部共通
実践倫理・応用社会学２　管理法・児童研究・童話研究・当今内外の教育問題４　英語、手工、体操は一学年に同じ
第一部…三角法４・物理化学６　第二部…鉱物地質４・生理衛生６
合計二五時間　第二学期以降は実地練習

随意科目として国文が各学年二時間設置されている。教育学部はその後四科に分れたが、実際は数学的博物学的なものは中止となり、家政学を主とする第一部と第二部となって大正五年まで続

いた。大正六年選択制度が採用され、師範家政学部として更生し、家政学部第二類として継続された。教育家政学部は明治四十三年度から家事科に対して中等教員免許状が下付されることとなった。

三十八年四月、私立日本女子大学校財団法人設立願書を作成し、文部大臣への進達を東京府知事宛提出し、同年五月認可された。成瀬仁蔵の名義となっている地所建物器具その他学校所属資産を財団法人の所有とし、学校の基礎を永遠鞏固(きょうこ)にすることを企図した。

寄付行為の目的第一条に

本財団ハ現在ノ私立日本女子大学校ヲ維持拡張シテ女子ニ適切ナル高等ノ教育ヲ施スヲ以テ目的トス

とある。

三十八年九月五日、日本は日露戦争に勝利し、世界の最強国の列に連なり、国民の精神は高揚したものの、その反動時代を迎えた。経済界は不況に陥り、教育一般も振わず、女子高等教育無用有害論が台頭し始めた。日本女子大学校は三十九年の在籍一、〇一一名をピークに、大正六年まで下降を続ける。その背景には、三十五年八月『二六新報』が一ケ月以上連載した「女学生腐敗の真相」や、三十六年小杉天外が『読売新聞』に連載した小説『魔風恋風』、三十八年から始まった『滑稽新聞』の女学生の風刺画なども影響したと考えられる。

こういう状況をいち早く察知した成瀬は、教育界を総動員して、三十九年七月、毎月会を発起して女子教育研究会を始めた。毎月会はもともと日本女子大学校評議員間に組織されていた女子教育研究会であった。この日は、総理大臣・西園寺公望、文部大臣・牧野伸顕、大隈重信始め、在京の教育家、各女学校長、大学関係者、文部省官僚など三〇余名が出席し豊明館で行われた。この研究会は四十四年十二月まで九回行われた。

成瀬は、〝毎月会の目的は、教育関係者、学者、政治家の知能を集めて、一般の教育、女子高等教育に関する問題を研究し、そこで得られた考えを女子大学に応用して、結果を見ること。もう一点は、日本の社会を組織するすべての機関の調和統一を計り、社会全体を支配する中枢点を養うこと。〟と談話で発表した。「女子高等教育と人口問題」「女子の結婚年齢に於て」「家族制度と個人主義との調和」などが論じられた。〝高等教育を受けた女子は妻となり、母となってかえって家庭に適応せず、温良貞淑の美徳を欠く。〟などという世の中に横行していた女子高等教育無用論に、相当な識者でさえ動かされがちであるという実状に対抗しようとした。日本女子大学校が単なる一女子大学ではなく、日本全体のための女子大学であることを強調した。

しかし、大学部は三十九年をピークに減少し、大正二年には大学部在籍四二四名とピーク時の約四割に落ち込んでしまう。明治四十一年には、卒業生の平塚らいてうが心中未遂事件を起こし、ジャーナリズムの格好の餌食となった。高等教育を受けた女性が起こした事件として、おそらく女子大学校の入学生減少に追い打ちをかけたことと思われる。増加に転じる大正六年までが女子大学校の危機であった。

総合学園へ——付属高等女学校・豊明小学校・豊明幼稚園

日本女子大学校付属高等女学校は、明治三十四年、大学部（家政学部・文学部）と同時に開校された。そして、五年後の三十九年に大学部の教育学部と共に幼稚園と小学校が新設された。まず、付属高等女学校について述べよう。

付属高等女学校は五年制で、一年から五年まで三二〇名を募集した。初年度の入学生は二八八名。教育方針は、大学部と同様で、「女子を人として、婦人として、国民として教育する」ことが掲げられた。式典や運動会、文芸会、展覧会などの学園行事の多くは大学部と一緒に行われた。翌三十五年第一回卒業式が行われ八二名が卒業し、大多数が大学部に進学した。まだまだ女子の高等教育に異を唱える人が多い時代であったので、大学部の人数確保につながった。

付属高等女学校は、明治三十二年に公布された「高等女学校令」に準拠して申請された。日本女子大学校付属高等女学校規則の第一章総則第一条に、

日本女子大学校附属高等女学校ハ女子ニ須要ナル高等普通教育ヲ授ケル所トス

第二条に、

附属高等女学校ハ日本女子大学校内ニ置ク

付属高等女学校の理科の授業
（日本女子大学成瀬記念館所蔵）

とある。第二章以下から要点を述べよう。

修業年限は五年。及第や卒業は各科目の平常の成績により教員会の議決を以て評定する。大学部と同様にいわゆる試験はなかったようである。定員は四〇〇名。入学資格は、年齢一二年以上で高等小学校第二学年の課程を終えた者は第一学年級に無試験で入学を許可する。その他はすべて試験の上入学を許可する。相当年齢に達していて、第二学年級以上に入学する者は、同程度の高等女学校より転学する者を除き、すべて試験によるとした。授業料は一学年二二円、一ケ月二円の割合で毎学期の初め五日以内に分納する。

学科課程は以下のようである。数字は一週間の時間数を示す。

修身…各学年1　国語…一年5　二年4　三年以上3　外国語（英仏）…一・二年5　三・四年7　五年8　地理…一・二年2　歴史…三年以上2　数学…一・二年3　三・四年2　理科…一年1　二〜四年2　五年1　裁縫…一〜三年4　四・五年3　家事…四年1　五年2　習字、図画、音楽は各学年2　体操…各学年3

合計各学年三〇時間

外国語は英語とフランス語の両方を教えるためか、上級学年になるほど多くの時間を配当し、外国語教育に力を入れていることがわかる。

授業は自学自動が奨励され、学科別に行われた。生徒たちは学科ごとに教室を移動する。ある教室には必要な標本や機械等があるため、実験上便利である。また、ある教室には修身・国語、その他の教科に適当な書籍が備えてあり、自由に選んで読書するという具合だった。最上級生は、成瀬校長の実践倫理の講義を大学部の学生と一緒に受けた。

付属小学校と幼稚園は、三十九年豊明会の寄付金により開校された。それを記念して、「日本女子大学校付属豊明小学校」「日本女子大学校付属豊明幼稚園」と名付けられた。大学校の正門を入って左手に、木造二階建の校舎が新築され、二階の三教室が小学校として使用された。一階は三教室および遊技場、玄関から成り、そのうち二教室が幼稚園、一教室が教員室であった。四月二十日、入学式が行われた。小学校第一回の入学者は、一年のみの募集で、男子一名、女子一〇名であった。校長は成瀬仁蔵、五名の女子教員でスタートした。男女共学で始まったが、大正十二年以降は女子のみの募集となる。幼稚園は男子四名、女子八名が入園した。

明治38年12月竣工の付属豊明小学校校舎と幼稚園園舎（日本女子大学成瀬記念館所蔵）

　四月二十七日、大学校の教育学部、小学校、幼稚園の開校式が、蜂須賀茂韶（もちあき）、大隈重信など来賓諸氏が参会して行われた。成瀬はこの開校式の挨拶の中で、〃本校は実地、天然物、実際の境遇より材料を採らせるようにしたい。この度起こした教育部も幼稚園も小学校も「自然物研究」という教育法を採用し、手工教育を加味することにした。また、今日の教育に欠けているのは、宗教的生命すなわち理想の養成である。宗派によらない個人的宗教心を満足させ、高尚な理想を与えたい。その方法として自動すなわち自らするということに最も適当な材料を与え、自らするということで理想を実現させる。〃と語った。ここに、幼稚園から大学部まで一つの校内に首尾の一貫した教育制度を実施するという設立趣意書に記載された成瀬の理想、総合学園が実現した。

付属豊明小学校規則第一条に、

日本女子大学校附属豊明小学校は、児童心身の発達に留意して、道徳教育及国民教育の基礎並に其生活に必須なる普通の知識・技能を授くるを以て本旨とし、兼て本校教育学部生徒の実施練習に資する所とす。

とある。同時に新設された教育学部の実習機関であることを謳っている。

学科課程及び時間配当は以下のようである。明治三十三年八月に改正された「小学校令」に準拠している。

尋常小学科（一～四年）　数字は一週間の時間数を示す

修身…各学年2　国語…一年8　二年10　三・四年13　算術…一年4　二～四年5

図画…各学年1　唱歌…各学年1　体操…各学年3　手工…各学年2

合計一年二一時間、二年二四時間、三・四年二七時間

高等小学科（一・二年）

修身2　国語9　算術4　日本歴史1　地理1　理科2　図画1

唱歌1　体操3　手工2　裁縫2

一・二年とも同じ時間数で、一週間の合計二八時間

明治四十年三月三十一日付義務教育年限が延長され、尋常小学校六年間が義務教育となった。豊明小学校では、高等小学科の第一学年と第二学年が尋常小学校の第五学年、第六学年に改められ、教科目はそのまま踏襲された。

豊明小学校教育の特色は、実物を観察させ、自動開発主義により、自然教育、手工教育を主とした。教科書は全く用いず、四囲から教材を得て、自動的に発表構成させた。各教室で小鳥、金魚、二十日ねずみ、兎などを飼育し、図書・絵画などが整えられていた。手工教育の粘土細工のために、窯場を設け、専門の先生を迎えて茶わんなどを焼いた。校庭にはブランコ、梯子（はしご）、縄梯子、辷棒（すべりぼう）などの運動器具を備え、砂場や池、花壇や畑もあった。「ガラス戸棚から絵具や石を取り出して、売りやさんになったり、お客さんになったりした。それが算術であった。苺をつみ、さつまいもを掘る。それらは絵にもかき、綴り方にもなった。」と当時の児童の思い出にある。自由に伸び伸びと教育して児童の資質能力をのばし、境遇を支配して奮闘できる人間を作りあげ

ることをめざした。このような方針は好結果をもたらしたが、他校への転校の必要が生じた時不都合な点があったため、次年度から国定教科書を用いることになった。明治三十六年四月より、小学校教科書は国定教科書制度となっていた。

付属幼稚園も教育学部の実習場という性格を持っていた。開園時保育にあたったのは、大学校卒業生の藤原千代、正田淑であり、粘土や焼き物を保育に取り入れた。九月から甲賀ふじが主任に就いた。甲賀は幼児教育の専門的知識と力量を備えた女性だった。J・デューイが開いたシカゴの師範教育部で新式の保育や教育学を学ぶために再渡米した時に、欧米女子教育視察中の麻生正蔵が出会い招聘した。甲賀は、当時形骸化していたフレーベル主義の保育を捨て、新しい試みを次々と実践した。

もう一つ特筆すべきことは、児童を保育する目的で、幼稚園・小学校にも木造洋風二階建ての幼稚寮が用意されたことである。寮監は第一期生の井上秀が務め、当初は一名、翌年四月には五名が入寮した。パン食に西洋料理をまじえ、椅子式の洋風生活が試みられたが、入寮生が少ないため大正二年に閉寮となった。

明治三十九年一月、ヨーロッパにおける国民教育の先駆者ペスタロッチーの生誕一六〇年にあたり、成瀬は「ペスタロッヂ先生を懐ふ」を記した。「ペスタロッヂは失敗に失敗を重ね、五三歳で模範的小学校を設立した。その教授法は内から外にという開発主義である。当時一般の教育は外から内へという注入主義であった。集まった生徒は八〇名ほど、ほとんど乞食と病人と不具であった。それら世の迷い児等を人となすことに務めた。彼に学ぶことは、本末を転倒せず、生涯の目的を誤らず、天職を全うしたこと。心より何事も為し一生を務めて止まない至誠の人であった。ペスタロッツヂを偉人たらしめたものは手腕でも学識でもない。精神と実行である。」（『成瀬仁蔵著作集』第二巻）

成瀬がペスタロッチーを生涯の指針としたことは明らかである。成瀬も「女子を人として、婦人として、国民として教育する」という天職を見つけて、たゆむことなく、その一身を女子教育に捧げた至誠の人であった。

日本女子大学校の異端児平塚らいてうと『青鞜（せいとう）』

明治四十四年九月、女性による女性のための文芸誌『青鞜』が産声をあげた。創刊の中心になったのは、平塚らいてう（本名平塚明（はる））ら日本女子大学校の卒業生たちである。

元始、女性は実に太陽であつた。真正の人であつた。

今、女性は月である。他に依つて生き、他の光に依つて輝く、病人のやうな蒼白い顔の月である。（中略）

私共は隠されて仕舞つた我が太陽を今や取戻さねばならぬ。
「隠れたる我が太陽を、潜める天才を発現せよ、」(後略)

らいてうの創刊の辞「元始女性は太陽であつた。——青鞜発刊に際して——」によって、『青鞜』は一大センセーショナルを巻き起こした。巻頭を飾った歌人与謝野晶子の「山の動く日来る」で始まる詩「そぞろごと」も相乗効果をもたらした。さらに表紙も話題を呼んだ。クリーム色の地にこげ茶色で、女性像と「青鞜」の文字が浮彫りになった表紙の図案は、やはり日本女子大学校卒業生の長沼智恵子、後の詩人高村光太郎夫人が担当した。

それまで封建時代のなごりの良妻賢母であることを求められ、「家」に縛り付けられ、窮屈に感じていた女性たちが、『青鞜』によって目覚めさせられたといっても過言ではなかろう。奇しくも『青鞜』は明治の終焉、新しい大正の幕開けの叙事詩となり、らいてう自身も意図していなかった女性解放運動に影響を与えた。

らいてうは、明治十九年二月十日、現在の東京都千代田区五番町で、政府官吏の父平塚定二郎と母光沢の三女(長女は夭逝)として誕生した。誠之小学校高等科卒業後、三十一年、東京女子高等師範学校付属高等女学校に入学。同校卒業後、成瀬仁蔵の『女子教育』を読んで感動し、日本女子大学校英文学部を希望する。しかし、洋行経験を持つ父であるにもかかわらず、〝女の子が学問をすると、かえって不幸になる。親の義務は女学校だけで済んでいるのだ。〃と反対した。母親のとりなしで、家政学部ならばと許された。

三十六年四月、日本女子大学校家政学部に入学。週一回午後二時間の成瀬校長の「実践倫理」は、各部の新入生を一堂に集めて行われた。知識の詰め込みや形式主義の教育を排撃し、自学、自習、創造性を尊重する。宗教、哲学、倫理、科学など話題は多方面にわたり、迫力ある熱烈な話し方で引き付けられた。らいてうは熱心にノートを取り、質問したり、講義の後も自分の疑問を校長にぶつけたりした。もともと家政学部志望ではなかったらいてうは、家政科の講義に興味が持てず、週二回午後の料理実習の時は、たいていさぼって図書館に行ったり、文科の講義を聴きに行ったりした。

『青鞜』発刊の頃の平塚らいてう（『元始、女性は太陽であった』上）

一年生時代はむさぼるように成瀬の与えるものを吸収したが、次第に反発心が首をもたげてくる。学校・社会・家庭の渾一（こんいつ）を目指す成瀬教育は、家政学部が拠り所となっており、学校の後援者が来校すると、家政学部の学生が料理や菓子など何もかも手作りして、厚くもてなした。それが学校に尽くすことであり、共同奉仕に率先して働く人が賞賛された。らいてうは、そういう接待役は苦手でたいていさぼった。

二年生から寮生活も経験したが、自治を重んじる寮は、会合や役割分担、共同作業が多く、自主的に勉強する時間が持てなかった。二年生の終わりから三年生の始めごろ、実践倫理の時間に当時流行のデカルト、カント、ジェイムズなどの実証主義や実用主義が語られた。それは女学生たちに、実際の生活に役立たない知識はだめというように狭い実用主義、実利主義にとらえられた。らいてうのように本にかじりついている者は異端視され、ニーチェやトルストイなど禁じられた本を読んでいると危険思想の持主として寮監から叱られることもあった。パラチブスにかかったのを機に退寮した。

らいてうは、大半の女学生が成瀬校長を崇拝し、ただ鵜呑みにするだけの「成瀬宗」への懐疑から、激しい読書欲にかられ、宗教、哲学、倫理関係の書物を濫読した。友人の誘いで、本郷教会で海老名弾正の雄弁で流暢な説教も聴いた。しかし、キリスト教の神の観念に納得できなかった。また、友人の紹介で日暮里の「両忘庵」の釈宗活老師のもとで座禅の修行に励んだ。一年後、禅の見性をし、慧薫の安名を受けるほど打ち込んだ。この座禅を通して得たものがらいてうの精神的骨格を築いた。三年生の夏休みに将来の自活を考えて速記術を習得した。卒業論文は「宗教発達史」のような、およそ家政科らしくない内容であったが認められ、三十九年三月卒業した。

さらに、津田梅子の女子英学塾の予科二年に入学し、学校の帰りに二松学舎で三島中洲（ちゅうしゅう）の漢文の講義を聴いた。女子英学塾の授業は、会話、暗誦、書取りなどが多く、英語の書物を自由に正確に読みこなせるように早くなりたいと思うらいてうには合わず、一年の終わりを待たずに退学した。

四十年一月、成美女子英語学校に転じた。ここで、『青鞜』発刊に強く背中を押した生田長江と出会う。テキストに使われたゲーテの『若きウェルテルの悩み』で初めて文学に目覚めた。五月、学校内に、女流文学者を育てる目的で「閨秀（けいしゅう）文学会」が生まれた。講師に生田の他、与謝野晶子や森田草平らがいた。生田に勧められて回覧雑誌に小説『愛の末日』を発表した。四十一年一月、夏目漱石門下で作家の森田草平から『愛の末日』の批評を書いた手紙をもらう。これがきっかけとなって、妻子ある森田との交際が急速に深まり、三月、塩原温泉の尾頭峠付近で心中未遂事件を起こす。新聞にあることないこと書きたてられ、顔写真まで掲載され、一躍スキャンダラスな女とされた。このため、日本女子大学校の同窓会から除名された。

四十三年、生田から女性の手による女性のための文芸誌の発行を再三勧められて、翌四十四年九月『青鞜』発刊に至る。平塚らいてうの他に、保持研子（やすもちよしこ）、中野初子、木内錠子（ていこ）、物集（もずめ）和子の四名が発起人となった。物集以外は日本女子大学校国文科出身であった。駒込林町の広大な物集邸の和子の部屋に事務所を置いた。和子の父は著明な国学者物集高見博士である。

生田のアドバイスで女流文学の大家や著名作家夫人を賛助員とした。創刊当時の社員は、発起人の他、岩野清子（岩野泡鳴夫人）、茅野雅子（茅野蕭々(しょうしょう)夫人）、田村俊子（日本女子大学校国文科中退）など一八名であった。創刊号には森しげ（森鷗外夫人）や国木田治子（国木田独歩夫人）らも作品を寄せている。

〝女性一人ひとりにそれぞれ天から与えられている才能がある。しかし、社会的な事情でそれが隠されている。その隠れた才能を、文芸の道を通じ、あらゆる抑圧を排して外に現そう〟ということが冒頭に掲げたらいてうの創刊の辞の主旨であった。予想外の反響で、連日のように全国から手紙が寄せられ、入社や雑誌の申し込みが続いた。ちょうど『青鞜』創刊と同じころ、坪内逍遥の文芸協会が、イプセンの『人形の家』を上演して松井須磨子のノラが大きな反響を呼んだ。ジャーナリズムは『青鞜』に集う女性たちをノラのように目覚めた女性という意味で「新しい女」として取り上げた。しかし、尾竹紅吉（画家尾竹竹坡の姪）が「五色の酒の話」や「吉原に登楼した話」などを創作も交えて奔放に書いたことがもとで、ジャーナリズムに「新しい女はふしだらな女」として非難される。さらに四十五年二巻四号が姦通(かんつう)を扱った荒木郁子の小説『手紙』で発禁処分を受ける。発行部数も三、〇〇〇部ほど出て順調だったが、ジャーナリズムの攻撃で、社員たちは動揺し、脱退する者が出た。大正二年三巻二号付録で社会主義者福田英子の「婦人問題の解決」を掲載したためか、またもや発禁処分となった。

ここからもらいてうの、欧米の婦人論や婦人運動についての勉強が始まる。大正二年、ジャーナリズムの「新しい女」に対する非難が最高潮に達した。特に下田歌子、鳩山春子、嘉悦孝子、津田梅子ら女子教育家が、ジャーナリズムに同調して青鞜社を目の敵にして騒いだ。成瀬が四十五年八月から欧米女子教育視察に出て、大正二年三月に帰国すると『青鞜』や「新しい女」の評価が一変していた。成瀬は『中央公論』四月号に「欧米婦人界の新傾向」を寄せ、その中で、「所謂新しい女の一派は、一種の病的な狂的な現象であろうと思う。頭が相応に出来ていても、常識が欠けておる。生理的に欠陥を有っているのであろう。」などと非難した。尊敬していた成瀬のこの寄稿にはらいてうもかなりショックを受けた。らいてうは、『青鞜』四月号で「世の婦人たちに」として、成瀬の談話に触れ、「信用を置くにも足らぬ新聞の記事などを捉えて、私の尊敬する女子教育家の言葉として誠に遺憾に堪えませんでした。時流を抜いたあの熱誠そのものだった校長も最早老い込まれたのではないか。老いてはああまで俗論に媚びねばならぬかとも悲しみました。」と書いて、世の中のかたくなな女子教育家に反撃した。

その後らいてうは、五歳年下の画家志望の奥村博と共同生活を始めた。「若いつばめ」の流行語となった男性である。家父長制度の当時の結婚への反発から当初は法律結婚をしなかった。このことも不道徳で、野合などと激しい非難を浴びた。多忙になったらいてうは、『青鞜』の編集及び発行権を大正四年第五巻一号より伊藤野枝に譲る。しかし、野枝は無政府主義者の大杉栄と多角恋愛に陥り、同年十一月、大杉が愛人神近市子に刺される「日陰茶屋事件」の一因を作ってしまう。結局『青鞜』は大正五年二月まで五年間で五二冊を発行し、以後無期休刊となった。らいてうは、やがて母となって、与謝野晶子との母性保護論争を経て、婦人運動へ突き進んでいく。大正八年十一月、市川房枝、奥むめお（日本女子大学校家政学部卒業）らと日本初の婦人団体「新婦人協会」を設立。婦人参政権と母性の保護を要求した。第二次世界大戦後は、婦人運動とともに、反戦・平和運動を推進していく。

らいてうは『青鞜』の活動にしろ、私生活にしろどんなに世間やジャーナリズムから非難されても、さほど気にしなかった。その強靭な精神力は、哲学書等の膨大な読書や座禅の修行から培われたものであろう。しかし、その根底となったのは、「実践倫理」での成瀬仁蔵校長の教えであったと思う。自学、自習、読書、瞑想、宗教心、内なる天才の発揮、賢母、社会改良等、成瀬が学生たちに勧めた教えをらいてうは実践し、天職を全うした。

毀誉褒貶あるにせよ、のべ一六〇人の女性が参加した『青鞜』も女性たちに影響を与え、大正時代に活発になる民主主義運動や婦人運動へとつながっていく。『青鞜』には多くの日本女子大学校卒業生が関わった。成瀬は、〝諸子は永久に母校の娘で有る。〟と卒業式の告示で述べていた。ならばその娘たちが生み出した『青鞜』は、日本女子大学校・成瀬仁蔵の孫といえよう。

没後二十一年の平成四年、らいてうこと平塚明は、日本女子大学同窓会名簿に復活した。平成十七年、同大学は「平塚らいてう賞」を創設した。らいてう研究、男女共同参画社会の実現、女性解放を通じた世界平和に関わる研究や活動を行う個人または団体に授与される。これらについて天上でらいてうはどのように思っているだろうか。

参考文献

『日本女子大学校四十年史』
『成瀬仁蔵著作集』第一巻・第二巻・第三巻
『日本女子大学史資料集』
『図説日本女子大学の八十年』
『学制百年史』文部省
中嶌邦『成瀬仁蔵』
青木生子　いまを生きる『成瀬仁蔵』――女子教育のパイオニア
『日本女子大学校附属豊明小学校八十年史』
『元始、女性は太陽であった』平塚らいてう自伝　上、下、続、完
写真で見る「成瀬仁蔵その生涯」（日本女子大学成瀬記念館）
没後一〇〇年記念「成瀬仁蔵書簡展」資料（日本女子大学成瀬記念館）

第五章　産声をあげた各分野の女子高等教育機関

東京音楽学校

東京音楽学校（現東京芸術大学音楽学部）は、明治二十年十月、「音楽取調掛（とりしらべがかり）」を改称し、東京府下谷区上野公園地（現東京都台東区）に設置された官立の音楽専門学校である。音楽家と音楽教員を養成する日本最初の学校であった。初代校長に伊沢（いさわ）修二が就任した。

明治五年、政府は「学制」を制定し、小学校・中学校に音楽の授業を定めたが、指導する教員もなく、内容も定まっていなかった。政府は音楽教員の養成を急いだ。米国から指導者としてルーサー・ホワイティング・メーソンを招聘（しょうへい）し、明治十三年十月、音楽取調掛が募集した伝習生への授業が始まった。邦楽に熟達している者を募集したため、伝習生たちの上達は早く、半年もするとメーソンの助手が務まるようになった。音楽取調掛長の伊沢を中心に急ピッチで教材作りが進められ、十四年には「唱歌掛図初編」や『小学唱歌集初編』が文部省から出版され、各師範学校へ配布した。十八年七月、第一回全科卒業生の幸田延（こうだのぶ）、遠山甲子（きね）、市川道は職業音楽家として十分な実力者となった。これを音楽取調掛の教育成果とみて、十九年十一月、伊沢らは文部大臣・森有礼に音楽学校設立の建議書を提出した。

優秀な音楽家を養成し、最良の音楽を拡張普及する音楽学校設立の必要性が認められ、二十年十月、開校の運びとなった。予科（一年）、本科師範部（二年）、本科専修部（三年）、研究科から構成されていた。指導者にオーストリア人のルドルフ・ディートリッヒを迎えた。ディートリッヒにより、研究生であり助手を務めていた幸田延のヴァイオリンの才能が見出された。幸田は、二十二年四月、一九歳で、第一回文部省音楽留学生としてアメリカへ一年、オーストリアへ五年留学し、日本人として初めて洋楽を体系的に学び、二十八年十一月に帰国。以後、東京音楽学校の教授に就任し、ピアノ、ヴァイオリン、声楽等を教え、外国人教師主導から日本人教師主導の時代へと導いていった。

　幸田は、妹でヴァイオリニストの幸田幸（安藤幸）、作曲の滝廉太郎、大正時代から昭和前期にかけて、世界を舞台に活躍したプリマドンナ「蝶々さん」の三浦環らを教え、明治三十年代の隆盛期を築く。明治期の官立学校は教員も学生も大半が男性であったが、東京音楽学校は男女共学で女子の方が多く、教師、生徒ともに女性の活躍がめざましかった。明治四年に津田梅子らと米国留学し、ヴァッサーカレッジの音楽科を修了して十四年に帰国した永井繁子（瓜生繁子）が、音楽取調掛に採用された。明治二十三年東京音楽学校嘱託教授となり、日本初の女性教授として活躍し、幸田延にピアノの手ほどきをした。

女子美術学校

私立女子美術学校（現女子美術大学）は、明治三十四年四月、東京市本郷区弓町（現東京都文京区）に開校した。藤田文蔵、横井玉子、田中晋、谷口鐵太郎四名の連名で設立願を提出し、女子の美術的技術家及び美術の教員養成を目的とした。普通科（三年）、高等科（二年）、選科（一年）、研究科（二年）の課程を合わせ持ち、日本画・西洋画・彫塑・蒔絵（まきえ）・編物・造花・刺繍（ししゅう）など多様なものが学べる我が国唯一の女子の美術の専門教育機関として出発した。

開校の中心となったのは横井玉子である。玉子は、二一歳で未亡人となり、新栄女学校と女子学院で、礼式、裁縫、洋画、割烹の授業を担当し、舎監を兼ねた。玉子は美術に対する趣味が深く、黒田清輝ら西洋画家の団体「白馬会」に入会し、洋画を研究していた。当時東京にあった唯一官立の東京美術学校（現東京芸術大学美術学部）は、女子に門戸が開かれていなかった。女子が学べる美術の学校を創りたいという思いが募り、東京美術学校教授・藤田文蔵を校長としてスタートした。

しかし、最初の入学生は極めてわずかで、早くも開校年の秋に経営難に陥り、順天堂医院長・佐藤進夫人の佐藤志津に救いを求めた。志津は、周囲から反対されたが、玉子の情熱を感じて、この仕事に一生を捧げようという決意を固め、三十五年一月、女子美術学校校主となった。

志津が校主になったことで、しだいに生徒も増えて校舎を増築した。しかし、玉子が胃癌のため三十五年十二月四九歳で永眠。三十九年十二月、失火により校舎の大半を焼失。不幸が続いたが、志津は、知人縁者を説いて出資金、寄付金を募り、自分の手回りの調度や衣類までも売却して新校舎を建築した。四十二年七月、本郷区菊坂町に移った。新校舎も寄宿舎も総三階建で、弓町時代よりもかなり大きくなった。学びの環境が整い、大正時代になると生徒たちの活躍が盛んになる。さまざまな博覧会に出品し、表彰されるようになり、「菊坂の女子美」と愛称されるようになる。

東京女子体操音楽学校

日清戦争での死者の九〇％近くが病死であったことから、体育及び学校衛生重視の風潮が高まった。強健な国民を養成するためには、心身ともに健康な女子の育成が必要となった。女子体育に関心が持たれるようになり、女子の体操教員が求められていた。

明治三十五年五月、東京市小石川区上富坂（現東京都文京区）で、私立東京女子体操学校が山崎周信によって設立された。女子が学べる最初の体操学校だった。後に日本における最初の女子体育大学となる、現在の東京女子体育大学の前身である。体操専門の学科術科及び女子必須の学科を教授し、女子体操教員を養成することを目的とした。課程は、六ケ月履修の本科と無期限の研究科の二科であった。

三十五年十月、小石川区茗荷谷町に移転し、私立東京女子体操音楽学校と校名及び学則の一部を変更した。校舎は、女子高等師範学校体操科講師で、監督として事実上の指導者であった高橋忠次郎の自宅であり、運動場はその庭であった。本科を体操科と音楽科に分け、二科を兼修できるようにした。しかし、体操と音楽だけでは応募者が少なく、大正十一年四月に郊外の武蔵野村吉祥寺（現武蔵野市吉祥寺）に移転するまで、経営難のため一一回もの移転を繰り返した。当時はまだ女子の体操教師が受け入れられない社会であり、教科としての体操の評価が低かった。

軽手具を用いた普通体操が、体操伝習所以来二五年間にわたり学校体育として行われてきた。しかし、三十六年二月、井口(いのくち)阿くりが三年半の女子体育研究を終えて米国留学から帰国すると、体力養成運動のスウェーデン式体操が主流となっていった。日露戦争に勝利した直後の日本は、富国強兵の機運が高まり、高橋が先導してきた体操と音楽を合わせたリズミカル運動は、体育的運動ではないと非常な圧迫を受けた。高橋は三十九年十二月、体育研究のため渡米し、米国で亡くなってしまう。

高橋が渡米して不在になると生徒はさらに減少し、東京府から一定の基準に達しないとして、四十一年三月限りで閉鎖すべしという命令が下った。このピンチを救ったのが、かつて女子高等師範学校で高橋の教えを受け、同校の教員となっていた藤村トヨであった。藤村らは女子体育専門の学校の希少価値と女子体操教員の需要を強調し、必死の陳情をして存続が認められた。折しも米国の高橋から、設立者の変更と校長の後任を藤村トヨに委任するという書面が届いた。高橋校長が帰国するまでの暫定的措置として、藤村は東京女子体操音楽学校の校長になった。

藤村は全寮制にして、自炊をさせて自立の精神を養わせ、暖かい家庭的な雰囲気の中で、厳しく一年間ほとんど無休で勉学させた。藤村自身も勉学を怠らず、二十年にわたり全国の銭湯や女学校の寄宿舎の浴場を見学して、日本女性の体型を調べた。女性の衣装の帯紐（おびひも）の弊害を指摘し、改良服を提案した。また、三八歳で東京女子医学専門学校に入学し、体育研究のために、医学の知識や経験を授業に生かした。こうした藤村の努力が徐々に実を結び、大正半ばごろから入学生が増え、吉祥寺時代へとつながっていく。

実践女学校

華族女学校教授、明治天皇の内親王の養育係として上流階級の子女教育に携わっていた下田歌子が、庶民の子女を教育する女学校を創った。私立実践女学校及び付属慈善女学校、女子工芸学校である。明治三十二年五月、開校式が東京市麹町区元園町で行われた。歌子は二十六年九月、内親王御用掛として、欧米における女子教育の視察研究のため渡英した。二年間の留学を終え、二十八年八月帰国し、三年後の三十一年十一月、元園町の一角に「帝国婦人協会」の表札を掲げ、歌子が会長となった。当時ほぼ上流階級の女性で占められていた女性の団体組織を、広く一般女性に及ぼして、教養を高め、生活を向上改善させていくことを目標とした。この「帝国婦人協会」の事業の教育部門として女学校を創設した。

歌子は、欧米女子教育視察を通して、日本女性の従来の教育方法や社会的待遇に欠点があることに気づいた。欧米の女性は、知識・教養は男子と並び、能力や技量において劣らず、社会的に相当の活動をしている。しかし、日本の女性は身動きできないように家庭内に縛られ、義務と責任を課せられている。国民の半分が女性であり、上流階級の女性はごく一部にすぎない。中流以下の一般女性の教育が国家興隆の基であることを覚った。

実践女学校は、高等小学校第二学年修了者を対象とし、女徳の啓発、学理の応用、社会に適応する実学の教授、賢母良妻の養成を目的とした。本科（五年）、専修科（二年）、別科（五年）を設けた。

女子工芸学校は、尋常小学校四年修了者を対象とし、学科の他に、裁縫・編物・刺繍・図画などの工芸を授けて修身斉家に必要な実業を修め、自営の道を立てる教育を目的とした。修業年限は、本科及び別科は三年、専修科は二年。別科の入学資格は特に問わず、間口を広げて少しでも多くの女性が術科を身につけられるようにした。

さらに歌子は、「実践女学校付属慈善女学校」と「女子工芸学校付属下婢（かひ）養成所」を設置し、孤独貧困の女子に自活の道を授け、下女や女中として働く下婢に読書や算術、裁縫などの教育を施そうとした。下層の女子が卑業に陥るのを救いたいという歌子の悲願であった。

歌子は、三十年代前半に大流行した、着物に「海老茶袴（えびちゃばかま）」という女学生スタイルのきっかけを作っている。それは十八年華族女学校開校にあたり、袴の着用を定めたことによる。また、実践女学校と女子工芸学校を開校するにあたり、校内で着用する「授業服」を考案した。上下につながったワンピース型で、各自の衣服の上に着用する。中流及び下層階級の女子の教育を同じ校内で目指したため、生徒の家庭の格差が大きいことを配慮した。この授業服などが、大正時代に本格化する女学校の制服のさきがけとなった。

明治四十四年、実践女学校は実践女学校高等女学部に、女子工芸学校は実科高等女学部に改正し、大正十四年、専攻科が実践女子専門学校（現実践女子大学）へと昇格する。

これらの特色ある女子高等教育機関や、関西においていち早く高等教育を開始した神戸女学院専門部（現神戸女学院大学）と京都の同志社女学校専門部（現同志社女子大学）については、この「女子教育史散策」大正・昭和前期編として詳しく述べることになるだろう。

エピローグ

聖心女子学院の創立

明治四十三年四月、聖心女子学院高等女学校・小学校・幼稚園が東京市芝区白金三光町に開校した。まず開校までの経緯を述べよう。

明治三十八年、日露戦争が日本の勝利に終るとローマ法皇ピオ十世はこの終戦平和を喜び、日本軍が戦場になった満州のカトリック教会を保護したことに感謝の意を表する特使を送ることにした。選ばれた特使は米国ポートランドの司教オーコンネルである。米国のカトリックを代表する有力者で後にボストン大司教になり、枢機卿になる。開港以来、日本に来航するクリスチャンは圧倒的に米国のプロテスタントが多かった。カトリックはわずかで、フランスの宣教師であった。ところが日清戦争後の三国干渉でフランスは日本の敵側に立った。カトリックが強いフランスであるが日本友好の使節にフランス人を選ぶのはまずい。ここは日本と友好関係にある米国人を派遣するのが上策だ。ローマ法皇の読みは深い。かくして米国人の法皇使節オーコンネルの来日となったのである。

三十八年十一月、オーコンネルが来日し、明治天皇に拝謁し法皇の親書を贈呈した。日本側は朝野を挙げてオーコンネルを歓迎し、日本カトリックセンターであった築地教会、神田基督教青年会館、帝国教育会等で盛んな歓迎大演説会を催した。出席者は総理大臣・桂太郎はじめ皇族や帝大教授、ジャーナリストたちであった。つい五、六年前までプロテスタント派のキリスト教と対立し、「訓令一二号」によってこれをしめあげた日本政府の要人たちが掌(てのひら)を翻してキリスト教を歓迎し、融和しようとするのは何故か。Protest の語源は〝抗議〟で Protestant はカトリックの教義に反抗し、ローマ教皇の権威を否定して成り立った教団である。従ってプロテスタントはいずれも権威を目の敵にし自由を主張する。これに対しカトリックは権威と伝統を重んじ従順を尊ぶ。やっと天皇制をつくり上げ、対外戦争に勝って国威を挙げた日本としてはカトリックは時宜を得た好ましい宗教に写ったのであろう。甚だご都合主義に見えるが、この宗教や思想に対するしたたかな柔軟性が日本人の強みなのである。

　オーコンネル歓迎会を催した日本の識者たちはいずれもカトリックの高等専門学校か大学をつくることを求めた。当時の有力日刊新聞『日本』の主筆・三宅雪嶺は高等教育のカトリック学校設立の必要性を強調した。ローマ教皇の特使にいきなり高等な学校の設置を要求するのは失礼と思うが、以下のような理由があったろう。開港以来、来日するキリスト教各派の宣教師たちは禁教であるにもかかわらず布教活動を行い布教をカムフラージュするためか医療を施したり、私塾を開いて英語を教えたりした。そして明治後半期になるとそれらは聖公会の立教学院、メソジストの青山学院、長老教会とオランダ改革派の明治学院、アメリカ改革派の東北学院になった。これらのプロテスタント各派が女学校を開設したことは本書で述べてきた通りである。カトリック各派も小規模ながら女学校をつくってきた。明治八年築地・新栄女学校（後の雙葉学園）、三十三年サンモール学校（横浜雙葉学園）、三十六年仏英女学校（静岡雙葉学園）以上はサンモール女子修道会である。三十三年創立の玫瑰女学校（熊本信愛女学院）は幼きイエズス修道女会。十四年創立の女子仏学校（白百合学園）、二十五年創立の盛岡女学校（盛岡白百合学園）、二十六年創立の仙台女学校（仙台白百合学園）はシャルトルの聖パウロ修道女会という状況であった。このようにみるとキリスト教団は新旧を問わず布教の一環として学校をたてる慣例がある。オーコンネルを歓迎する日本朝野の識者たちはこのような認識を持っていたに違いない。しかしながら教団がたてる学校は初等・中等学校が多い。カトリックの女学校は多いが幼い少女の学校ばかりである。一方プロテスタントの立教、青山、明治学院など明治末年にはかなり高度な専門教育に達したが、大学ではない。制度上、大学は帝国大学あるのみである。その学問は欧米由来であるが、大学の組織、運営は日本独自のものである。伝統的な欧州流の大学が欲しい。こうした事情がオーコンネル特使に異例の高等専門学校請願になったと思われる。

〝カトリックの布教を含む来日を歓迎する。但し大学程度の高級学校をたてて貰いたい〟というあつかましい願いをオーコンネルは忠実にローマ法皇に伝えた。法皇はこれを嘉納して男子の

明治42年創建の校舎

高等教育のためにはイエズス会、女子の高等教育のために聖心会とそれぞれ日本に赴くべきことを慫慂した。ここにイエズス会による上智大学、聖心会による聖心女子大学の種子が蒔かれたのである。

法皇から日本の高等女子教育を促された聖心会は当時、ヨーロッパは勿論、アメリカ、オーストラリア、北アフリカに一二〇余の修道院と学校を経営していた。聖心会の総長・マザー・ディグビーは日本宣教の担当者をオーストラリアから派遣することに決し、ブリジット・ヘイドン、スクループ、スプロール、ケーシーの四名に日本行きを命じた。オーストラリア管区長のマザー・サルモンは四名を引率して日本に向かい明治四十一年一月元旦、横浜に上陸した。翌日、一行は先行させていた麻布教会のツルベンが用意した麻布笄町の日本家屋に入居、これを日本最初の聖心会修道院にした。一応の目鼻がついたのでマザー・サルモンは帰国した。以後、ヘイドンの指揮で学校設置をすすめる。まず校地の選定である。いろいろ物色した結果、芝白金三光町に約三、〇〇〇坪の土地が売物に出ていたので一八万円で買収した。ここに新校舎を建てるべく営々努力の結果、明治四十二年三月、落成した。赤煉瓦造で地上三階、延建坪一、一六九坪余、諸工費総額四万四、四三〇円であった。一方、「財団法人私立聖心女子学院」の設立を申請し、四十二年十二月に東京府知事の、四十三年一月に文部大臣の認可を得た。理事長・ヘイドン、理事はスクループとヒーナン、ウェルマンの聖心会マザーである。学校の目的は「婦人の精神、智能、社交及び身体の福祉を希ひ其教育を施すを目的とし法令の規定に遵ひ学校を設く」とある。翻訳の匂いがする。開校当初の顧問には貴族院議員伯爵・寺島誠一郎と女子高等師範学校教授・篠田利英が就任、賛助員には侯爵・徳川義親以下二三名の貴族、高級官僚、大学教授、銀行頭取が夫人とともに顔を並べた。まさに朝野をあげての応援体制を示している。さし当って高等女学校と小学校と幼稚園及び外国人部（東京在住の西洋人の子どもに日本語を教える）を開校した。日本人女教師の協力が必要である。たまたま女子高等師範学校付属高等女学校の英語教師をしていた平田トシを教頭に迎えることができ教員陣容が整った。

校長　ブリジット・ヘイドン
教頭　平田トシ
教員　マリア・ジルダン　　仏語・西洋画

ド・ボルガール　仏語・西洋裁縫
エデス・ウェルマン　英語
エリザベス・スプロール　英語
エルマナ・マイヤ　音楽
ハミネ・ウードス　英語・体操・幼稚園
依岡愛子（女子高等師範出身）
髙橋節子（文部省検定）
宮里三木枝（東京女子師範）、習字
草間鏡子（女子高等師範）
武井綱枝（元女子高等師範保母）

入学金はどの学校も金五円、授業料は月額高等女学校四円五〇銭、小学校四円、幼稚園三円で、当時の一般の学校より高額である。寄宿舎があった。寄宿舎費は月四円であるが、食費は日本食月一二円、洋食二五円であった。

こうして明治四十三年四月、聖心女子学院は開校、高等女学校生徒四名、小学校児童六名、幼稚園児一二名のささやかな出立であった。やがて明治天皇崩御、新しい大正の時代を迎える。大正五年四月、聖心女子学院は専門学校英文科を開校、高等女学校も生生発展しはじめる。

東京女子高等師範学校と明石女子師範学校

明治八年十一月に官立東京女子師範学校が設置され、十八年、東京師範学校に合併されてその女子部になり、二十三年三月、分離独立して女子高等師範学校になったことは前著『女学校の誕生』で述べた。

明治三十年十月「師範学校令」に替る「師範教育令」がでた。その第一条に「師範学校女子部及高等女学校ノ教員タルベキ者ヲ養成スル」女子高等師範学校が明示され、東京に一校設置する（第二条）と定められたので、これまでの女子高等師範学校をそのまま新令の女高師にしたのである。四十一年三月、奈良女子高等師範学校ができたので東京女子高等師範学校と改称した。

「師範教育令」は「高等女学校令」の公布を控えて、その教員不足を考慮したからであり、漸く上昇し始めた学齢女児の就学に対し女教員の少なさを憂慮したからである。これも煎じ詰めれば師範学校女子部を教える適当な教師がいないからである。即ちこれからの増加が見込める高等女学校の教員とこれから増加させねばならない女子師範学校の教員を養成するために女子高等師範学校を充実しようとしたのである。

そもそもこの学校は明治八年の創立以来、女教員の養成と女学校のモデルづくりという二重の責務を負わされていたから常に新学科・科目の増加に悩まされていた。女子高等師範学校になった時の校長・高嶺秀夫は教育課程の専門家であったから従来の雑駁なオールラウンドの学習を止め課程を整理して文科・理科に技芸科を加えて三コース制にしたのである。文科は国語・漢文・英語・歴史地理を多く学ぶコース、理科は数学・物理・化学・博物・地学を多く学ぶコース、そして技芸科は裁縫・編物・刺繍・割烹・衛生・衣食住・育児・看護・家計簿記等を学ぶコースである。このコースを別名「家事科」と呼んだ。この中で裁縫は一般に重視され、多くは旧来の裁縫師匠の伝統を引きずった教員によって行われてきた。天才・渡辺辰五郎によって改革された裁縫教師（前著『女学校の誕生』で詳述）も居たが、日本全体から見れば少数である。明治三十年頃の東京の中流家庭をみれば、ここにあげた割烹・衛生・育児等は主婦の重要な知識技能であり、今後、全国的に拡まらねばならない女性の教養である。しかるに現状はこれを教え得る教師がいなかった。高嶺校長はこうしたプランを示しただけではなかった。東京女高師の教員・後閑菊野を東京医科大学に派遣して看護法を研究させるとともに卒業生の宮川寿美を文部省留学生として英国に留学させ英国流の家事科を研究させた。両人が日本の「家事科」をつく

東京女子高等師範学校
高嶺秀夫校長

りあげたのである。こうして旧式の裁縫中心の教育は順次改善されてゆくのである。因に宮川寿美は結婚して大江スミとなり大正十四年、東京家政学院（現東京家政学院大学）を創立する。東京女子高等師範学校は以後、順調に発展し、大正昭和初期に日本の女子教育の最高の地位を獲得してゆくのである。稿を改めて述べたい。

明治三十年「師範教育令」がでた頃、女子師範学校というものは一校もなく、男子の師範学校に女子部を設けてその場しのぎをする有様であった。それもわずか二十数府県で、少ない生徒を督励してのことであった。しかし明治三十三年になると学齢女児の就学者がふえはじめたこと、高等女学校設置の気運が高まったことなどがあいまって単独の女子師範学校を設置するものが出はじめた。本稿は明治三十三年から女子師範学校をつくりはじめた兵庫県明石女子師範学校について述べたい。

兵庫県は古代分国の山陰道、山陽道、南海道の分岐地域で但馬・丹波・播磨・摂津・淡路の五ケ国から成る。廃藩置県で但馬・丹波が豊岡県、播磨が飾磨県、摂津が兵庫県（第一次）になった。いずれも教育熱心で、小学校ができはじめた。文部省は官立師範学校を七校たてたが、それだけで小学校教員が間に合う筈がない。兵庫県では神戸に、飾磨県では姫路に、豊岡県では豊岡にそれぞれ師範伝習所をたてた。明治九年の府県統廃合で三県に淡路島を加えて現兵庫県が成立した。そこで姫路と豊岡の教員伝習所は神戸に合併し兵庫県師範学校になった。大兵庫県になったが人情気質は地域によって異なる。いずれも教育熱心ではあるが保守伝統を重んじる者と開明進歩に向かう派が入り交る。三十四年、播州に姫路師範学校が開校、それより前の三十二年、兵庫県師範学校が神戸から武庫郡御影に移転して御影師範学校と改称した。時恰も「師範教育令」が出て新しい師範教育が模索されはじめた時であった。三十三年十二月、兵庫県会が明石郡明石町に女子師範学校をたてよという意見書を兵庫県知事に提出した。これは異例なことである。通常、府県知事や学務課が学校設置を提案して、府県会が財政窮乏のため否決するのだが、兵庫県では県会が進んで女子師範学校設置を訴えた。神戸を中心に造船・貿易・商業が繁盛して活気づき、彼らが県会を牛耳ったからであろう。当時の県知事・服部一三は新しい教育を推進してきた開明者である。忽ち女子師範学校設置案はまとまって三十六年六月、明石の新校舎で開校した。新校舎建築費を含む初年度予算九万五五八円、校長以下教員五名、生徒は応募数二三二名の中から選ばれた四四名の新入生で授業がはじまった。「師範教育令」下ではじまった本校のカリキュラムは新令が定める「師範学校規程」に拠らねばならないが、同規程ができるのは明治四十年のことだから当分、旧規程をアレンジしながら授業をすすめたようである。初代校長は藤堂忠次郎で東京女子師範学校教諭からここに転じ、四十二年三月、奈良女子高等師範学校教授に転じるまで六年間、明石女子師範学校の教育に専念した。

藤堂校長の教育は教室で授業を聴くという型通りのものではなく実践的な経験主義に基づくものであった。彼は〝活知識の修得〟と言っている。見学旅行や校外学習が多い。燈台の見学や地勢の研究、植物採集が頻繁に行われた。また郷土研究と称して県内一郡ごとに旅行班をつくって郷土の歴史、地理、理科の材料を集めさせてはその研究成果を発表させた。また体験教育として校内で養蚕や園芸や販売をやり、分担して米屋、魚屋、炭屋の物価調査も行っている。スポーツ運動は勿論のこと、毎年一月十二日はペスタロッチー会と学術研究会を開いた。その日はペスタロッチーの肖像を掲げて祭り、教員一名の講演と生徒数名の研究発表があった。後に唱歌を加えるようになった。このように後の大正自由教育に繋がる活動的教育実践の基礎を藤堂校長はきずいたのである。

明石女子師範学校
藤堂忠次郎校長

制度的には四十三年から高等女学校卒業後、修学年限一年の二部制がはじまった。この年、宮城師範から及川平治が付属小学校主事に招聘された。すでに姫路師範には東京高等師範から迎えられた野口援太郎校長がいる。かくして御影師範学校、姫路師範学校、明石女子師範学校は兵庫県の三師範学校として大正新教育の象徴的な存在になるのである。明石女子師範の新教育については稿を改めて述べたい。

参考文献

『聖心女子学院創立五十年史』
神辺靖光『宗教主義の学校設立』（『日本新教育百年史 二 総説編』）
『東京女子高等師範学校六十年史』
篠田弘『学校の歴史 五・教員養成の歴史』
『回顧三十年・兵庫県明石女子師範学校』
『兵庫県教育史』

著者紹介

神辺靖光（かんべ　やすみつ）

1956 年 3 月　早稲田大学大学院文学研究科教育学専修博士課程全単位取得
1979 年 6 月　文学博士（早稲田大学）
1978 年 4 月　国士舘大学文学部教授（1985 年 12 月まで）
1986 年 1 月　兵庫教育大学学校教育学部教授兼大学院教授（1994 年 3 月定年退職）
1994 年 4 月　明星大学人文学部教授兼大学院教授（1999 年 3 月定年退職）

主要著書

『日本における中学校形成史の研究　明治初期編』多賀出版、1993 年
『明治前期中学校形成史　府県別編Ⅰ～Ⅳ』梓出版社、2006 年～2018 年
『女学校の誕生　女子教育史散策　明治前期編』梓出版社、2019 年　他

長本裕子（ながもと　ゆうこ）

1976 年 3 月　日本女子大学大学院文学研究科日本文学専攻　修士課程修了
　　　　　　文学修士
1977 年 4 月　東京文化中学高等学校（現新渡戸文化中学校・高等学校）教員
2008 年 4 月　同校校長（2012 年 3 月まで）
2012 年 3 月　同校退職
2012 年 9 月　学校法人新渡戸文化学園嘱託（2014 年 7 月まで）

主要著書

『すべての日本人へ』新渡戸稲造の至言　藤井茂・長本裕子共著　（一財）新渡戸基金、2016 年（2017 年、すべての日本人へ贈る『新渡戸稲造の至言』と改題）

花ひらく女学校
女子教育史散策　明治後期編

2021年10月20日　初版第1刷発行

著　者　神　辺　靖　光
　　　　長　本　裕　子

発行者　阿　部　成　一

〒162-0041　東京都新宿区早稲田鶴巻町514番地
発行所　株式会社　成　文　堂
電話　03(3203)9201(代)　Fax 03(3203)9206
http://www.seibundoh.co.jp

製版・印刷　シナノ印刷　　製本　弘伸製本

ISBN 978-4-7923-6121-1　C3037　　検印省略

定価（本体3,200円＋税）

『女子教育史散策』シリーズ　ご案内

女学校の誕生　女子教育史散策　明治前期編

2019年刊行（梓出版社）　本体価格：2600円　ISBN：978-4-87262-648-3

女性の自立を模索した明治の教育者の情熱と諸相を描く。

開拓使女学校から明治の女学校が始まった。

英語を学ぶため、外国人居留地のミッション女学校に集まる女学生、新興貴族子女のための華族女学校、江戸時代の裁縫塾から進化した裁縫女学校、そして女子師範学校。困苦と戦う女性宣教師たち。

女学校とは何か。明治初めの女学校を散策する。

花ひらく女学校　女子教育史散策　明治後期編

2021年刊行（成文堂）　本体価格：3200円　ISBN：978-4-7923-6121-1

家庭の奥に閉じ込められていた女性たちが社会に姿を現した。
政府や文部省の“良妻賢母たれ”という思惑とは裏腹に、自立・自活をめざす女性が増えてゆく。後押ししたのは皮肉にも日清・日露の戦争であった。
女学校から高等女学校へ、さらに高等教育としての専門学校がつぎつぎと花ひらいた明治後期の女子教育史を散策する。